高山正也・植松貞夫　監修

現代図書館情報学シリーズ…5

改訂

情報サービス論

山﨑 久道・原田 智子
［編著］

小山 憲司・杉江 典子・村上 篤太郎
［著］

樹村房

監修者の言葉

わが国に近代的な図書館学が紹介されたのは19世紀末頃と考えられるが，図書館学，図書館情報学が本格的に大学で教育・研究されるのは1950年に成立した図書館法による司書養成制度を受けての1951年からであった。それから数えても，既に半世紀以上の歴史を有する。この間，図書館を取り巻く社会，経済，行政，技術等の環境は大きく変化した。それに応じて，図書館法と図書館法施行規則は逐次改定されてきた。その結果，司書養成科目も1950年の図書館法施行規則以来数度にわたって改変を見ている。

それは取りも直さず，わが国の健全な民主主義発展の社会的基盤である図書館において，出版物をはじめ，種々の情報資源へのアクセスを保証する最善のサービスを提供するためには，その時々の環境に合わせて図書館を運営し，指導できる有能な司書の存在が不可欠であるとの認識があるからに他ならない。

2012(平成24)年度から改定・施行される省令科目は，1997年度から2011年度まで実施されてきた科目群を基礎とし，15年間の教育実績をふまえ，その間の図書館環境の変化を勘案し，修正・変更の上，改めたものである。この間に，インターネット利用の日常生活への浸透，電子メールやツイッター，ブログ等の普及，情報流通のグローバル化，電子出版やデジタル化の進展，公的サービス分野での市場化の普及などの変化が社会の各層におよび，結果として図書館活動を取り巻く環境や利用者の読書と情報利用行動等にも大きな構造的な変化をもたらした。この結果，従来からの就職市場の流動化や就業構造の変化等に伴い，司書資格取得者の図書館への就職率が大きく低下したことも率直に認めざるを得ない。

このような変化や時代的要請を受けて，1997年版の省令科目の全面的な見直しが行われた結果，新たな科目構成と単位数による新省令科目が決定され，変化した図書館を取り巻く環境にも十分適応できるように，司書養成の内容が一新されることとなった。そこで，樹村房の「新・図書館学シリーズ」もその改定に合わせ内容を全面的に改編し，それに合わせて，「現代図書館情報学シリーズ」と改称して新発足することとなった。

「図書館学シリーズ」として発足し，今回「現代図書館情報学シリーズ」と改めた本教科書シリーズは，幸いにして，1981(昭和56)年の創刊以来，樹村房の教科書として抜群の好評を博し，実質的にわが国図書館学，図書館情報学の標準的教科書として版を重ねてきた実績をもつ。これもひとえに，本シリーズをご利用いただいた読者各位からのご意見やお励ましと，執筆者各位の熱意の賜物と考えている。

監修にあたって心がけたのは，この「現代図書館情報学シリーズ」で司書資格を得た人たちが図書館で働き続ける限り，その職能観の基礎として準拠しうる図書館情報学観を習得してもらえる内容の教科書を作ろうということであった。すなわち，「図書館学は実学である」との理念のもとに，アカデミズムのもつ概念的内容とプロフェッショナリズムのもつ実証的技術論を融合することであった。そのこと自体がかなり大きな課題となるとも想定されたが極力，大学の学部課程での授業を想定し，その枠内に収まるように，その内容の広がりと深さを調整したつもりである。一方で，できる限り，新たな技術や構想等には配慮し，養成される司書が将来志向的な視野を維持できるよう努力したつもりでもある。これに加えて，有能な司書養成のために，樹村房の教科書シリーズでは各巻が単独著者による一定の思想や見方，考え方に偏重した執筆内容となることを防ぐべく，各巻ともに，複数著者による共同執筆の体制をとることで，特定の思想や価値観に偏重することなく，均衡ある著述内容となることをこのシリーズにおいても踏襲している。

本シリーズにおける我々の目標は決して学術書として新規な理論の展開を図ることではない。司書養成現場における科目担当者と受講者の将来の図書館への理想と情熱が具体化できる教材を目指している。その意味で，本シリーズは単に司書資格取得を目指す学生諸君のみならず，現職の図書館職員の方々や，図書館情報学を大学(院)等で研究する人たちにも役立つ内容をもつことができたと自負している。読者各位からの建設的なご意見やご支援を心からお願い申し上げます。

2011年2月

監 修 者

改訂の序

2012年に「情報サービス論」の旧版を世に出してから，早くも６年余りの歳月が流れました。この間の，世の中の動きはすさまじく，情報サービスに関わる分野の状況も大きく変貌しつつあります。検索という技能の普及，大衆化は，いっそうの進展を見せ，検索ということがすっかり日常生活の中に定着した感があります。しかしながら，そこで得られる情報については，量はともかく，質はバラバラで，「フェイクニュース」などといわれる情報も，大手を振ってまかり通っているようです。

こうした状況下では，信頼できる情報源を対象とした精緻な検索の必要性は，以前よりも高くなっているように思われます。図書館などによる情報サービスは，そうした社会の負託に応えるものとして重要です。さらに，先行研究調査や，知財関連の情報収集における網羅性の担保も大きな課題ですが，これも「情報サービス」の守備範囲です。

こうした中で，「情報サービス論」のテキストを編むことは，なかなかの難事です。こうした世の中を的確に捉え，その時代にふさわしいテキストにするために，また，偏った見方になることを避けるために，改訂版では，二名で編集にあたりました。編者の二人は，さまざまに議論を重ね，内容のバランスと充実を図り，かつわかりやすいテキストになるよう努力を重ねました。

本書では，下に示したような点をポイントに，情報サービスについて，さまざまな角度から説明を行っています。

1．情報化社会が進展し，人々の情報ニーズが多様化してきた。
2．それにともない，情報サービスに対する需要が高まってきた。
3．図書館の情報サービスの持つ意義は，大きいものがある。
4．情報サービスを行う上では，それにふさわしい理論と実務態勢が必要である。
5．情報通信技術（ICT）の発達により，情報サービスの形も変化し多様化してきている。
6．データベースを中心とした情報検索は，その中でも重要な位置を占めている。

7．図書館が受け身的な対応をすることから脱却し，自ら情報を発信して利用者に貢献する方向性が顕著になっている。

8．図書館による利用教育は，情報リテラシー教育の一翼を担い，利用者の自律的な情報収集行動を支援・改善するものである。

9．情報サービスの実施においては，各館種に共通する部分と館種ごとの差異が認められる部分とがある。

10. 情報サービスを設計する上では，図書館の保有資源（職員，情報資源，設備・機器など）を前提にすることはむろんであるが，利用者の情報ニーズに寄り添った形でこれを実現することが重要である。

こうした点を内容として実現するために，各分野について，意欲ある専門家の皆さんに分担執筆をお願いしました。執筆者の皆さんは，心血を注いでご自分の担当部分を執筆してくださいました。

おわりに，編者の二人は，実際の情報サービスに携わった経験も多くあり，僭越ながら，そのことが本書に何らかの精彩を与えることができているとすれば望外の幸せです。なお，本書作成に当たっては，株式会社 樹村房の大塚社長，そのほかのスタッフの方々に，お世話になりました。とくに，同社の石村早紀さんには，色々ご面倒をおかけしましたが，粘り強く編者の意を実現するためにご尽力いただきました。記して感謝の意を表します。

2018年12月28日

編集責任者　山﨑　久道
原田　智子

序　　文
（初版の序）

近年におけるIT（情報技術）やインターネットの発達には，目を見張るものがある。ここ20年ほどの間に，インターネット，携帯電話，パソコンなどの利用が人々の間で，日常化してきたのである。そして，インターネットは検索エンジンの普及を伴って，生活者や研究者の情報収集行動を，これまでとは一変させた。かつて，書籍，雑誌，新聞といった紙媒体の資料に頼って，必要な情報を集めていた人たちが，一斉に，ネットによる情報入手に向かったのである。従来，図書館を利用していた人たちの中にも，こうした傾向が生じているものと思われる。

そうした環境の中で，図書館における情報サービスは，難しいかじ取りを迫られている。図書館の業務やサービスが，資料提供のみでなく，情報提供にも軸足を置いて，より機動的で充実したサービスを求められる一方，強大な検索エンジンと競合して，そこでは得られない付加価値の高いサービスを提供してゆかなければならなくなったのである。

もちろん，資料や情報を求める利用者にとって，検索エンジンによる情報収集と図書館のレファレンスサービスの活用とは，いろいろな面で異なっている。入手できる情報の信頼性の質は，その中の重要な点であると思われる。しかし，インターネットの登場によって，図書館利用者である一般の人々の情報入手法の選択肢は，まぎれもなく拡大したのである。こうした傾向は，ITの進化やその応用の拡大でますます，その進行を速めている。

こうした環境下で「情報サービス論」の教科書を編むことは，なかなかに困難な作業である。急速な技術進歩や社会変化と，図書館サービスのあり方との調和・発展を図ることが簡単ではないのである。この教科書で紹介したサービス方法が2，3年後には陳腐化していることも考えられる（実際には，革命的なサービスが出現して，一夜にして状況が変わってしまうこともありえよう）。

このような中で，大切なことは，図書館をめぐる環境条件を把握する力と，そこにおいて適切な情報サービスを構想・評価してゆく思考力であるように思われる。文部科学省による今回の「図書館に関する科目」の報告書の中の，

「情報サービス論」の概要説明において，真っ先に「図書館における情報サービスの意義を明らかにする」ことを求めているのも，この点と符合するものであると思われる。

本書は，「情報サービス論」における基本的なポイントとその広がりについて，理解していただけるように作成したつもりである。それぞれの分野で研究や実務において経験の深い方々に，担当執筆していただいた。そのため，専門的な内容を理解しやすく表現していただけたと考えられる。全体の編集・調整には，山﨑が当たったが，上記のような困難に加え，自らの浅学菲才のため，全体として十分な成果が出ているか忸怩たるものがある。

編集過程では，監修の高山，植松両先生と樹村房の大塚社長には，一方ならずお世話になりました。厚くお礼申し上げます。

2012年３月７日

編集責任者　山﨑　久道

改訂 情報サービス論
もくじ

【本書の執筆分担】

1章	山﨑久道	2章	杉江典子
3章	杉江典子	4章	小山憲司
5章	原田智子	6章	村上篤太郎
7章	小山憲司	8章	原田智子

1章　情報社会と図書館

1．情報社会とは何か

（1）情報通信技術の急速な発達

私たちの暮らしや仕事においては，コンピュータやインターネットなどの情報通信技術が欠かせないものになっている。情報通信技術（information and communication technology：ICT）の急激な進展や規制緩和などの社会変革，そして価値観の多様化などの社会を構成する個人の意識の変容などの影響を受けて，図書館を取り巻く環境は，大きく変わりつつある。したがって，図書館や情報サービスの今後のあり方を考える上で重要なことは，図書館をめぐる環境変化の方向性を見極めることである。

最初に，情報通信技術の進展のありさまを具体的に表す，さまざまな情報メディアの発達ぶりを見てみよう（1－1表）。

1－1表では，情報メディア（とそれに類するもの）を15種類選択し，それぞれについて三つの時点（2005，2010，2015年）の実績値とその指数（2005年を100とした）を示している。実績値としては，相互比較に便利なようにできるだけ「金額」を利用した。

1－1表から見てとれることは，何であろうか。

第一に，今日では，情報を運ぶメディアとしての情報メディアに，実に多種多様なものがあるということ。まず，「書籍」「雑誌」「新聞」などのように，紙の印刷物がある。これらは，活字メディアといわれることもある。一方，ビデオソフト，オーディオレコード，テレビなどのように，主に映像，音楽を提供するメディアがある。また，これらのほぼすべての機能を実現できるインターネットというメディアもある。今の社会にある多様なメディアが，インター

1-1表 情報メディアの動向

項目	単位	実績値			指数			備考
		2005	2010	2015	2005	2010	2015	
書籍発行	億円	15,010	13,472	11,820	100	90	79	
雑誌発行	億円	19,025	16,330	13,414	100	86	71	
新聞販売部数	千部	17,112	13,877	10,874	100	81	64	日刊紙，朝夕刊セット
劇映画興行収入	億円	1,982	2,207	2,171	100	111	110	
映画ビデオソフト市場(レンタル＋セル)	億円	5,344	4,603	3,528	100	86	66	有料動画配信は2013年597億円，2015年961億円
オーディオレコード生産金額	億円	3,672	2,250	1,826	100	61	50	アナログディスク，CD，カセットテープ等の合計
インターネット音楽配信	億円	44	200	744	100	455	1691	
民放テレビ放送事業収入	億円	21,771	18,780	19,527	100	86	90	2005年の欄は，2006年のデータ
ケーブルテレビ放送事業収入	億円	4,050	5,437	5,003	100	134	124	2005年の欄は，2006年のデータ
ビデオゲーム市場(ソフト＋ハード)	億円	4,965	5,321	3,302	100	107	67	
アニメ市場	億円	2,339	2,290	2,520	100	98	108	劇場用＋テレビ用＋ビデオソフト用＋ネット配信用
インターネット利用者数	万人	8,529	9,462	10,046	100	111	118	
通信販売売上高	億円	33,600	46,700	65,100	100	139	194	
広告費（新聞）	億円	10,377	6,396	5,679	100	62	55	
広告費（インターネット）	億円	3,777	7,747	11,594	100	205	307	

（電通総研編．情報メディア白書．ダイヤモンド社．の2010年版・2017年版より作成）

ネットに向けて収斂（しゅうれん）しつつあるという動きである。

第二に，メディアによって伸張しているものと，停滞・衰退しているものとがあるということ。書籍，雑誌，新聞などの印刷メディアは，軒並み市場規模が縮小してきている。映像，音楽に関わるメディアも，縮小傾向であるが，インターネット配信，ケーブルテレビなどの技術革新の成果により復活しつつある。

第三に，個人の入手できる情報量が飛躍的に増大したということ。インターネットの普及とその上で展開される広告を利用した（無料の）情報サービスの浸透が顕著である。

これらが，図書館をめぐる環境，さらに図書館の「利用者」をめぐる環境とその変化を形成している。これは，より広くは，一般の人々を取り巻く情報環境とその変化といってもよい。図書館にとっては，ある意味で脅威といえる。とくに，第三の点，つまり人々が手軽に大量の情報に接することが可能になった点は，今後の図書館の情報サービスを考える上での重要な変化である。

このように，社会生活を取り巻く情報環境が大きく変化しているのであるから，図書館が，印刷物がすべてであったような時代のサービス運用を行っていては，利用者のニーズから遊離した存在になりかねない。図書館における情報サービスを考える場合，まずは，このことを念頭に置く必要がある。

（2）インターネットによる革命的変化

前項で言及した情報メディアの変化の中で，図書館の情報サービスと最も関連が深いと思われるのは，インターネットの普及である。わが国のインターネットの利用者数は，1－1表から，2015年で1億人を突破している。人口普及率で見ると，83％に達している。さらに，人々がインターネットに接するために使う端末も多様化している（1－2表）。

1－2表から，現在，人々は，パソコンとスマートフォンを主に使って，インターネットに接続している。とくに，スマートフォン，携帯電話，タブレットなどでインターネットにアクセスできるようになって，インターネット利用は，人々にとって，手軽で日常的なものになったものと考えられる。

では，人々はインターネットを使って，何をしているのであろうか（1－3表）。

実に多様な活動をネット上で行っている。最近の傾向として，「ソーシャルメディアの利用」「商品・サービスの購入・取引」などの双方向性を持つものが伸びている。情報サービスの利用にかかわる「ホームページ・ブログの閲覧，

1-2表 インターネット利用端末の種類（2015年末）

端末の種類	利用者比率（%，n＝33,525）
パソコン	56.8
スマートフォン	54.3
タブレット型端末	18.3
携帯電話・PHS（スマートフォンを除く）	15.8
インターネット対応型家庭用ゲーム機	7.7
インターネット対応型テレビ受信機	4.5
全体（インターネット利用率）	83.0

（総務省編．情報通信白書．平成28年版，日経印刷．p.302.）

書き込み」「地図・交通情報の提供サービス」「天気予報の利用」「ニュースサイトの利用」なども高い値を示している。これ以外の行為も，情報収集のプロセスを含んでいるものが多い。このことから，インターネット利用によって，情報サービスの提供と利用の姿は大きく変化していると見るべきである。

（3）情報に価値を見出す社会の出現

人々が天気予報という情報を聞いて，傘を持って出かけるかどうかという行動の仕方を決めることからもわかるように，情報は，私たちの「行動の指針」となっている。つまり，「適切な情報に基づいて行動すれば良い結果」をもたらすが，「不適切な情報に基づけば，悲惨な目にあう」ということになる。このことは，個人にとって真実であることはもちろん，企業などの組織にとっても当てはまる。そして，これだけ世の中が複雑化し，皆がお互いに依存し合う関係になってくると，一つの情報の「ある・なし」やその真偽が，思いもよらぬ重大な影響をもたらすようになる。

それとともに，世の中で，情報の占める地位が大きくなっている。情報の価値に対する認識が変ってきたといってもよい。例えば，私たちになじみ深いTシャツの販売価格を考えてみよう。一般に，Tシャツは，1枚当たり1,000円とか2,000円とかで売られている。Tシャツのように，繊維素材を加工して服

1-3表　インターネット利用の目的・用途（2015年末）[1]

目的・用途	利用比率（%）
電子メールの送受信	70.8
天気予報の利用	51.7
商品・サービスの購入・取引	50.8
地図・交通情報の提供サービス	50.2
動画投稿・共有サイトの利用	49.8
商品・サービスの購入・取引（金融取引及びデジタルコンテンツ購入を含む）	48.3
ソーシャルメディアの利用	46.7
ホームページ・ブログの閲覧，書き込み	46.4
ニュースサイトの利用	42.9
無料通話アプリやボイスチャットの利用	31.8
デジタルコンテンツの購入・取引	25.9
オンラインゲームの利用	25.2
辞書・事典サイトの利用	25.0
クイズ・懸賞応募，アンケート回答	15.9
ラジオ，テレビ番組，映画などのオンデマンド配信サービスの利用	14.4
インターネットオークション	11.1
金融取引	10.5
ウェブアルバムの利用	6.7
自分のホームページ・ブログの開設・更新	6.6
電子ファイルの交換・ダウンロード	5.6
電子掲示板（BBS）・チャットの利用	5.2
電子政府・電子自治体の利用	5.1
無回答	4.7
その他	2.2

1：総務省 情報通信国際戦略局．“平成27年 通信利用動向調査報告書（世帯編）”．総務省．http://www.soumu.go.jp/johotsusintokei/statistics/pdf/HR201500_001.pdf，（参照 2019-01-14）．

などにしたものを繊維製品と呼んでいる。

繊維製品というからには，そのお金は，繊維（つまり素材）に対して支払われているように考えてしまう。しかし，Tシャツのような布きれが，そんなに高いわけがない。Tシャツのコストのかなりの部分は，そこに印刷されたキャラクターやロゴマークなどのデザイン料ではないだろうか。このキャラクターやマークというのは，明らかに情報である。何の変哲もないTシャツが，いろいろな価格帯で売られるのは，そこに含まれる情報の差によってであることがわかる。ウェブ上で行われているオリジナルTシャツの作成にしても，素材であるボディーに加えて，製版代やプリント代がかかり，この部分が相当なウェイトを占めている。こうしてみると，Tシャツは，繊維製品でなく情報製品であるということになる（このあたりの議論は，梅棹忠夫が，ネクタイを例に展開しているので参照されたい[2]）。

同じようなことは，いわゆるブランド品についてもいえるであろう。バッグ一つとっても，単なる素材や機能の差だけであれだけの価格差がつくとは思えない。ここにもやはり，ブランド品の持つ情報的部分が大きく作用していることが考えられる。つまり，ブランドという情報の持つ機能が，所有者に満足感や優越感を与えることが期待され，そのことが価格に反映していると見られる。

(4) 高まる情報の重要性

さらに，宅配便というサービスも，もはや，単に物を運ぶサービスだとだけ言って済ませるわけには行かない。宅配便会社は，どのトラックが，どの客の荷物を運んで，今どこを走っているかをコンピュータと情報通信システムで管理していて，そのきめ細かな対応の状況や結果が，情報として利用者に提供されている。さらに，そうしたシステムの存在を前提に，利用者が配達日時を指定することもできる。実はこの点が，宅配便サービスの重要な付加価値になっている。この部分は，「運送機能」というより「情報機能」と呼んでもよい。

同じようなことは，コンビニエンスストア（コンビニ）についても当てはまる。コンビニも，単に商品を陳列して販売しているだけではない。そこでは，

2：梅棹忠夫．情報の文明学．中央公論社，1988，p.114-116.

売れた商品の種類，銘柄，数量を即座にコンピュータに入力し，それを本部に情報通信システムで送り，次に何を仕入れるかの参考にするといったPOS（point of sale：販売時点情報管理）システムを運用している。さらに進んで，周辺の天候やイベントの開催情報と組み合わせることにより，購買動機の解明とそのマーケティングへの応用に至るまでを，展開している。これは，まさに情報の高度利用であり，もはや小売業というより，情報処理業と呼んでもさしつかえないと思われる。

そして，「ものづくり」を行うメーカーにしても，製品開発の際に，どの程度，顧客からのクレームや意見をそこに反映できるかが勝負になってきている。そのため，インターネットによる顧客の意見の収集窓口を設置し，集めた感想・意見・クレームなどをデータベースに構築して，それらを今後の営業や開発に，どのように活用するかが非常に重要になってきている。また，世の中に流通している特許情報などのさまざまな技術情報を把握し，新しい技術開発や商品開発の参考にしていかなければ，企業の安定的な利益確保は難しい。

サービス業においては，事情はいっそう徹底している。鉄道，航空などの輸送サービスにおいては，座席予約システムがサービスの根幹に位置しているし，銀行などの金融サービスなどでは，インターネットバンキング（インターネットを介した銀行取引）が重要なサービスに成長している。このようにサービス業にあっては，情報は重要な商品の一部，もしくは付加価値の源泉であるから，その重要性は製造業よりも劣るということはない。サービス業も製造業も，情報を効果的に扱う企業は成功するというべきであろう。

さらに，情報の威力を直接に発揮している業種もある。例えば，海外の民間企業である格付け会社（債券などの金融商品，政府・企業などの信用状態を評価する機関）の一片の情報，特にそれが格付けの下方シフトを示すものである場合は，極端な場合，当該企業などの命運を決することがあるのである。

こうしてみると，情報は，それ自体が社会を動かし，企業にあっては利益の源泉になってきている。情報の重要性は，かつてないほどに高まってきているといえよう。

2．図書館の果たす役割

(1) 人々の求める情報

ところで，人々はインターネットを使って，どんな情報を探しているのであろうか。

例えば，人々がさまざまな課題について，情報を求めるときに利用するであろう“教えて！goo”に寄せられた質問を，カテゴリ別（“教えて！goo”によるカテゴリ分け）にみると，1-4表のようになる。

これで見ると，件数の多さでは，「悩み相談・人生相談」と「コンピューター・テクノロジー」が，上位に来ている。次いでは，「教育・科学・学問」「暮

1-4表 “教えて！goo”カテゴリ別頻度（2017-05-31）

大分類	件数	構成比（%）
悩み相談・人生相談	976,263	14.1
暮らし・生活・行事	641,193	9.3
パソコン・スマホ・電化製品	633,835	9.2
インターネット・Webサービス	233,434	3.4
エンターテインメント・スポーツ	473,822	6.9
趣味・アウトドア・車	461,164	6.7
健康・美容・ファッション	610,866	8.8
地域情報・旅行・お出かけ	307,154	4.4
お金・保険・資産運用	243,954	3.5
教育・科学・学問	651,197	9.4
ビジネス・キャリア	444,751	6.4
コンピューター・テクノロジー	835,922	12.1
ニュース・災害・社会制度	403,918	5.8

らし・生活・行事」「パソコン・スマホ・電化製品」「健康・美容・ファッション」という順になっている。

それでは，図書館の情報サービスの事例集である国立国会図書館の“レファレンス協同データベース”に寄せられた質問の分布は，どうなっているのであろうか（1-5表）。

「歴史」と「社会科学」が多く，「芸術」「文学」が，これに次いでいる。概して，各分野にまんべんなく質問が分散しているのが特徴である。

両者を比較するために“教えて！goo”の質問分野をNDCに変換して，“レファレンス協同データベース”のケースと比較してみた。

これで見ると，“教えて！goo”では，「歴史」「文学」などの分野の質問は，相対的に少ない。一方，「技術」が多い。これはしかし，パソコンやインターネットに関する質問が多いことが影響していよう。また，お金や資産運用につ

1-5表 国立国会図書館“レファレンス協同データベース”のレファレンス事例の分布（2017-06-15）

NDC	分類項目名	件数	構成比（%）*
0	総記	5,506	6.4
1	哲学	4,181	4.9
2	歴史	18,770	21.8
3	社会科学	17,489	20.3
4	自然科学	6,660	7.7
5	技術	7,606	8.8
6	産業	6,271	7.3
7	芸術	9,040	10.5
8	言語	2,665	3.1
9	文学	7,798	9.1
	（合計）	85,986	100.0

＊構成比は，小数点以下第2位を四捨五入しているため，合計しても必ずしも100とはならない。

1-6表 “レファレンス協同データベース”と“教えて！goo”の質問分野の比較

NDC	分類項目	“レファレンス協同 DB”構成比（%）*	“教えて！goo”構成比（%）*
0	総記	6.4	6.6
1	哲学	4.9	7.7
2	歴史	21.8	2.4
3	社会科学	20.3	17.0
4	自然科学	7.7	4.8
5	技術	8.8	54.0
6	産業	7.3	0.0
7	芸術	10.5	7.4
8	言語	3.1	0.0
9	文学	9.1	0.0
	（合計）	100.0	100.0

*構成比は，小数点以下第２位を四捨五入しているため，合計しても必ずしも100とはならない。

いての質問があることも関係していると思われる。

また，「哲学」も，比較すると多いが，これは，「悩み相談」「人生相談」の質問が多いことが寄与している。「総記」についても，“レファレンス協同データベース”では，図書館関係の質問が多いのに対し，“教えて！goo”では，コンピュータ技術についての質問が中心である。

以上から見ると，とりあえず，次のようなことがいえそうである。

①“教えて！goo”では，生活や身の回りのこと，個人的なことに関わる質問が多く，“レファレンス協同データベース”では，より学問的で，研究に関わるテーマで質問している。

②とくに，歴史についての質問の頻度では，大きな差が出ている。

③この両者では，利用者層が違うのかも知れないが，もし，同一の利用者

層が使っているものと仮定すると，利用者は，すでに，インターネットと図書館の使い分けをしているということになる。

いずれにせよ，情報の利用者は，情報の探索・収集にあたって，インターネット出現前までとは比べものにならないほど，多くの選択肢を持つようになったのである。したがって，図書館や図書館による情報サービスを全く利用しないような人々が出現してきたとしても不思議ではない。

インターネットが情報の利用者に広く普及するようになると，利用者の情報収集はインターネットから行われる割合が高くなり，その分，図書館や図書館員などに依存する度合いが低下してくると考えられる。いや，図書館や図書館員に求めるのは，インターネットでは，効果的に探せない分野の情報になると思われる。

(2)「情報の目利き」の必要性

図書館をめぐる環境変化のうち，最も劇的なものは，資料・情報のデジタル化やネットワークの発展と，その結果としての利用者をめぐる情報流通ルートの変革であろう。1-1図のように，変化が起きたのである。

これは，簡単にいうと，従来，図書館は図書・雑誌などの資料を入手してそれをほぼ直接，利用者に提供していた（①のルート）。これに対し，情報技術の発展の初期段階では，インターネットのような網羅的で手軽な情報メディアが存在しなかったので，図書館は情報技術（商用データベース，CD-ROMなど）を経由して提供される情報を利用者に仲介・提供していた（②のルート）。

しかしながら，インターネットが一般の利用者に広く普及するようになると，利用者の情報収集はインターネットから行われる割合が高くなり，その分，図書館への依存度が低下することになる。ウェブ上で情報を提供するのは，かつてのデータベースサービス機関ではなく，データベース作成機関である[3]。このようにして，利用者がダイレクトに情報源にアクセスするという新しいルートが生まれている（③のルート）。

このようにして，情報の利用者が直接自分で情報資源にアクセスするという

3：情報の生産者が直接に消費者（利用者）と結びつくのは，インターネットを通じた商取引の一般的特徴である。

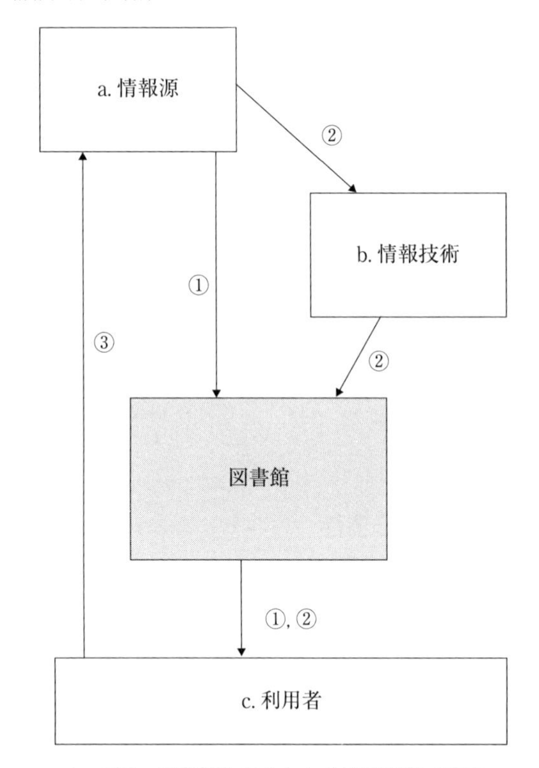

1－1図　図書館を中心とした情報流通の変化
（山﨑久道．専門図書館経営論：情報と企業の視点から．日外アソシエーツ．1999，p.145を改変）

新しいルートが生まれ，その成長速度がますます増大しているのが現状である。このルートが支配的になると，情報流通の仲介者としての図書館や図書館員などの情報専門家は，その地位を弱体化させる恐れが出てくる[4]。

現在の状況は，個人が携帯電話，スマートフォン，タブレットなどで，自分の好むままに自己流のやり方で情報を集めて，図書館に依存しないケースが急増しているものと思われる。しかし，その中で本当に量的・質的に十分な情報が得られているのであろうか。

一方では，情報の大海に溺れて，助けを求めている人々が存在することも事

4：山﨑久道．専門図書館経営論：情報と企業の視点から．日外アソシエーツ，1999，p.143–146.

実のように思われる。あふれる情報の中で，自分のニーズにあった情報を質的・量的に満足すべきレベルで，提供してくれるような，いわば「情報の目利き」とでもいうべき人々の存在が必要とされているのではないだろうか。

（3）「情報の仲介者」というもの

図書館の役割は，その「情報の目利き」ということでもある。それは，以下のような理由からである。1－2図で示しているのは，以下のような過程である。

①情報の利用者は，情報収集方法についての問い合わせやどんな情報がほしいかという要求を，図書館に提出する。

②図書館は，「問い合わせ」や「情報要求」を受け取って，その内容を見た上で，それに最もふさわしい回答を，存在する情報資源の中から探し出そうとする。そのため先ず，利用者の問い合わせや情報要求を，情報資源への検索要求に変換する。

③検索要求に基づいて，情報資源を探索する。

④検索要求を満たす「ヒット文献」もしくは要求情報を取り出す。

⑤得られた文献もしくは情報そのものを，利用者に提供する。

どんな情報がほしいかということは，利用者自身がいちばんよく知っているのであるが，世の中にどんな情報があるかという情報世界の全体像は図書館員の方がよく知っている。したがって，利用者の求める情報についてその内容を聞いた図書館員は，自分の専門的知識を動員して，「情報の大海」の中から，利用者に代わって，必要な情報を探し出してくるのである。まさに，「情報の

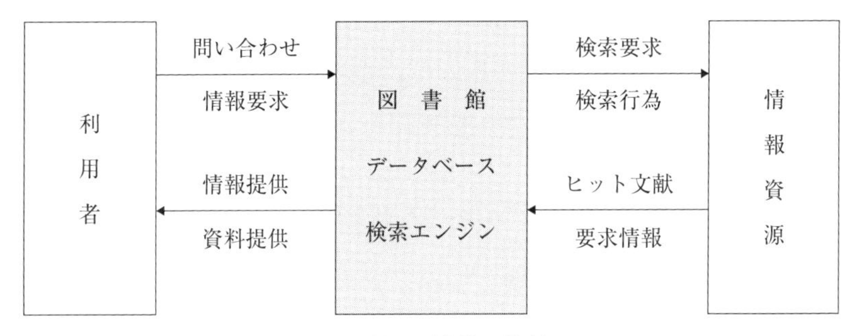

1－2図 図書館の役割

目利き」であり，「情報の水先案内人」の役割である。

そうした方向を見すえて，図書館職員の資質や能力を検証することも必要である。図書館職員がこうした環境変化を機敏に捉えた上で，情報サービスの提供を効果的に行っていくにはどのような条件が求められるのであろうか。こうしたことも，図書館や図書館による情報サービスの今後を考える上で大きなポイントになる。近年では，こうした役割や機能を持つものとして，データベースや検索エンジン（サーチエンジン）が登場し，普及してきているのである。

（4）貸出中心の図書館から，調査や研究もできる図書館へ

最後に，図書館における活動の中で，「情報サービス」が重要になってきた原因は何か，についてまとめて考えてみよう。こうした原因を発生させる場所・主体として，図書館や利用者を取り巻く「社会」，情報サービスの対象である「利用者」，仕事の遂行者である「図書館」の三つの側面に分けて考えよう。

まず，第一に社会全体の事情は，以下のようなものである。

1）情報発生量の増加

2）情報源の多様化

3）世の中の複雑化

4）世の中のスピードアップ

5）デジタルデバイド[5]の発生

1）と2）は，情報の発生と流通に関するものである。3）と4）は，求める情報の質の高度化や情報を必要とするタイミングの「切迫化」を結果として招来する。5）は，手厚いレファレンスサービスを行う必要のある顧客層の出現を意味する。

第二に図書館の利用者側の事情としては，以下のような項目が挙げられる。

ア）複雑な問題の解決のための情報要求

イ）生涯学習，ライフワークへの関心

ウ）情報探索技能への評価向上による図書館の情報サービスへの理解増進

エ）評価済み情報への需要

5：「情報格差」のこと。本書2章2節1項を参照。

オ）利用者を精神的にもサポートする効果（不安を除去する）

ア）やイ）は，世の中の複雑化や個人の知的欲求の高度化を反映したものである。“Google”などの普及により，「情報検索」そのものが大衆化して，その結果として，情報探索の技能が見直されてきているといった事情が，ウ）をもたらしている。エ）もインターネット関連で，そこから取得できる情報が玉石混淆（ぎょくせきこんこう）であるということから来ている。オ）は，「情報カウンセリング」などにつながり，情報サービスの新たな可能性を開くものと考えられる。例えば，大学図書館による新入学生の利用者に対する対応などに，適用できる事項であろう。

第三に，図書館側の事情として以下の諸点がある。

i）図書館の情報資源の有効活用

ii）「資料提供」から「情報提供」への重点の移行

iii）図書館サービスのショウケース的役割を果たし，その後の利用につながる

iv）情報サービスが図書館の機能そのものを集約している

v）職員のサービス意識の向上

vi）図書館員の専門性を効果的に発揮できる

i）は，資料の回転率を上げて，図書館のある意味での「生産性」を向上させることであり，ii）は，図書館のサービスの質的変化そのものである。iii）とiv）は，情報サービスが，「仲介者」としての図書館の機能の縮図として存在することを示している。v）は，「サービス業」としての図書館の面目を示すものとして評価されていることの表れであろうし，vi）もその流れの中で理解できる。

このような原因が複合して，情報サービスの重要性が高まってきたものと考えられる。いずれにしても，図書館の内外の事情がからみ合ってこうした事態が生まれたとの認識を持つことが重要である。今後は，上記の原因は，ますます強まるであろうから，図書館にとって情報サービスの重要性は，いっそう増すことが考えられる。

こうして進化を遂げた図書館のイメージは，まさに，「これまでの貸出中心の図書館から，今後は調査や研究もできる図書館へ」ということであろう。

2章　図書館による情報サービスの意義と実際

1．情報サービス機関による情報サービス

(1) 情報サービスの意義

社会の近代化に伴い，人々の生活はより多様に，そして複雑になってきている。職業，収入，家族構成，趣味など，生活のさまざまな側面における選択肢が広がり，結果として個人の生活は大きく異なるようになった。そのような中で，人は自らの生活をより良いものにするために，意識するとしないにかかわらず，日々情報を入手し，それを活用している。つまり，個人が生活を送る上で求めている情報は，ますます多様で，幅広くなってきているということができる。

例えば，週末にどの映画を見ようかと迷っている人は，上映館や映画の評判に関する情報があれば，より有意義な時間を過ごせるかもしれない。農業を営む人は，気象に関する情報を得ることができれば，被害を避け，より大きな収入を期待できるかもしれない。病気を患った人は，治療法に関する情報を得ることができれば，短い治療期間で回復できるかもしれない。

このように，さまざまな局面において適切な情報を入手することができれば，より快適な生活がもたらされたり，さらには人生を左右するような重要な決断を適切に行う助けとしたりすることができる。しかし個人が，自分の置かれた状況の中で適切な情報を入手することは，必ずしも容易ではない。求める情報が多様で幅広くなればなるほど，つまり世の中が複雑になればなるほど，その傾向は強まっていく。

このような状況において，情報の価値が徐々に認識されるようになり，情報サービス機関による情報サービスが行われるようになった。次項では，現代社

会において広く行われている情報サービスを紹介する。

（2）社会の中の情報サービス

インターネットが普及する以前にも，電話を使った時報や天気予報，電話番号の案内，マスメディア，出版物，行政や企業の相談窓口などの情報サービスが行われていた。これらは，相談窓口を除くと，個別のニーズに応えるというよりは，多くの人々が求める情報を予測し，一方的に提供するというものであった。よって，個人の抱く多岐にわたる情報ニーズを満たすことは目指されていなかった。あるいは，より少数の専門的なニーズに対しては，調査会社や検索代行業者なども存在していたため，研究者や組織，機関等は対価を支払えば調査を依頼することが可能ではあった。

近年の情報技術の発展は，このような状況を大きく変化させている。情報が電子化され，携帯電話やインターネットなどの通信手段が定着してきたことにより，情報サービスのバリエーションは格段に増え，手軽で多岐にわたるサービスが実現しはじめている。

例えば，マスメディアは，それぞれの特性に合った情報提供のあり方を模索している。一部の雑誌や新聞は，従来の紙媒体による情報提供から，インターネットや携帯電話を通じた情報提供へと移行しつつある。情報誌といわれる雑誌を中心に休刊が進み，それに替わって，ウェブ上でのより速報性の高いサービスが展開されるようになってきた。新聞記事はウェブを通じて配信され，過去の新聞記事についてのデータベースも徐々に整備されてきた。新聞社のウェブサイトからは，最新のニュースを得ることができ，場合によっては写真や画像，動画も見ることができる。マスメディアは今後も変化を続け，淘汰も進むであろう。

行政や企業の相談窓口は，サービスや商品説明のウェブサイト，ウェブサイトにあらかじめ用意されたQ&A，などによってその一部の機能を果たすようになった。さらに，掲示板やブログでは，企業のサービスや商品に対する，顧客によるリアルな情報が大量に提供され，双方向のやりとりも行われている。あるいは，組織や機関の所蔵する資料や報告書はデジタル化され，それらを収録する各種のデータベースがウェブ上で提供されるようにもなった。公的機関の提供する二次資料や統計データ，政府刊行物など，以前は入手どころか所在を確認することさえ難しかった資料にも，インターネットに接続さえできれば，誰でも容易にアクセスできるようになってきた。検索エンジンの性能が向上し，形態の異なるこれらの情報を一元的に検索することもできる。

このように，さまざまな機関が提供する情報サービスがウェブ上に移行し，個別の細かいニーズに応えられるもの，速報性の高いもの，双方向でのやり取りが可能なものへと大きく変化を続けている。また指一本でそれらを手に入れられるようになるという環境が整いつつある。

インターネットの普及する以前に必要とされていた労力を考えれば，人々が少ない労力で情報にアクセスできるようになったことは，喜ばしいことである。しかしインターネットという共通のネットワークを通じて提供されているこれらの膨大な情報サービスは，それぞれに内容も，所在も，インターフェイスも，検索の機能も複雑で異なり，それぞれ自体の変化も激しい。そのため，現在行われている情報サービスの全体像を把握して適切な情報を探し出そうとすると，実際には，大きな労力が必要とされる場合が多い。

つまり，膨大で雑多な情報に自由にアクセスできるようになったために，それらの中から適切な情報を探すにはどうすればよいのかという新たな課題に直面せざるを得なくなってしまったといえる。またインターネットや電子形態の資料の特性である複製や発信の容易さから，不確かな情報と質の高い情報が混在しているという問題も生じている。かたや，インターネットどころか，パソコンにすら触れる機会がないという人々の存在も問題になりはじめている。

さらに，当然のことながら，このような環境の変化は，サービスを享受する側の人々の行動にも影響を与えている。例えば，かつて情報誌を購入して週末の予定を練っていた人々の多くが，インターネットで情報収集を行い，情報誌を買わなくなっている。会議録を得るために，議会事務局に通いつめていた市民も，インターネットを使って自宅から会議録を入手するようになった。新聞の折り込みチラシを見て，買い物する店を決めていた主婦は，ウェブ上の価格比較を参考に，購入する商品や店を決めるようになった。

このように情報サービスが変化し，それを利用する人々も行動を変化させている状況において，公的機関である図書館が情報サービスを提供することの意義はどこにあるのだろうか。次節ではそれについて検討したい。

2．図書館による情報サービスの意義と構成要素

（1）図書館が情報サービスを提供する意義

インターネットが普及し，それが，情報収集の手段として活用されるようになるにつれ，図書館の存在に対する疑問がさまざまな場面で議論されるようになった。

しかし本章1節で述べたように，情報へのアクセスが容易になったにもかかわらず，人々は新たな課題に直面するようになっている。そこで本項では，これらの課題に対して図書館には何ができるかを検討することにより，図書館による情報サービスの意義を検討する手がかりとしたい。

情報サービスの恩恵を受けている人々の直面する課題として，情報サービスの内容や使い方などが複雑なために，適切な情報を入手することが困難になっている点を挙げた。例えば，求める情報が収録されているウェブサイトやデータベースにどのようなものがあるかを知りたい場合，それらの情報源には公的機関，企業，あるいは非営利団体や個人が作成したものがあり，その中から選択をして検索することが必要になる。これらの情報源の収録範囲やインターフェイス，検索の機能はそれぞれに異なり，それ自体の変化も激しい。このような状況において，たとえ情報源にアクセスできる環境が整っていたとしても，適切な情報源を選んでアクセスすること，データベースであれば適切な検索を行うこと，さらに検索結果を評価して適切な情報を入手することは，容易ではない。

図書館はインターネットの普及する以前から，さまざまな形態のメディアや情報を入手するための二次資料，三次資料により，必要な情報を入手するための方法を体系化し，利用者へと提供してきた。また既存の資料だけでは不十分な場合は，各図書館が独自にツールを作成して提供してきた。その過程で培ってきた知識と技術は，提供する情報源が印刷体から電子形態へと拡大しても，新たな形で活用されている。例えば，図書館が従来提供してきた紙媒体の二次

資料や三次資料に代わって，ウェブサイト上では，解題つきのリンク集，パスファインダー[1]，独自に作成したデータベースなどが提供されている。あるいは講座やオンラインのチュートリアル[2]により，特定のデータベースやソフトウェアの使い方を教えることも行われている。

これらの情報源やサービスを利用すれば，やみくもにインターネットを検索しなくても，求める情報をより網羅的に，効率よく探し出すことができる。インターネットを通じた情報サービスが増え，アクセス可能な情報源がどれだけ増えても，図書館がこれまでに培ってきた知識と技術を生かして，そのような部分を支援するサービスへと展開していくことができれば，図書館によるサービスの価値が失われることはないであろう。

私たちが直面するもう一つの課題として，インターネットやコンピュータ自体を利用する機会を持たない人々の存在を挙げた。現在各種の機関が提供するサービスがインターネットを介したものへと移行するに従い，インターネットを介さなければ利用できないサービスや入手できない情報が増えている。そのような状況においては，インターネットにアクセスできないことが，広く一般に普及しているサービスを受けられないことと同義になる。さらに，インターネットにアクセスできる環境が整っていたとしても，コンピュータ利用に関するリテラシー（活用能力）を持たないために，その恩恵を十分に受けられない人々もいる。コンピュータやインターネットのアクセスにはコストがかかるために，あるいはコンピュータに対する知識が乏しいために，自宅にインターネット環境を持たない人々も存在する。また，たとえインターネットにアクセスできる環境を整えることができたとしても，有料のデータベースを使おうとすれば，かなりの費用がかかるため，経済的理由により利用したくてもできないこともある。つまり，情報環境の変化は人々が入手できる情報にさまざまな形

1：パスファインダー（pathfinder）とは，図書館の特定主題の情報源やその探索方法を簡潔にまとめたものである。利用者は，図書館で，ある主題についての文献を探索する際に参考にすることで，効率の良い探索が可能になる。パスファインダーについては，本書6章2節2項Cおよび8章2節4項bも参照されたい。

2：チュートリアル（tutorial）とは，ある製品の利用方法や機能について説明した教材やファイルのことである。最近増えているチュートリアルソフトは，指示に従って進めていくと，基本的な利用方法が学べるように作られている。

で格差を引き起こしている。

このような問題に対し，図書館はすべての人々に対して，コンピュータやインターネットを無料で提供することにより，場合によってはその使い方を含めた情報リテラシーを身につける機会を提供することにより，すべての人が等しく情報を入手できるよう貢献することができる。図書館は，そもそも，過去に出版された印刷体の資料を収集し，保存し，すべての人々に等しく提供することを社会的機能として存在してきたことを考えれば，このような情報格差（デジタルデバイド：digital divide）の解消も，図書館が本来担ってきた社会的機能の延長上にあるものとして理解することができよう。

以上のように，図書館が情報サービスを提供する意義は，一つには，大量に存在する各種の情報源の中から，人々の求める情報を体系的，網羅的に検索できるための知識と技術を提供することにより，適切な情報入手を支援することである。このことは1章で述べられているように，図書館が情報と利用者とをつなぐ仲介者としての役割を果たしていると言い換えることもできる。もう一つには，すべての人々に，印刷体はもちろん，電子形態も含めた情報へのアクセスを等しく保障することである。インターネットは情報へのアクセスを容易にしたと同時に，接する機会を持たない人々にとっては特定の情報へのアクセスを困難にしてしまったという側面を持っている。図書館は，このようにして情報格差の解消にも貢献できるのである。

（2）情報サービスを構成する要素

情報サービスは，利用者，図書館員，情報源という三つの要素（2-1図）から成り立っている。以下に，それぞれの要素と要素間の関係を述べる。

a．情報源

情報源は，図書館員が利用者のレファレンス質問に応えて適切な情報を提供する際に参照するものであり，同時に利用者が自分の情報ニーズを満たすために利用するものである。図書館で提供されているレファレンスコレクションと呼ばれるレファレンスブック類やデータベースなどが，その中心となる。図書館では，それぞれの図書館の利用者を考慮に入れて，必要な主題のレファレンスコレクションを収集し，組織化して利用に供している。ただし，レファレン

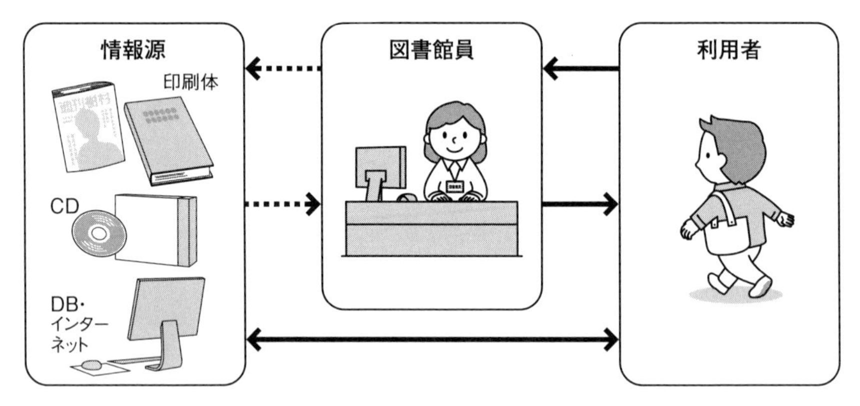

2-1図 情報サービスを構成する要素とその関係

スコレクション以外でも，図書館が所蔵する一般図書や図書館職員などの人的資源も情報源として活用される。

図書館で提供される情報源は，従来の印刷体の情報源に電子形態の情報源が加わり，その種類も形態も多様化している。また図書館外に存在しているものの，ネットワークを介して利用できるデータベースや，ウェブ上の質の高い情報源が増えたため，図書館で提供できるサービスのバリエーションは増している。このことは，図書館員にとっても利用者にとっても喜ばしいことであるが，同時に，それらの情報源が利用できるような環境を整えるために必要な業務が増えていることも事実である。電子形態の情報源は，提供機関や収録範囲，利用方法などの変化が激しいため，常にこれらの動向を把握してサービスをするための労力は膨大なものになる。

情報源や情報技術の変化は，図書館側だけでなく利用者の利用方法にも影響を与えている。これまでは何らかの理由で図書館へ行くことが難しかった利用者が，図書館にはほとんど足を運ぶことなくウェブを通じて各種のサービスを受けることが可能になってきている。

また物理的な問題以外にも利用形態を左右する状況が生み出されている。例えば，容易に図書館へ行くことができるにもかかわらず，建物としての図書館には行かず，図書館のウェブサイトを通じてサービスを利用する人々や，図書館の建物の中で，あえてウェブを通じたサービスを利用する人々もいる。かたや，ウェブサイトを通じてサービスを利用できる環境にあっても，場所としての図書館を利用して情報を得たいという人たちもいる。

情報源の館内での利用に対しては，レファレンスコレクションの排架や収納のスペース，閲覧用机やコンピュータ端末など，調べるための環境の整備が必要になる。また館外に存在する各種のデータベースや情報源を，図書館の提供するウェブサイトを通じて提供する場合には，それらの解説や利用方法の説明など，さまざまな準備が必要になる。

b．利用者

情報サービスの利用者とは，なにがしかの情報ニーズを，図書館の提供する情報サービスによって解決しようとする人々である。利用者は，図書館員を仲介者として適切な情報を入手することもあれば，図書館で提供される情報源に自らアクセスし，それらを検索して必要な情報を入手することもある。

情報ニーズが図書館員を仲介者として解決される場合には，そのニーズは図書館員に対するさまざまなレファレンス質問として表現される。図書館員は，利用者が質問によって表わした情報ニーズを，図書館で利用できる情報源を駆使して探索し，利用者に提供する。

場合によっては，利用者の情報ニーズはレファレンス質問となって表れないことや，質問されても適切な言葉で表現されないことがある。これは，利用者がどの程度自分のニーズを自覚しているのか，どの程度その主題についての背景知識を持っているのか，またどの程度その情報を欲しいと思っているのかなどに左右される。それゆえ図書館員は，それを踏まえてレファレンスインタビューを行わなければならない。

利用者が自力で情報源を探索して情報を得る場合，館内に用意されたレファレンスコレクションなどの情報源を探索したり，求める主題の一般書架へ直接行って書架をブラウズ（browse：拾い読み）したりして探すということが行われる。利用者は情報サービスの存在を知らないことが多く，知っていても図書館員への質問を躊躇（ちゅうちょ）することや，自分の力で探索をして情報を得たいと考えることが多いため，実は図書館員の知らないところで利用者の情報ニーズが解決されたり，あるいは解決されることなくあきらめられていることもあったりする。

図書館員を仲介とする場合でも，自力で情報源を探索する場合でも，利用者が図書館内だけでなく図書館外からサービスを利用することが増えつつある。図書館員への外部からの質問は，従来のような電話やファックス，文書だけでなく，電子メール（e-mail）やチャット（chat，インターネットでのやりとり）などの手段によってもなされるようになってきている。あるいは図書館外からの図書館ウェブサイトを通じてデータベースなどが利用されることもある。情報技術の進歩により，利用者は物理的な制約から開放され，その利用形態は図書館内での利用から，図書館という建物の外での利用へと広がっている。そのため，これまでは来館してサービスを利用できなかった人々へとサービス対象者は拡大しつつある。

また，高度な情報探索の技術を身につけ，選択的にサービスを利用する賢い利用者が増える一方で，新しく生まれた技術には不慣れな利用者もいる。個別の利用者と同時に集団としての利用者を理解し，時には予測し，図書館は可能性のある利用者がサービスを利用できるよう備えていかなければならない。

c．図書館員

情報サービスを担当する図書館員は，利用者のレファレンス質問によって表面化したさまざまな情報ニーズを受けて情報源を探索し，その情報ニーズに合った情報や情報源を提供する。同時に，利用者や図書館員が探索する情報源を収集し，整理し，利用しやすい仕組みを用意し備えている。利用者が，図書館員にレファレンス質問をすることによって情報を得るとしても，自力で情報源を探索して情報を得るとしても，図書館員は情報ニーズをもった利用者とそれに見合った情報源とをつなぐ仲介者の役割を果たしているのである。図書館員の仲介者としての役割は，場合によっては，その図書館がいかに良い情報源をもっているか以上に重要であり，サービスの良し悪しを左右する大きな要因となる。

図書館員は，利用者からのレファレンス質問をレファレンスカウンターなどの窓口で受け付け，図書館で利用できる情報源を駆使してその利用者のニーズにあった回答を提供する。ただし，実際には質問を受けるのは館内の特定の窓口だけでなく，図書館員が一般書架などの閲覧スペースにいる時であることも多い。図書館員は利用者によって表された質問に答えるだけでなく，時には質問としてうまく表現できていない情報ニーズがあることも考慮に入れ，レファレンスインタビューによってそれらを明確にし，応えてゆくことが必要である。さらに利用者が気持ちよくサービスを利用できるよう，接遇のマナーやコミュニケーションの技術を身につけることも求められる。

利用者が自力で必要な情報を探索するという場合には，一見，図書館員はあまり関与していないようにみえるが，ここでも図書館員の仲介者としての役割は大きい。図書館が提供する各種情報源を利用者の情報ニーズを考慮に入れて収集し，あるいは不要なものを廃棄し，維持することや，利用者が求める情報源にアクセスしやすいように，レファレンスコレクションの排架，机や端末などの環境の整備を行うことも図書館員の重要な役目である。特に従来の印刷体に加えて変化の激しい電子形態の情報源に対する知識と探索能力がますます必要になってきている。

3．情報サービスを構成するさまざまなサービス

インターネットに代表される電子形態の情報源の増加と，新たな情報通信技術（Information and Communication Technology：ICT）の図書館サービスへの導入は，情報サービスに大きな変化をもたらしつつある。図書館で実施される情報サービスの範囲は伝統的なレファレンスサービスから次第に広がりを見せ，同時に情報サービスの枠組みにも変化を招いている。このような状況にあっても，図書館が情報を求める個人を支援するという情報サービスの本質が変わることはない。

本章では，情報サービスをより理解しやすくするために，便宜上，二つの側面から情報サービスをとらえ，それぞれのサービス方法について述べる。

利用者の情報ニーズに対して図書館員が直接的に行う支援を直接的サービスと呼び，ボップ（Richard E. Bopp）[3]の三つのアプローチを基にして説明する。また利用者の情報ニーズに対して間接的に行われるサービスを間接的サービスと呼び，図書館が行う間接的，準備的業務について説明する。

3：Bopp, Richard E.; Smith, Linda C. Reference and Information Services: An Introduction. 3rd ed. Libraries Unlimited, 2000, 617p.

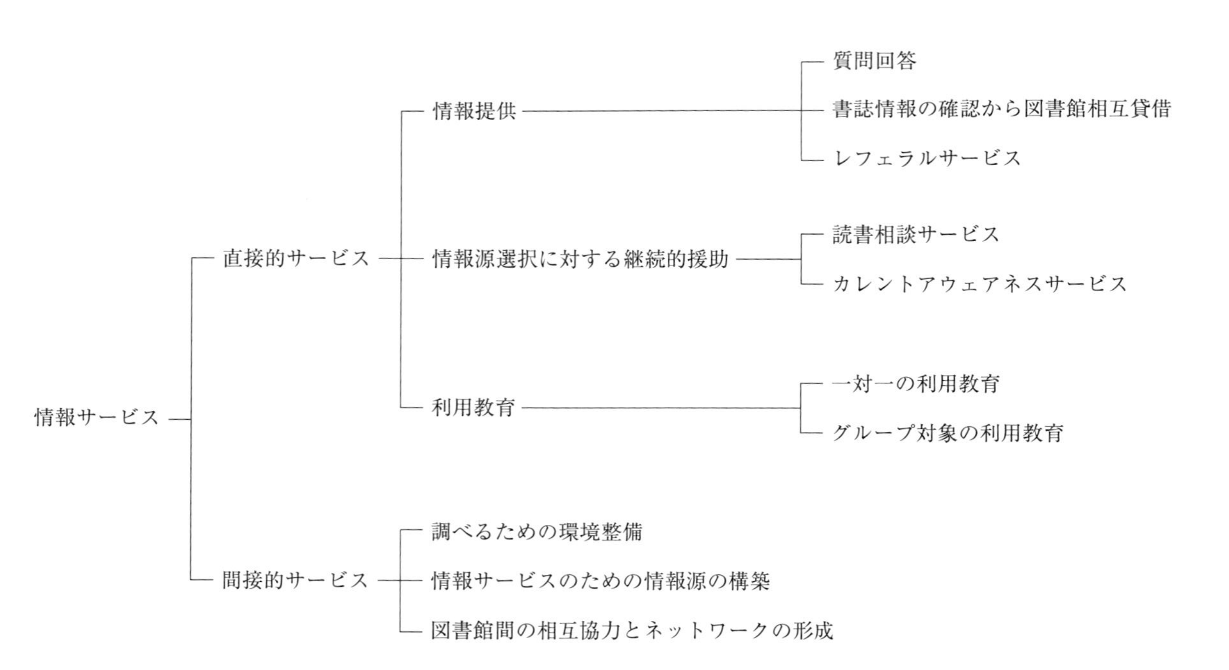

2-2図 情報サービスの種類

日本語の「サービス」は，一般的には利用者への奉仕を意味することが多いため，ここで間接的な業務を「サービス」と呼ぶことには違和感を覚えるかもしれない。しかし，それらの業務は対利用者のサービスを間接的側面から支えるものであり，対利用者のサービスにつながるものである。よって，ここではあえてそれらの業務を間接的サービスと呼び，解説することとする（2-2図）。

（1）直接的サービス

図書館員が利用者からの情報ニーズに対して，直接，利用者に対して提供するサービスを直接的サービスと呼ぶ。ボップは著書 *Reference and Information Services: An Introduction* の中で，図書館員は利用者の情報ニーズや目標ごとに，異なる三つのアプローチによって支援を行っていると述べている。

第一は，特定の情報を欲しいという情報ニーズに応えるというアプローチである「情報提供（information）」，第二は，ある分野の情報を見つける手順や方法について知りたいという長期的なニーズに応えるアプローチである「情報源選択に対する継続的援助（guidance）」，第三は，情報を入手し利用するにあたって，よりその技術を高めたいというニーズに応えるアプローチである「利用教育（instruction）」である。これらはあくまでも便宜上の区分であって，それぞれが必ずしも独立したサービスとして存在しているわけではなく，互いに関連しあったり，影響しあったりしている部分も大きい。

a．情報提供

利用者が特定の情報を欲しいというニーズを抱いているとき，それに対して図書館員が行う援助を情報提供（information）と呼ぶ。情報提供は，図書館員が直接回答を提供する「質問回答」，図書館で必要な情報を提供できない場合に他の図書館の協力を得て情報を提供する「書誌情報の確認から図書館相互貸借」，同じく図書館で情報を提供できない場合に別の機関を紹介して解決する「レフェラルサービス」によって実現されている。

❶質問回答　利用者の情報ニーズが，図書館員への質問として表現されたのがレファレンス質問である。利用者からのレファレンス質問に対して図書館員が情報源と利用者との仲介者となって適切な情報源を探索し，得られた回答を提供することを質問回答，あるいは質問回答サービスと呼ぶ。質問内容は，あ

る電話番号や住所などといったごく簡単な事実調査により解決できるものから，図書館内外の情報源を駆使し，時間をかけて探索する文献調査の必要なものまで幅広い。

利用者の質問の難易度によって，図書館員が回答を提供するために探索しなければならない情報源や，回答を得るまでに要する時間などは変化する。長澤は，さらにレファレンス質問の種類をその難易度によって，「案内質問」「即答質問」「探索質問」「調査質問」に分類している[4,5]。

「案内質問（directional reference questions）」とは，図書館が提供する施設やコレクション，サービスなどについて案内を求めるような質問のことである。このうち，特定のコレクションや資料の所在についての質問は，どのような館種の図書館でもよく尋ねられる質問である。これは目録や，館内の案内図などを使えば簡単に解決できるような質問であり，特に情報源を参照するまでもないこともある。場合によっては，所蔵調査，所在調査などと呼び，レファレンス質問とは別扱いにされることもある。また，「トイレの場所はどこですか？」とか，「一人何冊まで借りることができますか？」というような，施設やサービスについての質問も案内質問に含まれる。この種の質問は，情報や情報源に対するニーズと直接結びついているわけではないので，厳密にはレファレンス質問とは言いにくい。しかし，レファレンス質問の芽となりうるため，その一部として取り上げている。

「即答質問（quick reference questions）」とは，ある機関の電話番号や漢字の読みなど，２，３の基本的な情報源を参照することですぐに解決できるような質問のことである。どの館種の図書館でも比較的よく尋ねられるため，即答質問への回答は情報サービスのうちで最も基本的なサービスということができる。それぞれの図書館ごとに，ある程度尋ねられる質問のパターンを見出すことができるため，図書館ではそれに対応した情報源を，質問を受ける窓口近く

4：長澤雅男の『レファレンスサービス』では，探索質問を「search questions」，調査質問を「research questions」としている。しかし，ボップの *Reference and Information Services* では，長澤の探索質問にあたると考えられる質問を「research questions」と呼んでおり，調査質問にあたると考えられる質問を「fee-based services and information brokering」と呼んでいる。

5：長澤雅男．レファレンスサービス：図書館における情報サービス．丸善，1995，245p.

に備えていることが多い。即答質問に端を発して，より難易度の高い質問に移っていく可能性もある。クイックレファレンス，あるいはレディレファレンス（ready reference questions）とも呼ばれる。

「探索質問（research questions）」とは，即答質問に回答する際に利用するような，いくつかの基本的なレファレンスブックやデータベースだけでなく，さらに複数の情報源を探索しなければ求められる情報を提供できないような質問のことである。例えば，「電磁波が人体に与える影響について知りたい」というように，利用者の情報ニーズが即答質問より深く，複雑な質問である。利用者によって発された質問が的確にそのニーズを表しているとは限らず，図書館員によるレファレンスインタビューが有効になる場合が多い。

「調査質問（fee-based services and information brokering）」とは，探索質問では満足な回答を得ることができなかった場合に，さらに探索の範囲を広げ，時間をかけて行う必要のあるような質問のことである。専門図書館のような手厚いサービスが可能な図書館では，このような質問に対してかなりの時間をかけて調査を行って結果を提供することや，文献調査や二次資料の作成といった書誌サービスを行って応じることもある。それ以外の図書館では，一定の時間をかけて探索を行い，それでも解答が得られなかった場合には，質問処理を打ち切る方針をとることが多い。英語で「fee-based」となっているのは，「図書館の通常の無料サービスの範囲を超える」という意味が込められているものと理解できる。

以上のような質問は，図書館の建物の中で，利用者から受け付けるだけなく，電話やファックス，書面などによって図書館員に伝えられることもある。またインターネットの普及する1990年代頃からは，電子メールやチャットなど，コンピュータを介した質問回答のやりとり，いわゆるデジタルレファレンスサービスへの取り組みが米国の図書館で始まり，あっという間に全米の図書館に広まった。インターネットの普及は，物理的な図書館におけるレファレンス質問の減少を招いたと言われているが，そのような中で，デジタルレファレンスサービスでは，インターネットを利用できる人であれば誰でも，時間や場所という制約を超えて図書館員に質問をすることができるため，図書館界での期待は高い。新たな技術を応用したデジタルレファレンスのためのソフトウェアの開発や，図書館間で協力してレファレンス質問に回答すること，回答のプロセスを共有するためのコンソーシアムの構築も進んでいる。

❷書誌情報の確認から図書館相互貸借　特定の文献を欲しいという利用者の情報ニーズは，まずその文献の書誌情報を確認して正確な書誌情報を得，次に，その文献の所在を確認し，最終的には文献を入手することで終結する。つまり，その最初の段階で生じるのが書誌情報の確認（bibliographic verification）で，次に利用者の利用できる図書館に所蔵していない場合に生じるのが図書館相互貸借（interlibrary loan：ILL）である。

図書館で行う書誌情報の確認とは，利用者が必要とする特定の文献について二次資料を検索し，正確な書誌情報を確認し，提供する作業である。利用者は必要とする文献がはっきりしている場合でも，その文献の正確な書誌情報を把握しているとは限らない。人から聞きかじった情報をもとに，特定の文献を探している場合，間違って記憶していることはよくある。また，ある文献に付けられている参考文献などから情報を得ている場合でも，その書誌情報を書き写し損ねていたり，あるいはその情報自体が不十分であったり，不正確であることもある。そのため，求める文献を入手するための最初の手順として正確な書誌情報を確認することが必要になる。

次に，利用者の必要とする特定の文献を，その利用者が利用する図書館が所蔵していない場合，その図書館が文献を所蔵する他の図書館や他の機関を探して，その現物を借りたり，複写を取り寄せたりして利用者に提供する業務を図書館相互貸借と呼ぶ。図書館相互貸借以外にも，文献を入手する手段として，文献送付サービスと呼ばれるサービスがある。これは利用者が求める図書や文献のコピーを自宅や職場まで送付するサービスのことである。最近は，複写申込の手続きがウェブ上でできるようになったり，文献そのものが電子形態で利用できるようになってきたりしているため，利用者は図書館へ足を運ばなくても欲しい文献を入手できる環境が整備されてきている。

これらのサービスは，情報サービスではないという考え方もある。しかし，以上のようなサービスを提供するためには，各種の目録や索引誌などの二次資料を検索する必要があり，実際に多くの図書館で，情報サービスを担当する部門で扱われることが多い。そのため，ここでは情報サービスの一部として扱う。

現在では，電子形態の目録や索引誌のデータベースがウェブ上で利用できる状況が整い，書誌ユーティリティ（bibliographic utility）が確立されてきたことにより，これらの一連の業務は以前よりも容易に行うことができるようなってきている。

3 レフェラルサービス　図書館が，利用者のニーズに合致する情報サービスを所蔵していない場合，それらを所蔵している図書館や類縁機関，専門家などを探し出して紹介するサービスをレフェラルサービス（referral service）と呼んでいる。必要とされる情報が図書館内にあるか図書館外にあるかにかかわらず，最終的には人々と情報とを結びつけるサービスである。レフェラルサービスを効率よく行うためには，可能性のある図書館や機関についての情報源を前もって整備しておくことが必要である。最近ではウェブ上で各種機関に関する情報が公開されるようになり，それらの機関が所蔵する資料の目録が公開されることも増えてきたため，サービスに必要な情報が手に入りやすくなってきている。

レフェラルサービスに類似したサービスとして，案内紹介サービス（information and referral services：I & R）と呼ばれるサービスがある。図書館に利用者の情報ニーズに合致する情報源がない場合でも，近隣の地域にそれらを満たす情報源やサービスを提供している人や組織があることがある。案内紹介サービスとは，図書館がそのような場合に備えて，利用者とそれらの機関を結びつけるために，地域にあるさまざまな組織や機関の情報を整備し提供するサービスのことで，英米の公共図書館で1960年代後半頃に発達し定着した。情報やサービスを提供する機関と，地域住民に対して提供されているサービス，連絡先などの最新情報が，リストやファイルの形で作成され，維持される。最近は，図書館がそれらの情報をデータベースとして作成し，ウェブ上に公開することが増えている。

b．情報源選択に対する継続的援助

利用者が，読書を趣味としている，仕事を変えたい，調査プロジェクトにかかわっている，といったさまざまな状態にあって，それらについての情報を得るために図書館員に相談したいというニーズを抱くことがある。このような，特定の情報を得たいというよりは，関心のあるテーマに関する幅広い情報を見

つけたり，それを利用したりしたいというニーズに対して図書館員が行うアプローチを，情報源選択に対する継続的援助（guidance）と呼ぶ。これらは，比較的漠然とした，あるいは長期的なニーズであることが多い。このようなニーズを満たすためのサービスとして，本節では読書相談サービス（reader's advisory service）とカレントアウェアネスサービス（current awareness service）を取り上げる。

1読書相談サービス　読書相談サービスとは，図書館員が利用者の興味などに合わせて，どのような図書を選び，読めばよいかについて個別に援助を行うサービスである。これは，米国の公共図書館で1920年代から1940年代にかけて盛んに行われたサービスである。当時は，図書館員が個別の読者にインタビューをして，その興味や読書能力のレベルなどを聞き出し，それらを考慮に入れた上でブックリストを作成し，適切な図書を紹介していた。これは長期的な視野で，個々の利用者に対して継続的に行われた手厚いサービスであった。最近では，そのような労力をかけることが難しくなってきているため，当時のような読書相談サービスは減少傾向にある。

しかし同時に，従来のサービスは，読書にかかわらず利用者の関心事についての資料や，問題解決のための資料選択を支援するサービスへと変化しつつある。さらに図書館やサービスの利用法によって個別に利用者を支援する図書館利用者教育や，利用者の関心分野の資料についての最新の情報を知らせ，図書館利用を促進するカレントアウェアネスサービスに近いサービスへと図書館員の認識が変化し，その必要性が再認識されるようになってきている。

他にも，読書相談サービスに類似したサービスとして，主に米国の大学図書館で行われている学期末のレポートカウンセリング（term-paper counseling）と呼ばれるサービスも挙げられる。これは，期末レポートを作成する学生に対して，図書館員が個別の利用者のテーマやレベルに合わせて図書館資料を使ってレポートを書くための援助をするというもので，利用教育の要素も併せもつものである。このようなサービスを行うためには，図書館員には，それぞれの主題の二次資料はもちろん，一次資料や主題そのものに関する知識が必要である。

わが国では，読書相談サービスや読書案内といわれるサービスは，米国で行われた初期の読書相談のようなサービスというより，主に読書資料の選択についての質問に答えるサービスとして捉えられることが多い。そのため，貸出サービスの一部として扱って，情報サービスとして扱われないこともある。

❷カレントアウェアネスサービス　特定の雑誌の最新号から目次をコピーし定期的に利用者に提供するなど，利用者の関心をもっている主題分野のカレントな情報を，図書館が能動的に提供するサービスをカレントアウェアネスサービス（current awareness service）と呼んでいる。専門図書館のように主題分野の限定された図書館では比較的行いやすいサービスであるが，利用者のニーズが多岐にわたる公共図書館などではあまり行われない。

カレントアウェアネスサービスと同義あるいはその一部として扱われるサービスにSDI（selective dissemination of information：選択的情報提供，あるいは情報の選択的提供）がある。新たに受け入れた資料が，特定の利用者の関心分野の資料であった場合，図書館としてフォーマルにかつ継続的に提供するサービスのことである。図書館員は，事前に利用者にインタビューをして，関心のある主題についてのプロファイルを作成し，それに合致する書誌情報あるいは新しい文献を定期的に利用者に提供する。SDIも，研究活動を続ける研究者などを利用対象とする専門図書館や大学図書館を中心に行われるサービスである。

1980年代からあったサービスであるが，電子ジャーナルや索引誌等のデータベースの付加的な機能として，新しく出版された学術雑誌の目次情報や，雑誌記事の書誌情報等を，近年では電子メールにより提供するアラートサービス（Alert Services）と呼ばれるサービスが提供されている。利用者が事前に，自分の興味のある分野に関する検索条件や書誌情報を登録しておけば，電子メールにより継続的に情報提供が行われるというものである。データベースの導入が進む大学図書館では，このようなサービスが普及している。あるいは，公共図書館でも，事前に登録をしている利用者に対して新着図書リストを電子メールで定期的に送付するサービスが行われるようになった。いずれも，利用者が一度登録を済ませれば，自動的にサービスを提供することができるため，図書館にとっても，利用者にとっても，手軽で便利なサービスである。これらのサービスは，SDIの拡張された形態として今後の情報提供の有用なサービス形態といえる。

c. 利用教育

情報や知識を頻繁に利用する必要のある人々は，図書館やそこで提供されている各種情報源が，自分たちの生活や研究などにとってどのように役立つのかを知り，さらにそれらを利用するための技術を高めたいと思っている。そうすれば，自分の力で必要な情報源を探索し，利用することが可能になるからである。このようなニーズに合致するアプローチを，利用教育（instruction）と呼んでいる[6]。

図書館は，利用者がどのような情報ニーズをもって情報を探索したいと思っているのかを予測し，あるいは要求を受けて，図書館の利用方法や情報源の探索方法，利用方法，評価方法などについて一対一やグループを対象として指導を行う。以前は大学図書館や学校図書館が中心となって行ってきたサービスであるが，情報技術の発展により探索する必要のある情報源が増え，形態が複雑になるにつれ，公共図書館でも次第に重要性が増してきている。大学図書館や学校図書館では利用教育を情報リテラシー教育の一環として位置づける動きもある。

1 一対一の利用教育（one-to-one instruction）　一対一の利用教育とは図書館のサービスやその資料の入手方法，利用方法などについて，図書館員が一対一で利用者を支援するという，どの館種の図書館においても行われてきた基本的なサービスである。図書館を使い慣れていない利用者が，図書館の資料を探し出せるように目録の利用法を教えるといった初歩的なものから，調査研究に必要な情報を探索するために，二次資料の内容や，それらの検索方法などについて教えるものまで幅広く行われている。

近年では，冊子体だけでなく，オンライン閲覧目録（Online Public Access Catalog：OPAC）や，索引誌や抄録誌のデータベース，ウェブ上の情報源など，電子形態の二次資料が増えつつあるため，それらの検索方法について教える部分の比重が増えてきている。

このようなサービスは，利用者に対面して直接提供されるだけでなく，利用案内のしおりや，特定主題の代表的な二次資料類やその調べ方の手順について

6：より詳細な動向については，本書7章も参照されたい。

紹介するパスファインダーなどによって提供されることもある。また同様のものが図書館のウェブサイトを通じて提供されることも増えてきている。ウェブサイトを通じて利用できれば，コンピュータ端末を通じて複数の情報源を探索し，利用しながらレポートを作成する利用者にとって便利であるだけでなく，遠隔地から全く図書館に足を運ぶことなく図書館を利用する人々にとっても便利である。

❷グループ対象の利用教育（group instruction） 大学図書館における新入生や，同じテーマについて学ぶゼミナールのメンバーなど，同じような情報ニーズを持つ利用者が複数いることがある。そのような場合，複数の利用者にグループ単位で，ある程度焦点を絞って，図書館の利用方法や情報源の探索方法などについて案内すると効率が良い。例えば，新入生を対象とする場合，図書館ツアーやオリエンテーションなどによって，図書館の施設や蔵書，基本的なサービスについて知らせることができる。あるいは，図書館の利用にある程度慣れ，専門主題の調査研究に取り組んでいる特定のゼミナールの学生を対象とする場合であれば，その主題の代表的な二次資料やそれらの探索方法，探索の結果得られた情報の利用方法や評価などについても紹介できる。このような教育は，利用者が専門的な探索技術をみがき，自力で情報を探し出し，効果的に利用できる能力を身につけることにつながっている。

グループ対象の利用教育は，従来公共図書館ではあまり行われることがないサービスであった。しかし，情報を入手するための道筋が複雑になってきたために，文献探索の方法を学びたいと考える利用者が公共図書館においても増加し，それに応えるための講座などが開かれ，利用されるようになっている。

（2）間接的サービス

利用者に対しての直接の支援を直接的サービスと呼ぶのに対し，利用者に直接向き合って行うサービスではないが，利用者が必要な情報を得ることを間接的に支援するサービスを間接的サービスと呼ぶ。ここでは，調べるための環境の整備，情報サービスのための情報源の構築，図書館間の相互協力とネットワークの形成を間接的サービスとして扱う。

利用者に対面して行われる直接的サービスは，利用者の表面化したニーズに

2-3図 本の案内カウンター

対して直接対応するために，その良し悪しが利用者の目につきやすく，図書館全体の印象に与える影響も大きい。その一方で，間接的なサービスは利用者のニーズを受けて行われるというよりは，図書館員が利用者の情報ニーズを日常業務の中で推察したり，予測したりして主に能動的に行うものである。その良し悪しは目にはつきにくいが，いかに質の高いサービスを提供できるかは，間接的サービスに大きく影響を受ける。間接的サービスの充実は，図書館における情報サービスを支える基盤として重要である。

a．調べるための環境整備

利用者が必要な情報を探して情報源を探索する際には，調べるためのさまざまな環境が整備されていることが必要である。図書館において利用者が情報を探す場所は，サービスポイントと呼ばれている。

サービスポイントのうち，利用者が図書館員に何らかの支援を求めて質問をする場がレファレンスカウンターなどの窓口である。利用者は窓口で，情報そのものを得るために質問をしたり，図書館や資料の利用方法について質問をしたりする。図書館員はカウンター周辺に置いた即答質問用の情報源，コンピュータ端末を通じて利用できるデータベースなどの情報源を使って回答を提供したり，図書館サービスの利用方法についての資料を提供したりしている。

利用者の質問は簡単に解決できるものから時間を要するものまでさまざまなので，ゆっくりと話を聞くことができるよう椅子を用意するなどの配慮がのぞまれる。また，利用者は図書館員への質問を躊躇することが多いため，窓口には近寄りやすい雰囲気をつくることも必要であろう。その他にも，込み入った質問でも尋ねやすいように，貸出用の窓口から距離をとるなどして，やりとりの内容についての利用者のプライバシーが守られることが望ましい。場合によっては，事務室内にインタビューのできるスペースを設けるのもよいだろう。規模の小さな図書館では，レファレンスカウンターなどの専用の窓口を備えることが難しいため，他の窓口との兼用になっていることもある。それでも窓口であることを表示するなどの工夫をすることによって，質問を引き出すことが容易になる。

利用者が情報源を探索する場合，主に利用するのはレファレンスコレクションであり，それらが備えられているのがレファレンスルームやレファレンスコーナーである。いずれを設けるにせよ，複数の利用者がレファレンスブック類を広げて閲覧したり，書き写したりできるだけのスペースが書架の近くに必要である。レファレンスコレクションは図書館員が利用することもあるし，また利用者が調査の途中で助けを必要とすることもあるため，カウンターなど図書館員が近くにいるスペースに設けられていると便利である。

レファレンスコレクションには，印刷体の資料ばかりでなく，データベースや CD-ROM，ウェブ上の情報源などの割合が増加しているため，それらの情報源にアクセスできるコンピュータ端末を図書館内に備えることが必要である。図書館の中には，データベースやインターネット，特定のソフトウェアなどの利用方法について教える機能（チュートリアル）をコンピュータ端末に用意しているところもある。また，それらの利用中に助けてくれる図書館員や専門のスタッフを配置している図書館もある。

さらに，以上のようなサービスポイントが利用者の動線から目につきやすい位置にあることや，サービスポイントへのサインが十分に用意されていることも必要であろう。

b. 情報サービスのための情報源の構築

情報サービスに利用される情報源には，レファレンスコレクション，その他の図書館資料と，図書館職員などの人的資源が含まれる。その中で，情報サービスを行う際に中心となるのは，その図書館のレファレンスコレクションである。図書館ではその館のレファレンスコレクションの収集方針などに基づいて，どのようなレファレンスコレクションを構築するかを決定し，レファレンスブックやデータベースなどを収集，維持している。レファレンスコレクションの詳細については8章を参照されたい。

レファレンスコレクションは，主に市販のレファレンスブックやデータベースからなるが，それだけでは，その図書館の利用者の情報ニーズに応えきれないことや時間がかかり過ぎることがある。そのため，不足の部分を埋めるものとして，その館で独自に作成される情報源である自館製ツールや，新聞記事や雑誌記事の切り抜き，パンフレット類などをファイルしたインフォメーションファイルなどを用意する。これらの情報源は，図書などによって得にくい情報をすばやく提供してくれるため価値は高いが，作成には時間と労力がかかる。そのため，よく質問される分野を中心に作成し，継続的に維持していくことが必要である。

情報サービスのための情報源は，最近では，図書館のウェブサイトを通じても提供されるようになってきている。ウェブサイトでは，データベースや電子ジャーナルへのアクセスだけでなく，それらを有効に利用するために独自に作成された機能が提供されている。例えば，特定の主題の代表的なデータベースや探索の手順などについて記したパスファインダーや提供している複数のデータベースを選ぶための検索機能，個々のデータベースの解題などがある。これらを利用すれば，自分の情報探索において，どの情報源が必要かわざわざ図書館に出向いて図書館員に尋ねることなく知ることができる。またウェブ上の質の高いサイトを集め，解題を付したリンク集もよく提供されており，利用者にとって便利である。

c．図書館間の相互協力とネットワークの形成

個々の図書館は，所有できる資料に限界があるため，図書館間でネットワークを形成し，貸し借りをすることによって協力し合ってきた。情報サービスにおいても同様に，利用者の求める情報がその図書館で得られなかった場合，より専門的な資料を持っている別の図書館に調査を依頼し，結果を提供してもら

うことで互いに助け合っている。このような協力関係によるサービスを協力レファレンスサービスと呼んでいる。

協力関係のネットワークは，地域レベルのごく小さなものから，館種ごとや，全国的あるいは世界的な規模のものまで各種存在する。以前は電話やファックスによるネットワークが中心であったが，図書館にインターネットが普及したことで，インターネットを通じたネットワークが発達してきている。ネットワークの発達により，従来は時間がかかっていた書誌情報の検索，調査の依頼，図書館間のやりとりの手続きなどがより早く，簡便に行えるようになった。同時に相互協力のネットワークへの参加館は増加している。

新たな形の協力レファレンスサービスとして，複数の図書館で運営されるデジタルレファレンスサービスが，最近，盛んに行われるようになってきている。これは，複数の図書館が，同じソフトウェアやサービスを使い，単一のインターフェイスを通じて，その利用対象者に対して電子メールやチャットによる情報サービスを提供するというものである。時間枠ごとに担当館を割り当てることでサービス時間帯やサービスできる分野を増やそうとする試みであるといえる。また，利用者に対するサービスだけでなく，図書館員がこれまでに個々の館で作成し，それぞれの館でサービスに利用してきたレファレンス質問の事例を，複数の館で蓄積してデータベースを作成し，共同利用する取り組みも行われている。より良いサービスを提供するためには，今後も図書館間の協力関係を維持し，発展させていく必要がある。

4．各種図書館と情報サービス

ここまででは，情報サービスについて，館種にあまり関係なくそのサービス内容を説明してきた。しかし実際には，これらのサービスは，どの館種の図書館で行われるかによって何をどの程度行うかが異なっている。それは，利用者の層が，図書館の種類によって異なるからである。この節では，公共図書館，大学図書館，学校図書館，専門図書館における情報サービスの特徴を述べる。

（1）公共図書館

公共図書館の利用対象者は，特定の地域の住民すべてである。したがって，他の館種と比べると利用者層が広く，一般的に利用対象者の人数も多い。利用者層が広く，人数も多いということは，そこに生まれる利用者の情報ニーズも幅広く多様であるということである。図書館では利用者の最大公約数のニーズを予測し，間接的サービスによってそれに備えているが，公共図書館は利用者のニーズが多様であるために，間接的サービスによって備えることが最も難しい図書館であるともいえる。そのため，公共図書館では図書館員による個別の対応が，利用者のニーズと間接的サービスとの間にできたギャップを埋めることに貢献できる。よって公共図書館では，質問回答や利用案内を中心としたサービスが行われることが多い。規模が大きく，調査機能に重点を置いた図書館以外では，一人の利用者に対して労力のかかるSDIや調査質問への回答などが行われることは少ない。

（2）大学図書館

大学図書館の利用対象者は，その図書館の所属する大学の学生，大学院生，教職員などである。大学図書館で，利用対象者が抱く情報ニーズは，その大学の学部，学科で扱っている専門分野の知識と，一般教育で扱っている知識に関するものが中心である。そのため，必要とされる主題やそのレベルなどは，公共図書館に比べるとはっきりしており，予測して備えることが比較的容易である。それゆえ，情報源の構築などの間接的サービスは効率よく行うことができる。

それでも大学図書館では所蔵する資料が比較的多く，提供される情報源の形態がさまざまで利用方法が複雑であるという難しさがある。最近では，情報源に占めるレファレンスブック類に対応するデータベースや電子ジャーナルの割合が増加しており，それらのサービスの利用方法や検索方法は複雑で，変化も激しい。そのため，案内質問を中心とした質問回答や，利用教育が必要であり，事実，それらが活発に行われている。また，情報源の一部としてデータベースが増加したことで，利用者の範囲について契約上，あらかじめ検討することが必要になるなど，電子化の進行による新たな業務対応を求められる場面が増えている。

（3）学校図書館

学校図書館の利用対象者は，その図書館が所属する小・中・高等学校の児童・生徒と教職員である。学校図書館の利用者の抱く情報ニーズには，それぞれの学年に対応した教科の学習にかかわるあるいはそれをより掘り下げるための情報を欲しいというものや，直接教科の学習にはかかわらないが，彼らの読書にかかわるものなどが挙げられる。学校図書館は，学校という教育機関に属するので，情報そのものを提供することよりも，図書館や情報源の利用方法を教えることに重点が置かれることが多い。

文部科学省の実施した調査によると，2020年５月時点で司書教諭が必置とされている12学級以上の小・中・高等学校では，99.2％において司書教諭が発令されていることが報告されている。しかし，11学級以下の学校も合わせると司書教諭の発令されている学校は，全体で69.9％にとどまることや，司書教諭が発令されているものの専任ではなく兼務であるなどの課題も指摘されている[7]。

児童や生徒らは，後の人生の中で自らの問題を解決したり，複数の選択肢の中から何かを選んだりすることが必ず必要になる。そしてその際に，いかにうまく問題を解決できるか，いかに適切な選択をできるかは，それらに必要な情報を入手できるかどうかにかかっている。情報を探すという行為が身につくかどうかは，日々利用する学校図書館での経験や訓練によるところが大きく，その意味でも今後の学校図書館の役割が期待されている。

（4）専門図書館

専門図書館の利用対象者は，その専門図書館が所属する機関の構成員である。専門図書館は所属する組織の目的を達成することに対して，情報面から支援するために存在する。そのため専門図書館の利用者が持つ情報ニーズは，図書館

7：文部科学省総合教育政策局地域学習推進課．“令和２年度「学校図書館の現状に関する調査」結果について”．文部科学省．2021-07-29．https://www.mext.go.jp/a_menu/shotou/dokusho/link/20220112-mxt_chisui02_1.pdf．（参照 2022-02-07）．

が所属する組織がどのような活動を行っているかに左右される。専門図書館は，その規模や所属する組織などという点において違いが大きいため一概にはいえないが，扱う主題ははっきりしており，調査研究目的で利用されることが多い。

そのため質問は，調査質問のような込み入った質問が比較的多い。それに対し，図書館員は，文献調査など専門的な調査を行って回答を提供するなど，他の館種の図書館よりも個別の利用者に対して手厚いサービスを行う傾向にある。

3章 レファレンスサービスの理論と実際―1

情報探索行動とレファレンスプロセス

2章では，情報サービスを構成する要素として，情報源，利用者，図書館員を挙げ，情報を求める利用者に対し，図書館員が仲介となって直接的あるいは間接的に提供される各種のサービスについて説明した。本章では，このうち利用者と図書館員の間のやりとりに焦点を当て，利用者が情報を探すとはどのようなことなのか，情報を求めて図書館にアクセスした利用者に対し，図書館員はどのようなやりとりを行っているのかについて学ぶ。

1．利用者の情報ニーズとレファレンスサービス

(1) 情報と情報探索行動

図書館情報学分野では，図書館サービスや情報システムを説明する際に，情報とは，受け手の知識状態に変化を生じさせるものであるというブルックス(Bertram Claude Brookes)の定義および方程式を引用して説明することが多い[1]。

$$K[S]+\Delta I=K[S+\Delta S]$$

$K[S]$ とは，ある人がもともと有している知識構造，ΔI とは，その人が得た情報，ΔS とは，その人が情報を獲得したことによって，元の知識構造が受けた効果を表す。よって，$K[S+\Delta S]$ とは，情報を得た結果，修正された知識構造を表す。この方程式では，もともと持っていた知識構造に，単に新たな情報が加わったのではなく，情報を得たことでもともと持っていた知識構造が再構成されたことが示されている。三輪は，著書の中で，自らの体験を例とし

1：“The foundation of information science. Part I. Philosophical aspects”. Journal of Information Science, 1980, vol.2, no.3-4, p.125-133.

てブルックスの方程式を説明している[2]。

> 初めてオーストラリアに行ったとき，有名なシドニーのオペラハウスを訪ねた。最初はフェリーに乗って外部から，次に見学ツアーで内部からと，二通り見学した。実際にこの建物を見るまで，オペラハウスは大理石でできており，内部空間も建物の外観と同じ帆の形になっていて，その中に入ると帆の形を内側から見られるものと思い込んでいた。しかし実際にそこに行って建物を内側と外側から見たことで，私の思い込み（知識）は間違っていたことが分かった。まず，屋根の素材は大理石ではなかった。二〇センチ角程度の白っぽい黄色をした四角いタイルで，帆の形をした部分は，風呂場で使っているようなタイルが外壁一面に張り巡らされていた。さらに，内部空間は鉄筋コンクリートの矩形で，外部には別の構造体が取り付けられていることが分かった。

3-1図 ブルックスの方程式を説明する三輪の例
（三輪眞木子．情報検索のスキル：未知の問題をどう解くか．中央公論社，2003，p.14.）

三輪は，シドニーのオペラハウスを見る前は，この建物は帆の形をし，大理石でできているという知識を持っていた。しかし，実際に，内部と外部から観察したことで，三輪の知識は，オペラハウスの外壁はセラミックタイルで，外壁と内部空間は別の構造物であるという理解に変化した。三輪の，もともと持っていた知識は情報を得たことで増加したというより，ダイナミックな変化を遂げたと説明されている。このように，情報を独立したモノのような存在としてではなく，それを獲得することで獲得した人の内面に変化を与えるなにかとして理解することは，利用者の求める情報というものがどのようなものかを理解する上で重要である。

それでは，人はどのような時に情報を探すのだろうか。ダーヴィン（Brenda Dervin）は，人間の情報探索，利用行動を，「状況」「ギャップ」「利用」という三つの要素からなる「意味付与モデル」により説明している[3]。ダーヴィン

2：三輪眞木子．情報検索のスキル：未知の問題をどう解くか．中央公論社，2003，p.12-73.

によると，人間は自らの内部にすでに持っている情報を用いることで，周囲の状況に対し，独自の意味を付与しながら前進している。しかし，自らの内部にすでに持っている情報だけでは，解釈できないような事柄に直面した時，情報を求める行動，すなわち情報探索行動を起こすという。

この「状況」とは，自分の内部にある情報では解釈できない事柄を前にし，意図する行動ができなくなっている状況を指す。そのような状況において個人が感じる情報の欠如が「ギャップ」である。「利用」とは，新しく得られた情報を利用してギャップを埋めた後に行おうとしている行動のことである。さらに「ギャップ」を埋めるための行為を「橋渡し」と呼んでいる。

ダーヴィンの意味付与モデルを，松林は例を使って説明しており，参考になる。英文を読んでいる時，ある一つの単語の意味がわからないためにこの一文の意味がわからないと思ったとする。この場合，わからないと思った状況が，「状況」であり，意味を理解して文章を読み進めることが「利用」である。ここで「ギャップ」として認識されているのが，ある一つの単語の意味である。ただし，辞書を調べて意味がわかったとしても，この1文の意味がわからなければ，辞書を調べ直したり，文法書を調べたり，再度全体を読み直すこともある。つまり本人も，最初の行動を起こした時点では，この「ギャップ」の全貌を認識できているとは限らない。そのため，とりあえず最善と思われる方法で「橋渡し」を行い，「利用」に到達するまで，このような行動をくりかえすことになる。「橋渡し」が成功して初めて，「ギャップ」が何だったのか説明ができるようになる。情報探索行動は，このように情報が欠如したために前に進むことができない状態に陥った際に，情報を求めて行う行動であり，情報を探している本人が必ずしも何が必要かを自覚しているわけではないということが理解できるであろう。

（2）情報ニーズの状態とレファレンス質問

情報探索を行う本人自身が，自分にとって必要な情報は何なのか認識できないならば，レファレンスライブラリアンは，そのような人々に対してサービス

3：松林麻実子．Brenda Dervinによる「意味付与アプローチ」の意義とその応用．Library and Information Science．1995，no.34，p.1-15.

を提供しているということになる。同様の状況について，テイラー（Robert S. Taylor）は，レファレンスライブラリアンによる質問回答のプロセスでは，自分のニーズを正確に説明できない人々の知りたいことを知ろうとするという非常に複雑な問題を扱っていることを指摘している[4]。また図書館員は，日々の経験の中で意識的にも無意識的にも，利用者からそれらを探り出す方法を発展させてきたとも述べている。

利用者自身にとっても説明が難しいような情報ニーズに端を発し，求める情報を提供するためには，図書館員は漫然と会話をしていては，なかなか求める情報にたどりつくことができない。テイラーによると，図書館員は，効率の良いやりとりを行うために，利用者の情報ニーズを3-2図に示す四つのレベルにあてはめて把握しようとしているという。

第1レベル：自覚されていないニーズ（the visceral need）
第2レベル：意識されたニーズ（the conscious need）
第3レベル：言語化されたニーズ（the formalized need）
第4レベル：歩み寄られたニーズ（the compromised need）

3-2図 テイラーの示した情報ニーズのレベル
（Taylor, Robert S. Question-negotiation and information seeking in libraries. College & Research Libraries. 1968, vol.29, p.182-183.）

「自覚されていないニーズ」とは，質問者がもともと備えていない情報に対する情報ニーズである。単なるぼんやりとした不満足感であるかもしれず，言葉では言い表せない状態である。

「意識されたニーズ」とは，まだはっきりしない部分はあるが，頭の中に描くことのできる情報ニーズである。とりとめがなく，多義的であるが，意識はされている。誰かに話しかけることで徐々に焦点が定まるかもしれない状態である。周囲の人々と会話をすることで，知りたいことを明確にしようとすることもある。

4：Taylor, Robert S. Question-negotiation and information seeking in libraries. College & Research Libraries. 1968, vol.29, p.178-194.

「言語化されたニーズ」とは，質問者が自分の質問を筋道を立てて説明できるような情報ニーズである。自分の疑問に思っていることを，他者に具体的に説明できる状態である。

「歩み寄られたニーズ」とは，質問者が，求める情報を探すために使う情報源に合わせて，再構成されたニーズである。利用できる情報源が何であるかだけでなく，その情報源がどのように組織化されているかに歩み寄った形で表現されている。例えば使用する検索システムや，その検索システムのフィールド，採用された索引語等を使って表現されたニーズである。

これらの情報ニーズは，図書館員とのやりとりを通じて，低いレベルから高いレベルへと変換されてゆく。ただし，これらのレベルは直線的に変化していくわけではなく，やりとりが進む中で，行きつもどりつして進むこともあるだろう。テイラーはこのように情報ニーズは，やりとりを通じて変化するものであると述べているが，このことをより具体的なモデルとして提示したのがクールソ（Carol C. Kuhlthau）である。クールソは，高校生の課題探求を情報探索過程ととらえ，課題の処理過程をその過程における情緒面の推移とともにモデル化している[5]。斎藤は，このクールソのモデルも，テイラーのモデルも，何にむけて情報ニーズを表明しているか（言語化の対象）という点において，同一の考え方を提示しているものとして，あわせて整理している[6]（3-3図）。利用者の情報ニーズがどのように表明されるのか，またその時，利用者がどのような感情を抱いているのかを理解する上で参考になるので，以下で取り上げる。

テイラーの情報ニーズの第1レベルは，クールソのモデルでは，課題が導入あるいは提示されたという問題状況におかれたところで，まだ問題を認識できず漠然とした不安を感じている状態にあたる。情報ニーズは，まだ言語化されておらず，問題を明確にするには，どのような情報が必要かもわからない状態であるため，情報ニーズの言語化の状態は「言語化以前」とされている。

次の第2レベルは，クールソのモデルでは，提示された課題について，トピ

5：Kuhlthau, C.C. Seeking Meanings: A Process Approach to Library and Information Science. Norwood, N J, Ablex, 1993, 199p.

6：斎藤泰則．“情報探索の論理”．情報探索と情報利用．田村俊作編．勁草書房，2001，p.153-188.

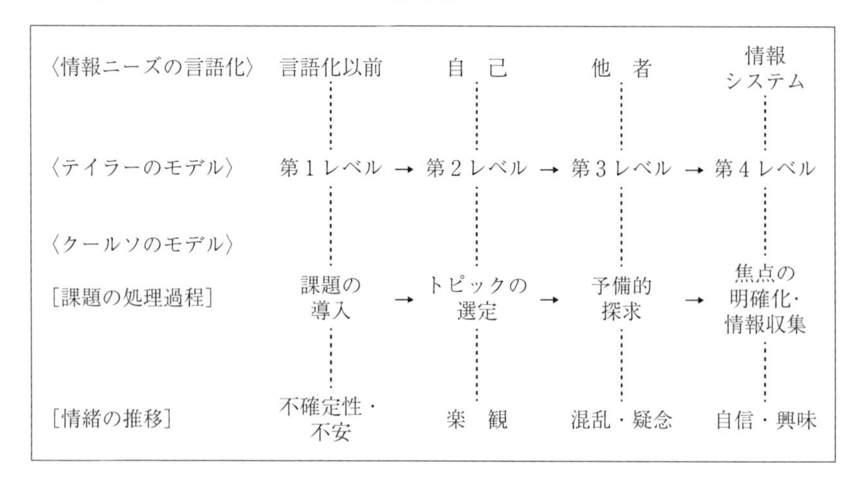

3-3図 斎藤による情報ニーズの表明対象の推移
（斎藤泰則. "情報探索の論理". 情報探索と情報利用. 田村俊作編. 勁草書房, 2001, p.163.）

ックの選択をする等，問題を明確にすることにより楽観的な感情をもてるようになる段階である。必要な情報を自分自身が認識できる段階として，「自己」と呼んでいる。

第3レベルは，クールソのモデルでは，情報システムを使って探索してみたり，図書館員に問題を表明する段階である。問題を明確にして「他者」に説明できる状態である。情報源や情報システムを使うためには，それらの組織化の方法を理解し，それに従った検索方法によって表現できる必要があるが，必ずしもそれができるわけではないため，混乱や疑念といった感情を抱くことになる。

テイラーの第4レベルは，クールソのモデルでは，構想に従って必要な情報を収集する段階にあたる。情報システムの備えた組織化の方法に合わせて，情報ニーズを表現できる。焦点が明確になることで，情緒面で自信や興味を持つようになる。構想に従った必要な情報が収集できれば，レポートが執筆される。

テイラーやクールソが提案したモデルを拠り所に，人がどのような状態でどのような情報ニーズを抱くのか，また情報ニーズはどのように表現されるのかを理解していれば，レファレンス質問とそれに対する回答は，一つの問いに対する一つの解という単純な組み合わせではなく，利用者の置かれている状況によって，さまざまに変化するものであることが理解できるだろう。

(3) 情報ニーズを満たす方法としてのレファレンスサービス

情報を探そうとする人々が，課題を認識してから実際に探索を進める過程において，情報ニーズの状態はさまざまなレベルに変化することがわかった。しかし，情報ニーズが意識されたからといって，すぐに図書館を訪問しようと考える人はそれほど多くないだろう。どのような選択肢を使って解決しようとするかは，利用者がもともと持っている情報や知識，置かれている環境や，切実さ等によって，変わってくる。3-4図には，人が情報ニーズを抱いてから，解決にいたる一般的な選択肢をまとめた。

人が情報ニーズを抱いた場合，最も手軽な解決手段として人に尋ねるという行動を取ることが多い。自分の身近に，それについて知っていそうな家族や友人がいれば，まずその人々に尋ねて何か情報を得ようとするだろう。あるいは，知りたいと思っている主題に関する相談窓口が，役所や専門機関にあれば，窓口に行ったり電話をしたりして尋ねるかもしれない。人に尋ねることで，ニーズが満たされれば，情報探しは終了する。

人に尋ねても解決できない場合や，そもそも知っていそうな人が身近にいない場合，知りたい気持ちがそれほど切実でなければ，あきらめてしまうことも

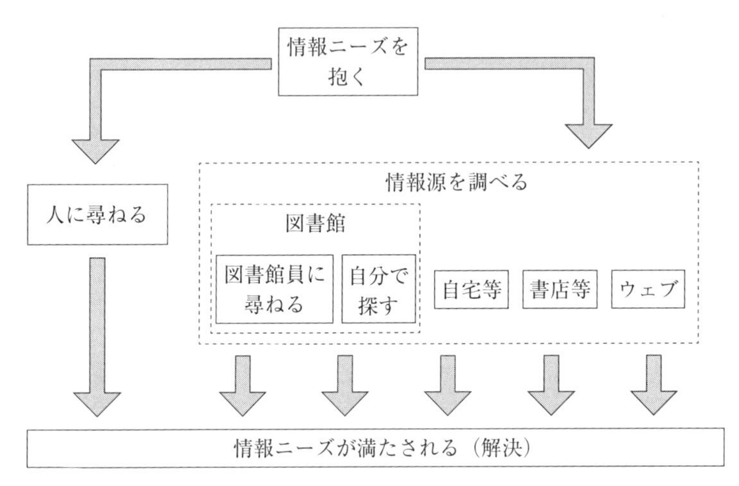

3-4図 情報ニーズを抱いてから満たされるまでの選択肢の中の図書館

あるかもしれない。どうしても情報を得る必要があるなら，知りたい情報が掲載されている情報源を探そうとするだろう。情報源はさまざまな場所に存在するので，まずは自宅の書架にある図書や雑誌等を探してみるか，インターネットを日常的に利用する人だったら，まずインターネットを利用するかもしれない。近くに書店がある人は，書店に足を運んで知りたい内容が載っている本を探すかもしれない。これらの情報源を使って求める情報が得られたら，探索は終了する。

それでも解決できない場合や，普段から図書館をよく利用する人なら，図書館で資料を探そうとすることも考えられる。図書館を訪問したら，多くの人は，まずは自分で求める情報を探そうとするだろう。知りたい主題の図書が排架されていそうな書架の前まで行って，手に取ってみたり，OPACを使い慣れた人は，思いつくキーワードを使って検索するかもしれない。そこで情報ニーズが満たされれば，探索は終了する。図書館を訪問せずに，図書館のホームページにアクセスし，OPACや各種の情報源を使って解決することもあるだろう。

図書館で自分で探しても見つけることができない場合，カウンターやフロアにいる図書館員に質問をすることになるかもしれない。利用者が図書館員にレファレンス質問を投げかければ，質問回答サービスに発展することになるが，その他の手軽な情報源と比べると，情報ニーズを抱いた利用者がレファレンス質問を発し，レファレンスサービスが利用されることは，そう多くないことが想像できる。情報ニーズを抱いた人々のうち，図書館に来館して問題を解決しようとする利用者や，レファレンス質問を発する利用者は，おそらくごく一部の人々であることを知っておく必要がある。

2．レファレンスプロセスの各段階

利用者がレファレンス質問を図書館員に投げかけた段階に始まり，それを受け付けた図書館員が質問に対する回答となる情報を入手するのに必要な探索ツールを決定し，探索を行い，結果を回答するまでの過程のことを，レファレンスプロセス（reference process）と呼ぶ。利用者と図書館員とのやりとりは，ほんの数分で完結するようなものから，数十分，あるいは日をまたいで継続されるような複雑なものまで，多様である。質問の主題や使用する情報源も同じではない。しかし，一連のプロセスには，概ね共通する段階的な行為が存在する。

3-5図には，このレファレンスプロセスを単純化した流れ図を示した。実際にはこれらの各段階が必ずしも独立して行われるわけでもないし，この順序で直線的に進むとも限らない。しかしこれらを段階として学べば，レファレンス質問を受け付けてから回答されるまでに図書館員によって何が行われているか（頭の中で行われていて，見ているだけではわからないことも含め）を理解するのに役立つ。以下ではレファレンスプロセスの各段階について説明する。

（1）レファレンス質問の受け付け

レファレンス質問の受け付けとは，利用者が発したレファレンス質問を図書館員が受け付けることである。図書館内であれば，利用者がカウンターにやってきて質問をすることが多いが，フロアで働く図書館員に声をかけることで，やりとりが開始されることもある。そのような場合は，情報源やデータベースを備えたカウンターに導いて，質問の受け付けを開始する。利用者の発言を，メモを取りながら聞きとり，不正確な表現やあいまいな表現があれば確認する。

情報ニーズを抱いた人々のうち，図書館でレファレンス質問を発する人々はごくわずかであること，また情報ニーズの状態によっては質問がすぐに探索方針に結びつくような明確なものであることはまれであることをすでに述べた(本章1節3項参照)。このような状態にある利用者は，自分の知りたいことをどう説明すればよいだろうかと不安を抱きながら図書館員に声をかける。したがって，このような利用者からの最初のコンタクトをいかに気軽に開始してもらうかが重要である。利用者が受ける最初の印象は，どのような会話を引き出すことができるかを左右する。図書館員はカウンターでも，フロアでも，利用者が気軽に声をかけられるよう，行動や発言に気を配っておく必要がある。

なお，レファレンス質問は，図書館に来館した利用者からのみなされるわけではない。多くの図書館が，電話や文書（郵送やファックス），電子メールやウェブフォームを使ってレファレンス質問を受け付けている。これらの手段による質問に対する対応は，利用者に直接対面しているわけではないため，口頭

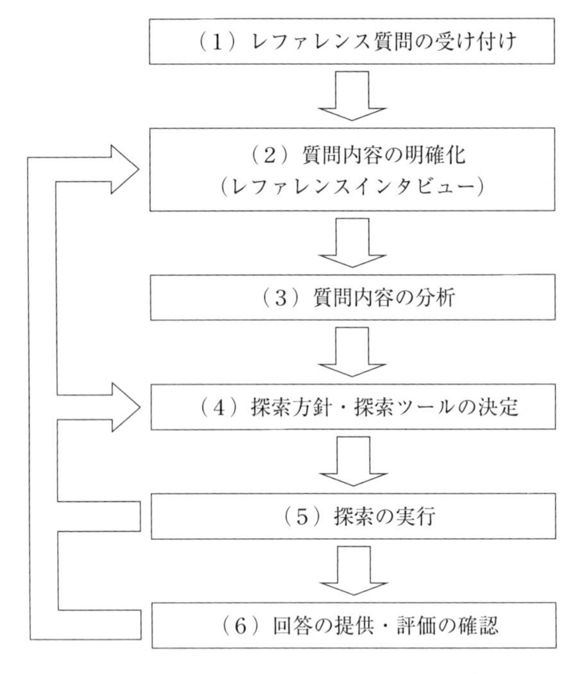

3-5図　レファレンスプロセスの各段階

なら簡単に済ませることのできるような質問内容の確認にも時間がかかることがある。電子メールや文書であれば記録に基づいてやりとりができるが，電話の場合は口頭のやりとりを間違いなく記録しておく必要がある。電子メールや文書で受け付けた場合は，即答することができないことが多いため，担当者の名前やいつまでに回答できるかを受け付けの確認とともに利用者に知らせることが望ましい。以下の各段階では，主に口頭でのやりとりを念頭に説明する。

（2）質問内容の明確化（レファレンスインタビュー）

質問内容の明確化とは，利用者から発された質問があいまいで，探索方針を立てられない場合，質問のやりとりによって，探索方針を立てられるように焦点を絞っていくことである。前述のように，利用者が最初に発する質問は，多くの場合情報ニーズを正確に表現できているわけではないし，図書館員に知られたくないという理由で，その内容を部分的にしか話さないこともある。テイラーのいう第2レベルの情報ニーズから発された質問を受け付けたなら，第3レベル，第4レベルに近づけるよう，図書館員からの質問と利用者からの応答というやりとりを繰り返すことになる。

質問内容を明確化するためのこのようなやりとりは，レファレンスインタビューと呼ばれる。レファレンスインタビューでは，図書館員は，この後のプロセスにつながりやすいよう，いくつかの枠組みを用いて効率の良いやりとりを行っている。レファレンスインタビューのスキル等については，次節で取り上げる。

(3) 質問内容の分析

質問内容の分析とは，質問内容を整理して探索方針を立てやすくすることである。利用者からの質問が複雑に思えても，一定の枠組みを使って整理することで，情報源を選択しやすくできる。経験を積んだ図書館員は，自然と頭の中でそのような変換を行っている。慣れないうちは，一定の枠組みを意識して行うことで，効率よく情報源の候補を挙げられるようになる。

質問内容をどのような要素に分割して整理するか，どの程度詳細に行うかにはさまざまな方法がある。そのうち，おそらく最も定着しており，情報源の選択に役立つ方法として，長澤の提案する，質問を主題と探索事項という形に変換する方法をここでは取り上げる[7]。図示すると以下のようになる。

利用者によって表現された質問 → 設問 → 主題と探索事項

利用者の表現した質問はさまざまな周辺的情報や，手がかりになる情報を含んでおり，これを疑問文の形で整理したのが「設問」である。質問と応答の例を使って以下で説明する。3-6図は，カウンターで行われた利用者と図書館員のやりとりの例である。この例から導かれる設問は，例えば3-7図のようになる。

7：長澤雅男．レファレンスサービス：図書館における情報サービス．丸善，1995，p.162-165.

（質問者）　ちょっとお尋ねします。コイズミという人がご自分の子息のことを伝記風に書かれた本があるそうですが，何という書名の本か分かりませんでしょうか。
（応答者）　いつごろ出版されたものでしょうか。
（質問者）　かなり以前のものだと思います。何年か前に，それをドラマ化したものをテレビで観たことがありますから。
（応答者）　どんな内容だったか，覚えていますか。
（質問者）　父と子の交換書簡をもとにして書かれた作品のようです。その子息は軍人で，戦死されたといった筋だったと思います……もし，今でもその本が買えるなら，買いたいのですが……

3-6図　表現された質問と応答の例

（長澤雅男．レファレンスサービス：図書館における情報サービス．丸善，1995，p.163.）

［設問］コイズミが子息について書いた本のタイトルは何か。
↓
［主題］コイズミが子息について書いた本　＜図書
［探索事項］タイトル　＜書誌情報

3-7図　設問から主題と探索事項を導く例

設問を主題と探索事項によって整理するということは，設問を問われている内容と，どのような情報について求めるのかという要素に分解することである。長澤は，あらゆる設問を主題と探索事項の組み合わせで表すことを提案している。この例の場合，コイズミが子息について書いた本が主題，タイトルが探索事項にあたる。具体的な主題と探索事項を一般化するために，不等号を用いて主題の上位概念を表している。「コイズミが子息について書いた本」という主題の上位概念が「図書」，「タイトル」という探索事項の上位概念が「書誌情報」と変換された。質問内容の分析を行ったことで，利用者の表現した質問が，「図書の書誌情報」を探しているものとして整理された。

（4）探索方針・探索ツールの決定

質問内容の分析を終えたら，主題と探索事項に基づいて，ふさわしい情報源の候補や探索の順序を探索方針として決定する。もちろん，質問を受け付け，その確認をする作業の最中に，探索方針を考えることや，探索方針を考えることで，再度質問内容の確認をすることもある。

前項の例でいうと，図書（主題）の書誌情報（探索事項）が掲載された探索ツール（情報源）を探索する必要があるため，目録や書誌が探索の候補となる。さらに，対象とする図書の主題や出版された時代等から，具体的な探索ツールのタイトルと優先順位が導かれる。いきあたりばったりの探索ではなく，適切な情報源を順次調べてゆくことで，効率よく回答にたどりつくことができる。ただし質問内容の分析と同様に，必ずしも図書館員がこれらをいったん紙に書いてから行っているというわけではない。ほとんどの場合，図書館員はこれらの作業を頭の中で行っている。

探索ツールや探索する順序といった探索方針決定の前提になるのは，探索ツールに関する知識である。図書館員は，質問の分析によって導かれた主題の探索事項を掲載する可能性のある探索ツールを幅広く候補として挙げ，優先順位をつけることができる能力を身につける必要がある。

（5）探索の実行

探索方針で候補として挙げた情報源を，順次探索していく段階である。それぞれの探索ツールごとに，適切な検索方法を用いて検索する。複雑な検索を行う場合には，どのようなキーワードやフィールドを用いて検索したのか，結果がどうであったのかなども記録しておくとよい。探索を行った結果，判明した情報を手がかりに，「（4）探索方針・探索ツールの決定」では予定していなかった探索ツールやキーワードによる探索が行われることもある。使用した探索ツールに情報が掲載されていなかった場合は，「（4）探索方針・探索ツールの決定」に戻って再度方針を検討することもある。

(6) 回答の提供と評価の確認

探索の結果得られた情報を利用者に提供する段階である。探索した情報源を提示し，得られた情報について整理して説明する。複数の情報源を使用して事実情報を探索する場合，それぞれに矛盾する情報を得ることもあるが，図書館員の判断を加えることなく提供する。利用者が結果に満足したことを確認できればレファレンスプロセスは終了する。あるいは回答が見つからないという場合，使用した情報源となぜ見つからないかを説明する。利用者は回答を得た段階で，持っていた知識状態が変化し，新たな情報ニーズを抱くことがある。その場合には，「(2) 質問内容の明確化」に戻ってプロセスを続行することになる。

上記のような，レファレンス質問の受付時から，回答を提供するまでのプロセスでは，担当者によってさまざまな記録が取られている。レファレンス処理過程の記録は，レファレンスプロセスには含まれないが，これらのプロセスを通じて行われる業務であるため以下で取り上げて説明する。レファレンスプロセスにおいて，どのような場合に記録を取るかということや，その内容の重点は，その図書館がどのような目的で記録を利用しようとするかに左右される。図書館がレファレンス質問とその処理プロセスを記録に残す目的について，長澤は，以下のように整理している[8]（3-8図)。

実務上は，長澤の目的1）〜6）をすべて満たすような記録が良いというわけではなく，それぞれの図書館が目的やその重点を設定し，それに照らして，記録を作成すればよい。例えば，記録は，質問内容の確認と質問事項の申し送りという目的のために作成しようと考えれば，使用したツールや探索結果をすべて記録する必要はないと判断されるかもしれない。職員研修の教材を作成する目的であれば，繰り返し尋ねられる質問については，使用する探索ツールや探索結果の記録を作成するかもしれない。

斎藤は，公共図書館での経験を踏まえ，レファレンスプロセスで作成する記録の種類を以下の三つに分けて，目的や段階によって，いずれの記録が推奨さ

8：前掲注7，p.147.

れるかを述べている[9]。

Ⅰ　調査メモ

Ⅱ　レファレンス処理票

Ⅲ　レファレンス記録票

1）質問内容の確認

口頭では質問内容が正確につかめない場合，確認しながら書き留めるか，質問者に書いてもらうかすることによって疑問点が明らかになる。

2）質問事項の申し送り

２人以上で分担してサービスに当たるとき，担当者間で協議あるいは引き継ぎをする際に，口頭の連絡だけでは間違いが起こりやすい。それを避けるために記録を残すようにする。

3）質問者への追加サービス

一応処理済みの質問であっても，後日よりよい情報を入手することがある。

このような場合，質問者名と連絡先を手がかりにして連絡をとり，回答の追加あるいは補正をする。

4）質問回答のトゥール

回答済みの記録を必要に応じて参照することによって，反復ないし類似の質問を処理する際に，類推的に回答するのに役立てる。

5）レファレンスサービスの測定・評価

サービス改善の視点から質問を検討し，施設，情報源，職員について問題点の所在を明らかにする。

6）職員研修の教材

質問の処理手順だけでなく，利用した探索トゥールをはじめ，各種の情報源を理解するうえでの生きた教材として役立てる。

3-8図　「質問受付の記録」

（長澤雅男．レファレンスサービス：図書館における情報サービス．丸善，1995，p.147.）

9：斎藤文男，藤村せつ子．実践型レファレンスサービス．日本図書館協会，2004，p.147-149.

それによると,「I 調査メモ」も「II レファレンス処理票」も,レファレンス質問を受け付けてから回答と典拠資料を提供するまでの覚え書きとしての記録であるが,「I 調査メモ」は,質問者名,連絡先,質問と回答の内容,典拠資料を記録するより簡単なメモである。すべての職員がこの調査メモを作成することを薦めている。「II レファレンス処理票」は,さらに質問内容の明確化,調査戦略(探索方針),調査した情報源と判明した事柄,回答の要旨等も含めた調査過程のより詳しい記録である。調査メモに記録したプロセスが終了した後に,調査メモを補記する形で作成するとよいと述べている。「III レファレンス記録票」は,類似した質問がありそうな質問,資料探索が参考になるもの,探索をあきらめた質問を選択して,「II レファレンス処理票」を一定の様式にしたがって加工して作成するとしている。

記録の作成は,レファレンスプロセスと同時進行で進めることが難しく,後で作成するとすれば,時間がかかることから,項目の多い記録を安易に作成するべきではない。長澤のいう目的1) 2)は,レファレンスプロセスを通じて,どの図書館でも実務において必要であろうから,「I 調査メモ」を最低限必要な記録として項目を選んで作成し,「II レファレンス処理票」と「III レファレンス記録票」は,図書館ごとにその利用目的を確認した上で,どのような質問に対して記録を作成するのか,それぞれどのような項目を用意するのかを練って書式を作るとよい。

長澤の目的4) 6)を目指す場合,「III レファレンス記録票」を作成すればよく,実際に多くの図書館がそのような目的で,レファレンス事例集やレファレンス事例データベースを作成している。3-9図は,国立国会図書館の提供する“レファレンス協同データベース”[10]に登録された記録の一つである。記録用のフォーマットには,概ねこの中にあるような項目を用意するとよい。レファレンス質問を受け付けてから回答するまでのプロセスを記録した事例のデータベースは,ウェブ上に無料で公開されているため,データを作成した図書館のみでなく同様の情報を探す他の図書館や一般の人々も利用できる。回答に使用した情報源も詳細に記載されているので,類似の質問への回答はもちろ

10:国立国会図書館. “レファレンス協同データベース”. 2017-09-05. http://crd.ndl.go.jp/reference/, (参照 2017-09-27).

トップ > 検索結果一覧 > レファレンス事例詳細

◀検索結果一覧へ戻る

レファレンス事例詳細(Detail of reference example)

[転記用URL] http://crd.ndl.go.jp/reference/detail?page=ref_view&id=1000076685

前のデータへ　次のデータへ

提供館 (Library)	島根県立図書館 (2110035)			管理番号 (Control number)	6000003061
事例作成日 (Creation date)	2007/10/05	登録日時 (Registration date)	2011年01月17日 02時01分	更新日時 (Last update)	2011年01月20日 17時22分
質問 (Question)	椅子は数えるとき、脚（きゃく）というが、机は何と数えるのか知りたい。				
回答 (Answer)	当館所蔵資料より、以下を紹介。 資料1：台、脚、基（き）、卓、前（ぜん）。 学習机や事務机は「台」で数え、机はもともと脚のついた飲食物を盛った器を載せる台を指し、「脚」「基」「卓」で数える。また、書き物をする机や脇息は「前」で数えるとある。 資料2：台、脚、前。【資料1】とほぼ同じ記述あり。 資料3～5には、解説は載っていないが、【資料3・4】脚、【資料5】台、脚とあり。				
回答プロセス (Answering process)	自館OPACで「数え方」などキーワード検索し、内容を確認。また、直接書架にあたり調査。				
事前調査事項 (Preliminary research)					
NDC	文法．語法（815　8版）				
参考資料 (Reference materials)	数え方の辞典，飯田 朝子／著，小学館，2004.4，（2004、p193「机」　【資料1】）				
	そこんとこ何というか辞典，日本の常識研究会／編，ベストセラーズ，2005.5，（2005、p156「机」【資料2】）				
	現代用語の基礎知識，１９９９別冊，自由国民社，199901，（1999、p318～319「机・椅子」　【資料3】）				
	何でもわかることばの百科事典，平井昌夫／著，三省堂，1974，（1974、p252「机・いす」　【資料4】）				
	もののかぞえ方絵事典，村越 正則／監修，PHP研究所，2001.3，（2001、p106「机」　【資料5】）				
キーワード (Keywords)	数詞（スウシ）				
	単位（タンイ）				
	数え方（カゾエカタ）				
照会先 (Institution or person inquired for advice)					
寄与者 (Contributor)					
備考 (Notes)					
調査種別 (Type of search)	事実調査	内容種別 (Type of subject)	言葉	質問者区分 (Category of questioner)	社会人
登録番号 (Registration number)	1000076685	解決/未解決 (Resolved / Unresolved)	解決		

3-9図　“レファレンス協同データベース”の記録例

ん，研修においても活用できるであろう。

レファレンス質問の回答に関連するものとして，ここで図書館が回答してはならない質問について取り上げる。レファレンスサービスにおいては，利用者からの質問にはできる限り回答を提供することが目指される。しかし図書館が回答することで，利用者や社会に不利益をもたらすような質問もある。そこで担当者によって対応が異なることのないように，多くの図書館が回答すべきでない質問に関して文書に明記している。以下では，日本図書館協会参考事務分科会による「参考事務規程」[11]と，東京都立図書館による「東京都立図書館情報サービス規程」[12]を紹介する。「参考事務規程」は1961年に作成された後，改訂されることなく現在に至っているが，多くの図書館がこの規程を参照して館ごとの規程を作成していると考えられる。

（回答の制限）
7　他人の生命・名誉・財産等に損害を与え，または社会に直接悪影響をおよぼすと見られる問題は受け付けない。
8　次の各号に該当する質問には解答を与えてはならないと共に資料の提供も慎重でなければならない。ただし問題によっては専門機関・専門家を紹介する。
　a　医療・健康相談
　b　法律相談
　c　身上相談
　d　仮定または将来の予想に属する問題
9　次の各号に該当する質問には解答を与えない。
　a　学校の宿題
　b　懸賞問題

3-10図　「参考事務規程」
（日本図書館協会公共図書館部会参考事務分科会．参考事務規程解説．1962，p.5-6.）

11：日本図書館協会公共図書館部会参考事務分科会．参考事務規程解説．1962，p.5-8.
12：吉田昭子．“レファレンスサービスに関する規程類について”．公立図書館におけるレファレンスサービスに関する報告書．全国公共図書館協議会編．2006，p.19-32.

（回答の制限）
第17条　次の各号に該当する質問には，解答を与えないとともに，資料の提供も慎重に行う。
1　病気の診断や治療について判断を必要とする問題
2　法律相談
3　人生案内または身上相談
4　仮定または将来の予想に属する問題
（回答の除外）
第18条　次の各号に該当する依頼及び質問に対しては，直接には応じない。質問に応じ関連する参考図書その他の資料や情報を提供する，などの援助を行う。
1　図書の購入売却のあっ旋仲介
2　古書，古文書，美術品等の鑑定及び市場価格調査
3　学習課題の解答及び論文の作成
4　懸賞問題の解答
5　計算問題の解答
6　資料の解読・注釈・翻訳・抜粋の作成
7　系図等の作成
（回答方法の制限）
第19条　次の各号に該当する質問に対しては，原則として，通信手段による回答は行わず，質問者に対して，来館あるいは協力貸出等をすすめる。
1　複雑な数字を含む事項
2　ものの形，色彩等の写真，図版による説明
3　楽譜，棋譜の類
4　各種の書式類
5　長文にわたる資料の読みあげまたはその筆写
6　その他，電話及び文書では回答しがたい，もしくは誤りの生じやすい事項

3-11図　「東京都立図書館情報サービス規程」

（吉田昭子．“レファレンスサービスに関する規程類について”．公立図書館におけるレファレンスサービスに関する報告書．全国公共図書館協議会編．2006，p.28-29.）

3．レファレンスインタビュー

（1）レファレンスインタビューとその必要性

前節で述べたように，利用者から発された質問を明確にするために，図書館員が行う質問応答のやりとりをレファレンスインタビューと呼ぶ。テイラーの提示した情報ニーズのレベル（3－2図）からは，図書館においてレファレンス質問を発する利用者は，主に第3レベル，場合によっては第2レベルの段階にあると推測することができる。しかし必ずしもそうとは限らないため，利用者がどの段階にあるのかを探りながらやりとりを行う必要がある。

例えば，第3レベルの情報ニーズを抱く利用者は，自分の情報ニーズを他者に説明できるが，同時に着手した探索によって混乱や疑念を抱く段階である。したがって，インタビューによって情報ニーズを焦点化し，情報源や検索システムに歩み寄った形で表現できるように導くことで解決につながりやすい段階である。あるいは，第2レベルにある利用者なら，情報ニーズを自分自身は認識できているが，まだ他者に説明ができるほどには焦点が定まっていない段階である。この段階で図書館に来館し，レファレンス質問を発する利用者は多くはないと想像できるが，関連する書架の前を落ち着きなく動き回っている利用者の中には，このような状態の利用者が存在することもありうる。わざわざレファレンスカウンターに来なくても，フロアに顔見知りの図書館員がいたら，声をかけてくることもあると思われる。第2レベルにある利用者の情報ニーズを焦点化したり言語化したりするには，より高いスキルが必要となる。また情報ニーズのレベルをさかのぼってインタビューを再構成する必要があるかもしれない。

テイラーは，同じ論文の中で，このような利用者の情報ニーズを図書館員がどのようにして明確にしようとしているのかを明らかにするために，専門図書館員への個人面接を行った結果を取り上げている。調査の結果，図書館員は，利用者の情報ニーズを五つのフィルター[13]に当てはめることで，効率よく情報ニーズを把握していたとまとめている。

（1）主題分野の特定
（2）目的と動機
（3）質問者の特徴
（4）質問とファイル（情報源）の組織（組織化の結果作成された索引語や情報源そのもの）を結び付けること
（5）予測されるあるいは受け入れられる回答

3-12図 テイラーによる図書館員の用いる五つのフィルター
（Taylor, Robert S. Question-negotiation and information seeking in libraries. College & Research Libraries. 1968, vol.29, p.183-188.）

第1のフィルターは，質問者の必要とする情報の主題分野を特定することである。このフィルターでは，その分野の全体像を得ることができればよい。第2のフィルターは，質問者がなぜその情報を必要としているかを知ることである。情報を得る目的やそう考える動機を知ることができれば，多くの場合，知りたい主題についてより明確にでき，その主題に対する考え，求めている情報の量や形態，期待する回答等，質問の全体像を把握できる可能性がある。質問者は，自分の求めるものが何であるかを明確に説明できなくても，なぜ必要かを説明することはできるからである。

第3のフィルターは，質問者の個人的な背景を知ることである。所属組織における立場や，以前に図書館を使ったことがあるか等，質問者の質問を発する文脈を知るということである。第4のフィルターは，質問内容を，図書館が備える各種の探索ツールを用いて探索できるように再構成することである。ファイルとは，目録，索引等の情報源だけでなく，図書館にあるさまざまな資料，人の記憶も含めたすべての情報源であるとテイラーは述べている。質問者の発言は，例えば目録を検索するのに必要な検索語を必ずしも含むわけではない。そこで組織化の方法を熟知した図書館員が，目録を検索するのに適した検索語や検索式を導くことができるように質問内容を言い換えることを意味している。いわば図書館員が，利用者と情報源や情報システムとの間の仲介者や翻訳者としての役目を果たすことである。情報ニーズを，第3のレベルから第4レベル

13：「フィルター」は，質問を複数の側面から濾過する仕組みという意味で使用されていると考えられる。

に変換することともいえる。

第5のフィルターは，図書館員による回答に対する質問者の受容可能性の問題である。質問者は，図書館員に質問をする時点で，期待する回答を心に描いている。この期待する回答は，図書館員との質問応答のプロセスを経る中で変化していく。例えば，図書館員からのフィードバックを得たり，その図書館や図書館員が回答できる範囲や能力を認識したりする中で，期待する回答を変えていく。図書館員は質問者が受容し満足できる回答を提供することを目指しながら，やりとりをしている。

テイラーは，これらの五つのフィルターのうち第2のフィルターを最も重視しており，情報の利用目的を知るためのやりとりには，スキルが必要だと述べている。しかし，得た情報の利用目的は，利用者にとって，知られたくない私的な生活にかかわるものである可能性がある。例えば，病気の治療法であったり，もめごとの解決方法であった場合，目的を聞かれると気分を害したり，質問をやめようと考えるかもしれない。したがって利用者への質問の仕方には，細心の注意を払う必要がある。「差し支えなければ教えていただけますか」，といった表現を使って，もし利用者にためらう素振りが見られれば，それ以上追及しない等の配慮が必要である。

図書館員にとって，テイラーの示した五つのフィルターの存在を知ることは，レファレンスインタビューを効率よく行う上で参考になる。より具体的には，長澤の提案する以下の項目も参考にするとよい。

（1）何が求められているか
（2）どんな種類の資料あるいは情報が求められているか
（3）疑問点の出所は何か
（4）質問の目的ないし動機は何か
（5）すでに探索済みのことがあるか
（6）質問に関連する既知のことがあるか
（7）どんな回答を期待しているか

3-13図 レファレンスインタビューにおいて尋ねる諸点
（長澤雅男．レファレンスサービス：図書館における情報サービス．丸善，1995，p.156-157.）

（2）レファレンスインタビューを成功に導く行動特性

前項では，情報ニーズを明確にするためには，情報ニーズをテイラーのいうフィルターに当てはめて構造化するスキルが効果的であることを説明した。これは利用者の情報ニーズをできるだけ正確に把握し，それに見合うできるだけ的確な情報を提供することが，サービスの本質だからである。しかし，実際の図書館においてレファレンスインタビューを成功に導く要素は他にもある。レファレンスインタビューは，図書館員と利用者との間のコミュニケーションであり，コミュニケーションの成功は，さまざまな要因に左右されるからである。

レファレンスインタビューでは，コミュニケーションを行う２者の立場は概ね以下のようなものである。図書館員は毎日勤務している自分の職場でサービスを提供する立場にある。図書館が提供する情報源やその構成について熟知し，自信を持ってカウンターに立っている。かたや質問者は，図書館員に比べると図書館についても情報源についてもよく知らない。質問をする相手の図書館員は未知の他人で，さらに信頼できる相手かどうかもわからない。図書館にレファレンスサービスというサービスがあることや，それが基本的な機能であることもよく知らない。このような立場の違いのせいで，いかに適切な質問であっても，図書館員の態度が，利用者の情報ニーズを焦点化することを妨げることがある。

アメリカ図書館協会（America Library Association：ALA）のレファレンス・利用者サービス部会（Reference and User Services Association：RUSA）は，図書館員の態度が肯定的か否定的かは，利用者にとっての成功あるいは失敗という認識に大きな影響を与えるとして，利用者に肯定的な認識を持ってもらえる行動特性を示したガイドラインを作成している[14]。以下では，対面の質問応答サービスに関する記述を紹介する。

14：Reference and User Services Association. “Guidelines for Behavioral Performance of Reference and Information Service Providers”. http://www.ala.org/rusa/resources/guidelines/guidelinesbehavioral,（accessed 2017-09-19).

①目につきやすさ・近づきやすさ（Visibility/Approachability）
②興味を持つこと（Interest）
③聞くこと・質問すること（Listening/Inquiring）
④探索すること（Searching）
⑤フォローアップ（Follow-up）

3-14図 RUSAによるレファレンスサービスを成功に導く行動特性[15]

a．目につきやすさ・近づきやすさ

物理的な図書館であればサービスポイントやその位置を示すサインを用意し，図書館が利用者からの質問を受け付けるサービスを提供していることを目につくようにしておく必要がある。できるだけ図書館員の姿が見える状態を保ち，親しみやすい雰囲気を作り，いつでも対応できる状態で備えなければならない。アイコンタクトやボディランゲージ，親しみやすい挨拶等を使って会話を始めるとよい。

近づきやすく感じてもらうために，図書館員が館内を巡回することも推奨している。その際には，支援を必要としている利用者から発される非言語の情報も手がかりとし，図書館員側から，“何かお手伝いできることはありますか？”等と声をかけることもできる。

b．興味を持つこと

利用者の話に興味を持って質問応答のやりとりをすることが，利用者の満足につながる。興味があることを示すためには，利用者の情報ニーズに意識を集中することが必要である。やりとりの最中は，利用者の顔を見ること，アイコンタクトを維持すること，うなずいたり，簡単な説明をしたり，付加的な質問をすることで，自分が利用者のニーズを理解しているという信号を送ることも役に立つ。

c．聞くこと・質問すること

利用者の情報ニーズを聞き出すためには，図書館員は受容的で，誠意があり，協力的な態度で接する必要がある。まずは利用者に十分に話してもらい，正確

15：前掲注14参照。

に理解できたか確認するために質問を繰り返し述べて確認する。専門用語はきちんと説明し，業界用語は使わない。

利用者に，知りたいことをより広げて説明してもらうためには，自由回答質問（open-ended question）を使うとよい。自由回答質問には，例えば，“知りたいテーマについて，もっと話してください。”“他には，どのような情報をご存知ですか？”等がある。知りたい内容をより狭め，明確にするためには，選択質問（closed question），もしくは明確化質問（clarifying question）を使う。選択質問とは，はい，いいえで回答できるような質問，明確化質問とは，「すでに何を知っていますか？」「最近の情報が必要ですか，それとも歴史的な情報が必要ですか？」のような質問である。

情報ニーズそのものとは関係ないが，利用者のプライバシーに配慮し，やりとりを終えた後も秘密を守らねばならない。

d．探索すること

効率の良い探索のために，図書館員は利用者がすでに調べた内容を，最初に聞いておく必要がある。質問中に使われた言葉に間違いがないか確認し，求める情報に対して最も適切な情報源とそれに見合った検索語を選ぶ。利用者にも探索方針を説明し，利用者と一緒に情報源の検索を行う。さらに，結果を評価したり，方針を変更したりする場合も，一緒に行う。質問に対する回答にあたると考えられる情報が得られたら，さらなる情報が必要かどうか尋ねる必要がある。

e．フォローアップ

探索によって見つかった情報を利用者に提供しても，それで終わりというわけではない。得られた情報に，利用者が満足したかどうかを必ず尋ねる必要がある。そして，もしさらに質問がわいてきたら，また質問に来るように伝えるとよい。「もしも探しているものが見つからなかったら，こちらに戻ってきてください。そうすれば別の方法を試してみます。」等と伝えることができる。あるいは，もっと専門的な情報が必要なら他図書館を紹介することもできるし，個別の相談の予約もできること，電子メールやチャットによるサービスも提供していることも伝えておくとよい。

(3) さまざまな状況下で行われるレファレンスインタビュー

ここまでは，主に対面のレファレンスインタビューを前提に説明をしてきた。専任の図書館による対面の質問応答は，これまで伝統的なレファレンスサービスのモデルの中心であった。しかし，インターネットが定着した1990年代頃から，米国の図書館ではレファレンス質問の受付件数が減っていることがしばしば報告されるようになり，ほぼ同時期に，そのような手厚いサービスは効率が悪いためレファレンスデスクをなくすべきだという意見が文献に散見されるようになる[16]。マイルス（Dennis B. Miles）が2011年に，大学図書館で主にレファレンスサービスを担当する図書館員を対象に行った調査によると，レファレンスデスクでサービスを提供すると回答した図書館員は全体の66.4%であった。つまり，残りの約３分の１の図書館員が働く図書館では，もうレファレンスデスクは存在していなかったことになる。

このような変化の中で，米国では，対面によるサービスモデルに代わる，あるいは共存する新たなモデルが模索されている。例えば，質問回答のやりとりに電子メールやチャットを使用するデジタルレファレンス，非専門職をカウンターに配置し必要に応じて専門職が対応する階層式レファレンス（tiered reference service），図書館員が一対一で相談に乗る相談サービス，レファレンスカウンターと他のサービスカウンターとの合併，図書館員による館内の巡回，図書館の外（例えば大学図書館なら寮や食堂等）で質問を受け付けるアウトリーチ等である[17,18]。

このうち，対面して行うレファレンスインタビューには，前項のスキルを活用できるが，デジタルレファレンスでは，利用者に直接対面して質問回答のやりとりを行うことができない。また，デジタルレファレンスでは，文字によってコミュニケーションを行わねばならないという，対面にはない特性があるた

16：Miles, D.B. Shall We Get Rid of the Reference Desk?. Reference & User Services Quarterly. 2013, vol.52, no.4, p.320-333.

17：Tyckoson, D.A. What Is the Best Model of Reference Service?. Library Trends. 2001, vol.50, no.2, p.183-196.

18：Arndt, T.S. Reference service without the desk. Reference Services Review. 2010, vol.38, no.1, p.71-80.

め，従来のインタビューのスキルだけでは十分ではない。そこで，以下では，電子メールとチャットを使ったレファレンスインタビューに特有のスキルを説明する[19]。

電子メールによる質問回答のやりとりでは，利用者と図書館員との間のやりとりが，同時に進行するわけでなく，また日をおいて繰り返されることもある。そのため情報ニーズの焦点化には時間がかかることが多い。また利用者が，最初の電子メールに，本当に知りたい事柄を書かない可能性があり，文面からではそれが把握しにくい。そのため，電子メールでは，利用者からの電子メールの返信に，確かにその質問を理解したことがわかるように，質問内容を文章で繰り返し書き，確認しながらやりとりを進めたほうがよい。

電子メールによるやりとりで情報ニーズの焦点を効率よく絞るには，必要な項目を持つウェブフォームを使うこともできる。またやりとりでよく使う表現の原稿を事前に用意しておくことも時間の短縮につながる。挨拶や，参照する情報源の紹介，フォローアップ等では，同じような表現を使うことが多いためである。また利用者が落胆していても，いらいらしていても，電子メールの文面からは察知することが難しいので，コミュニケーションを円滑に続けるには，親しみやすさや歓迎の気持ちを表現し続ける必要がある。利用者の年齢や性別は正確にはわからないことを念頭に，言葉遣いを丁寧にする。

チャットによる質問回答は，対面の場合と同じく，同時に進行するやりとりである。よって，インタビューに求められるスキルは対面の場合と似ている。ただし，チャットでは，文字を入力することでコミュニケーションをとりながら，情報源を検索しなければならないという大変さがある。やりとりの最中に行う検索に時間がかかれば，利用者を待たせることになるので，現在何を行っているかを説明出来るような短い文章を挟んで，利用者があきらめないように気を配らなければならない。例えば「ただいま検索中です……」とか「もう少し時間がかかりそうですが，待てますか？」といった表現を使うことができる。チャットを使う利用者には若者が多いので，カジュアルな表現が好まれると考えられるが，フォーマルさのレベルは相手にある程度合わせたほうが安全であ

19：Ross, C.S.; Nilsen, K.; Radford, M.L. Conducting the reference interview: a how-to-do-it manual for librarians. 2nd ed, Neal-Schuman Publishers, 2009, 290p.

る。チャットで使われる略語や顔文字や記号も同様に，利用者の使用する様子を見ながら使用するとよい。

このように，電子メールやチャットを使ったレファレンスインタビューでは，対面のやりとりとは異なるスキルが必要とされる。しかしRUSAのガイドラインを基に説明した，成功するサービスを提供するために必要な行動特性と大きく異なるわけではない。利用者の情報ニーズをやりとりによって把握し，情報源との間の仲介となることは，データベースや検索エンジンの検索システムによってはまだ十分には実現されていない機能であり，図書館員がレファレンスサービスを提供することによる価値を示すことのできる数少ない領域である。

4章 レファレンスサービスの理論と実際―2

レファレンスサービスの実施にかかわる具体的問題

1. 情報サービスの企画と設計

（1）図書館のサービス計画と情報サービス

情報サービスの実施にあたってまず検討すべきことは，何のために情報サービスを行うのかということである。それは，図書館の設置目的に深く関連するとともに，その目的を達成するために設けられる目標として現れる。

バックランド（Michael K. Buckland）は，図書館の主たる目的を「情報にアクセスしたいとする利用者に対し，必要なサービスを提供することにある」とし，これを実現する図書館サービスの基本原則として次の二つを提示している[1]。

①図書館サービスの役割は文献へのアクセスを容易にすることにある。

②図書館の使命はその所属する組織の使命とか，奉仕対象者の活動を支援することにある。

これまで図書館は，利用者の求める文献，すなわち情報を容易に利用できるよう，収集，整理，保存してきた。情報社会の進展により，さまざまな情報が電子化されようとも，その果たすべき役割は変わらない。基本原則の①は，文献の態様に応じて，アクセスの手段や方法を柔軟に整備，提供することにより，利用者の利便性を高めることを目指すものである。

1：M.K. バックランド．図書館サービスの再構築：電子メディア時代へ向けての提言．高山正也，桂啓壮訳．勁草書房，1994，p.1-7．なお，②の文中の「所属」は当該文献では「帰属」となっているが，ここでは文意を考え「所属」とした。

図書館はまた，サービス対象である利用者が存在する組織やコミュニティに所属している。例えば，公共図書館であればその図書館が所在する地域や地方公共団体が，大学図書館や学校図書館であれば大学や小中高等学校等の学校が，そして専門図書館であれば企業や各種団体・機関等が所属先となる。学校や企業，各種団体・機関等であれば，これら組織の使命は明確である。学校であれば，教育や学習，研究を推進することであるし，企業であれば利潤追求や社会貢献のために活動することである。それぞれの使命に基づいた図書館サービス，情報サービスが企画，実施されるであろう。

他方，公共図書館はどうであろうか。その図書館が所在する地域，すなわちコミュニティには多様な課題が存在するであろう。それらは地方公共団体がリーダーシップを発揮して実現するものもあれば，地域住民のボランタリーな活動によって実践されるものもある。また，住民個人もさまざまな課題を抱えている。さらに，地域を超えた市民活動も少なくない。バックランドが示す基本原則②の幅広さと奥深さがうかがわれる。

Google 時代の公共図書館の役割について論じたポールフリー（John Palfrey）の次の１節は，公共図書館の使命を考える上で示唆を与えてくれる[2]。

> 司書がグーグルで調べればすぐわかる質問に答えるだけの存在ではないように，図書館も単なるコミュニティセンターにはとどまらない。最初の公共図書館である BPL（筆者注：ボストン公共図書館）がオープンしてから，カーネギー図書館を通じてアメリカじゅうに公共図書館が広がるまで，施設としての図書館は民主主義が成功する基盤となってきた。図書館は，われわれが活動的な市民としての役割を果たすために必要なスキルや知識を手にいれるすべを与えてくれる。また，図書館は社会に欠くことのできない平等な施設という役割も持つ。たいていの地域に図書館があって，そこに熟練した司書が配置されているかぎり，社会が共有する文化を個人的に利用する際に裕福さの度合いは関係ない，という事実は変わらないだろう。

2：ジョン・ポールフリー．ネット時代の図書館戦略．雪野あき訳．原書房，2016，p.14.

地方公共団体によって設置された図書館が広く地域住民に開かれていること，その地域住民の多様な活動を情報の提供からスキルの獲得まで幅広く支援していること，こうした事実が広く民主主義を支える基盤となり，文化の発展につながる公共図書館の使命の一端であることが表されている。文化の享受や利用と言っても，それらは人々が関連する情報を入手するところから始まるのであり，情報の提供や入手を支援する公共図書館の活動は，重要な社会的役割を担う。これらを実現するために図書館サービスを計画し，情報サービスの目標を定めることが求められる。

（2）情報サービスの計画

図書館サービスの二つの基本原則からは，図書館が所属する組織の使命やその組織を構成するサービス対象者の活動に注目すべきこと，およびより良い情報アクセスを提供することという大きな目標が得られた。これらを情報サービスという次元で実現するために，具体的にはどのような方針で臨むべきであろうか。

ここであらためて，情報サービスとは何かについて確認しておこう。１章，２章でも触れられているとおり，情報サービスとは何らかの情報要求を持つ人に対して，その要求に見合った情報を得られるようにするための直接的，あるいは間接的な援助のことである。これらサービスを実現するために，図書館は自らが持つ経営資源であるヒト，モノ，カネを最適化して配分する。具体的には，専門的な知識や技術を備えた職員を雇用して配置したり，レファレンスコレクションやデータベースなどの情報資源を収集，整備したり，これら二つを維持するのに必要な予算を確保したりすることなどである。そのための具体的な計画が図書館サービス計画であり，図書館の経営計画である。

情報サービスを計画，実行するにあたって，山﨑はサービスの実施に必要な図書館の経営資源とともに，そのサービスによって受ける利用者の便益も考慮に入れて，サービス計画を検討すべきであると指摘する[3]。利用者の便益には，利用者の抱える問題を解決したり，利用者に代わって必要な情報を探索，入手

3：山﨑久道ほか．情報サービス論．樹村房，2012，p.67-69，（現代図書館情報学シリーズ；5）．

したりする直接的な効果のほか，利用教育を通じて自らの知識や技術を高める教育的な効果，図書館員との相互作用によって利用者の知的活動を刺激し新たなアイディアを生み出す思考支援，異なった視点からの着想を促す方向づけといった間接的な効果がある。これらを図書館の有する経営資源，すなわちスタッフの専門性，各種活動に費やすことのできる時間，費用，機器・設備などを組み合わせることで，その図書館にとっていかに適切なサービスを提供できるかを検討することが求められている。

また，その図書館が所属するコミュニティや利用者の存在を無視できないことは，バックランドの基本原則からも明らかである。公共図書館であれば，その図書館が立地する地域の産業，歴史，地理，交通，文化といった地域特性に加え，その図書館を利用するであろう住民，通勤・通学者といった利用者の属性，年齢構成などにも目を向けることになる。当然，その地域で活動する企業や団体なども，サービス対象として視野に入るだろう。さらに公共図書館は，その地方公共団体を構成する一組織でもある。地方公共団体の基本方針や財政計画，ひいては国の方針等を注視しながら，サービス計画を立案することが肝要である。

このことは，社会情勢の変化にもアンテナを張る必要があることを意味する。特に，情報社会と言われる今日，コンピュータやネットワークを基盤とする社会インフラの発達により，数年前には想像もできなかった製品やサービスが登場し，私たちの生活を変えている。スマートフォンはその一例であろう。その時どきにどのようなサービスが利用者から求められているか，どのようなサービスを志向することが利用者に便益を与えられるか，そしてそれらを実現するためのアイディアや技術にはどのようなものがあるかといった視点も，情報サービスの計画策定にあたっては重要である。

（3）情報サービス規程およびスタッフマニュアルの作成

情報サービスの実施にあたっては，サービスの範囲と方針を明確にすることが必要である。一般に図書館は，どの担当者であっても，利用者に等しく情報サービスが提供できるよう情報サービス規程を作成し，サービスの拠り所としている。

規程の策定にあたり国内では，日本図書館協会公共図書館部会参考事務分科会が1961年に公表した「参考事務規程」がその事例の一つとして知られている。吉田によれば，2003年に実施したアンケート調査で収集した規程類30種を比較したところ，前述の規程のほか，「神戸市立図書館相談事務規程」(1959年)，「大阪府立図書館参考事務取扱要領」(1969年) の二つの文書の影響も見られたとのことである[4]。これらを参照しながら，各図書館の事情に合わせて規程が作成されてきた。

ここでは，日本図書館協会の「参考事務規程」を参考に，その内容を確認してみよう。同規程には目的，定義，回答事務の原則，回答の制限，担当者と分掌事務，回答事務，参考資料の整備，記録，統計・調査，読書相談，研修に関する23項目が掲載されている。例えば，回答事務の原則として，利用者からのレファレンス質問に対しては「資料を提供することを原則とする」ことや，「自館で資料を発見出来ない場合には適当な他の図書館または，専門機関・専門家への紹介または照会をはかる」といったレフェラルサービスに関する記述がある。

また，3章の3-10図にも示したが，回答の制限では次の3項目が取り上げられている。

7　他人の生命・名誉・財産等に損害を与え，または社会に直接悪影響をおよぼすと見られる問題は受け付けない。

8　次の各号に該当する質問には解答を与えてはならないと共に資料の提供も慎重でなければならない。ただし，問題によっては専門機関・専門家を紹介する。

a　医療・健康相談

b　法律相談

c　身上相談

d　仮定または将来の予想に属する問題

4：吉田昭子．情報サービスに関する規程について．2005年度（平成17年度）公立図書館におけるレファレンスサービスに関する報告書．全国公共図書館協議会，2006，p.23.

9 次の各号に該当する質問には解答を与えない。

a 学校の宿題

b 懸賞問題

このうち，7や8は図書館，あるいは図書館員の専門領域を超える質問であることから，回答しなかったり，慎重に対応したりすることが求められる。場合によっては，専門家や専門機関につなぐことになる。また，9に挙げられた事項やこれに類する質問には解答を与えないものの，利用者自身が調査するのに有用な資料や情報を提供するという方法は，図書館側の対応として考えられる。

このほか，同規程には，情報サービスの向上にあたって，レファレンス記録を残し，これを基に統計処理して実態を把握したり，情報サービスの利用調査を行ったり，あるいは研修を実施したりすることなどが盛り込まれている。特にレファレンス記録は，利用者の質問を遺漏なく記録することで，正確かつ迅速に回答できるだけでなく，その処理過程を後から振り返ることができるため，情報サービス業務の改善にとっても大きな検討材料になるし，研修教材にもなる。最近では，レファレンス記録をインターネットで公開して，広く共有する試みも進んでいる。

なお，情報サービスの範囲や方法は，日本図書館協会の「参考事務規程」が公表された1961年から大きく進展してきている。これを参考にしつつも，各図書館で固有の事情や時代の変化に合わせて，規程を更新していくことが必要であろう。例えば，最近では課題解決型サービスと称してさまざまなサービスが展開されているが，医療・健康情報の提供は規程8のaに関係するものである。中山は東京都立中央図書館で医療情報サービスを開始する際に，米国のマニュアルを参考に職員対応指針を作成し，対応していることを紹介している[5]。加えて，情報サービスに限らず，図書館では個人情報やプライバシーに関わる事項

5：中山康子．公共図書館での健康情報サービスの発展を目指して．課題解決型サービスの創造と展開．大串夏身編著．青弓社，2008，p.98-99．なお，その内容は「病気については，推測をさしはさまず，明確に特定される事項に回答すること，資料から得られる情報はあくまでも参考であり，医学的な判断は医師に求めるよう利用者に伝えること，治療法・薬・病院などの評価については，一切の推奨はせず，情報を提供するにとどめること，プライバシーを遵守すること」であると紹介されている。

を扱ったり，著作権の対象となる多くの著作物を取り扱ったりする。図書館員として業務に従事するにあたっては，各種法令を遵守することはもちろん，「図書館員の倫理綱領」[6]を常に念頭に置くことが欠かせない。場合によっては，それらの項目を，情報サービス規程に明示することも必要であろう。

情報サービス規程を基礎として，日常の実務に即して作成されるものがスタッフマニュアルである。2003年実施の調査で収集されたマニュアルには，「①参考事務規程の内容を抜粋し，各館の事情に合わせて用語等の加工を行い，わかりやすくしたもの（6件），②業務の手引，カウンター用マニュアルの詳細版（11件），③カウンター用マニュアルの簡略版（13件），④その他（レファレンスツールの整備に関するものなど5件）が見られた」という[7]。複数人のチームでサービスにあたる場合，スタッフマニュアルは一定のサービス水準を維持するために欠かすことのできないツールである。また，人事異動や配置換えなどにより，新たに情報サービスを担当することになった職員にとっては，業務を進める上での大きな拠り所となる。他方，スタッフマニュアルの作成は，担当職員が日常業務を客観的に見つめ直す機会ともなる。定期的な改訂も，情報サービスの品質管理にとって重要な活動なのである。

2．情報サービスの運営

（1）情報サービスの運営と組織

情報サービスの運営にあたっては2種類の組織化が必要である。一つは「運営体制の組織化」，もう一つは「情報資源の組織化」である。

運営体制の組織化にあたっては，本章1節でも述べた図書館サービス計画の一環として，情報サービスをどのように位置づけるかが重要である。また，図書館の規模，すなわちコレクション，人員，予算によっても組織化のあり方は変わってくるであろう。さらに，図書館の施設・設備によって，実現できる運

6：日本図書館協会図書館員の問題調査研究委員会編．「図書館員の倫理綱領」解説．増補版．日本図書館協会，2002，87p.

7：前掲注4，p.24.

営体制が規定される可能性もある。

長澤によれば，レファレンスサービスの機能は，大きく機能別部門化と主題別部門化の２種類で実現される[8]。機能別部門化とは，貸出・返却，複写，レファレンスといった直接的サービス（パブリックサービス）や収集，整理などを担当する間接的サービス（テクニカルサービス）といったように，図書館の機能ごとに組織化し，職員を配置するものである。比較的規模の大きな図書館であれば，機能ごとに課や係を設置するが，小規模図書館の場合，複数の機能を一つの課や係が担当したり，一つの機能を複数の職員が担当するチーム制を採用したりする。

大規模な図書館になると，資料の主題や利用対象者に合わせて，主題ごとに担当者を配置することもある。これを主題別部門化という。例えば，人文学，社会科学，自然科学といった学問分類に沿って，運営体制を組織化することがこれにあたる。かつての東京都立中央図書館では，２階を社会科学室，３階を人文科学室，４階を自然科学室として主題ごとに資料を排架し，それぞれにカウンターを設け，各係の担当者を配置していた。加えて，１階にもレファレンスカウンターを設け，各部門に共通する相談業務を担当する部署も設けていた。長澤のいう，一般レファレンス部門がこれに該当する。

２章で述べたように，レファレンスサービスではレファレンスカウンターや貸出・返却カウンターにおける利用者への対応のほか，図書館員がカウンター以外の場所で利用者からの質問に応対することもある。このように情報サービスを提供する場所は多様であり，カウンターを離れて応対するフロアワークも重要な情報サービスの一つである。また最近，大学図書館を中心にラーニングコモンズ（learning commons）を設置するところが増えてきている。ラーニングコモンズとは，主としてグループ学習を中心とする学生の学習を支援するための学習空間の総称であるが，この場に図書館員を配置して，学習で生じた疑問などに積極的に対応する大学も多い。

さらに，情報サービスの活動は図書館内にも留まらない。例えば，米国の大学図書館ではエンベディッドライブラリアン（embedded librarian）と呼ばれ

8：長澤雅男．レファレンスサービス：図書館における情報サービス．丸善，1995，p.202-205.

る図書館員が活躍している[9]。エンベディッドライブラリアンは，学部や研究科，研究所など，利用者である学生や教員，研究者が活動する場所を主な活動拠点として，利用者の活動にも積極的に参画し，彼らが求めるサービスを提供する専門職のことである。利用者と直に接することで，利用者ニーズに寄り添ったサービスを展開できる。

こうしたサービスは一般にアウトリーチサービス（outreach service）と呼ばれるが，エンベディッドライブラリアンでなくともこうしたサービスは展開されてきた。例えば，鳥取県立図書館が鳥取県庁内に設置した県庁内図書室での行政支援サービスが著名である。ただし，こうしたアウトリーチサービスは，利用者の身近に職員を配置しないと実現できないわけではない。図書館がそのための窓口をいかに用意するかが重要である。対面型のサービスに加え，電子メールやチャット，ウェブフォームなど，情報技術を活用したデジタルレファレンスの積極的な展開も選択肢の一つである。

（2）担当者の職務と育成

情報サービス，特に質問回答サービスでは，決して長くはない利用者とのやりとりの中で，利用者ニーズを的確に聞き取り，利用者の求める情報を探索するための知識や技術を駆使し，探索した結果を適切にまとめ，利用者に提供するという，幅広く深い専門知識と経験が要求される。こうした知識や技術に裏付けられた能力は，大学等でのカリキュラムで養成されるべきものであるのと同時に，専門職として業務や研修を通じ，不断の努力によって磨かれるべきものでもある。

では具体的に，情報サービスを担当する職員はどのような能力を身につけるべきなのであろうか。例えば，アメリカ図書館協会（American Library Association：ALA）の下部組織であるレファレンス・利用者サービス部会（Reference and User Services Association：RUSA）は，2017年に「レファレンス・利用者サービスライブラリアンの専門的能力（Professional Competencies for

9：鎌田均．「エンベディッド・ライブラリアン」：図書館サービスモデルの米国における動向．カレントアウェアネス．2011，no.309，CA1751，p.6-9．http://current.ndl.go.jp/ca1751，（参照 2018-11-11）．

Reference and User Services)」を公表した。ここには，大きく次の７項目が列挙されている（丸数字は筆者が便宜的に付与したもの）[10]。

①関連ある，かつ正確な記録された知識や情報へアクセスすること
②多様な情報源から情報を評価し，収集し，検索し，まとめること
③知識や情報の利用に関する相談，仲介，指導を提供するために，同僚等とやりとりすること
④文献情報，デジタル情報，視覚情報，数値情報，空間情報の扱い方を含む情報リテラシー，その指導技術，能力に関する適切な専門知識を開発すること
⑤マーケティングやアドボカシー（advocacy）[11]を通じて図書館サービスの価値を促進し，実証すること
⑥利用者ニーズ，利用者コミュニティ，利用者嗜好の多様性を評価し，対応すること
⑦将来のサービスを開発するために調査，分析，計画すること

ここまで読み進めてきた読者にとって，これらは何ら目新しいものではないことに気づくであろう。例えば，①と②は，利用者の求める情報ニーズを聞き取り，探索し，適切な情報を提供する質問回答サービスの提供に必要な基本的な能力である。業務を遂行するにあたって，一人だけでなくチームで対応する

10：RUSA Professional Competencies for Reference and User Services Librarians Task Force. "Professional Competencies for Reference and User Services Librarians". Reference and User Services Association. 2017, http://www.ala.org/rusa/resources/guidelines/professional,(accessed 2018-11-11).

11：図書館が利害関係者に対して図書館の現状や必要性などを訴えかけることにより，自らが求める政策を提言し，実行できるよう支持を呼び掛ける活動のこと。なお，『図書館情報学用語辞典』の「PR 活動」の項目には，「近年，図書館関係者は，図書館運営に影響力をもつ図書館利用者，地方公共団体，議員などに対し，図書館の現状と必要性を訴えるキャンペーンを行い，図書館への理解，予算の獲得などを引き出すアドボカシー活動によって，図書館の擁護者を育成しようとする動きがある。」という説明がある。（出典："PR 活動". 図書館情報学用語辞典. 日本図書館情報学会用語辞典編集委員会編. 第４版，丸善，2013，p.204.）

能力（③）が求められるのは，図書館に限らず，社会全般でいえることである。また，主体的に活動できる市民を育成する情報リテラシー教育の開発に資すること（④）は，今日の情報社会において，情報サービスの根幹をなすサービスの一つである。さらに，図書館サービスを認知してもらい活用してもらうためのさまざまな活動（⑤）や情報サービスの対象である利用者やコミュニティのニーズに合わせた，あるいは先取りした対応（⑥）は，⑦のより良いサービスを開発するための調査，分析，計画のスキルにつながるものでもある。

RUSA が掲げたこれらの専門的能力は，ALA が2009年に示した「図書館活動の中核的能力（ALA's Core Competencies of Librarianship）」の一つである「5. レファレンス・利用者サービス」の内容をより詳細にしたものである。ALA によれば，ここに示した能力は，ALA が認定する図書館情報学修士課程の修了者が身につけておくべきものであるという[12]。北米では，この ALA 認定課程の学位（修士号）が専門職であるライブラリアンとして就職するための資格となっている。

情報サービスの実施にあたってはまた，普段からの能力開発が欠かせない。一般に職務能力開発には，業務を通して知識や技術を身につけ，能力を高める OJT（on-the-job training：職場内教育）と Off-JT（off-the-job training：職場外教育，集合教育）がある。例えば情報サービスにおける OJT であれば，その図書館の利用者，コレクション，施設・設備に合わせて最適化された業務を経験できるので，効率的に業務内容を習得し，すぐに生かすことができる。他方，その図書館が提供する情報サービスの範囲を超えた能力の獲得は難しい。情報サービスの方法や内容を評価するなど，普段から同僚と振り返りなどを行うことが大切である。また，OJT とは別に Off-JT，すなわち研修の機会を設けることも重要である。

研修には，図書館員自身が企画する館内研修のほか，館外研修がある。日本図書館協会が主催する研修をはじめ，各専門団体が開催する研修や勉強会があ

12：“ALA's Core Competencies of Librarianship”. American Library Association. 2009, http://www.ala.org/educationcareers/sites/ala.org.educationcareers/files/content/careers/corecomp/corecompetencies/finalcorecompstat09.pdf, (accessed 2018-11-11).

る。図書館総合展といったイベントに参加することも有益である。図書館を開館しながら館外研修に参加するには，館内の理解と協力が欠かせない。年間の研修計画の立案や適切な職員配置といった経営面での対応はもちろんのこと，研修に参加した者がそこで得た知見を自らの職場に還元することも重要である。

（3）情報サービスのためのコレクション構築

情報サービスの運営にあたってのもう一つの組織化が，情報資源の整備である。利用者からの情報ニーズに応えるために，事前に必要となる情報資源を収集，整理し，利用できる環境を用意する必要がある。特に，情報サービスでは調べることに特化した情報資源や検索ツール，すなわちレファレンスコレクションの構築が欠かせない。

レファレンスコレクションの中心的な資料が二次資料である。二次資料には図書，雑誌，新聞などに加え，図書の中の章，雑誌の各号に掲載される個々の論文，新聞を構成する新聞記事など，多様な情報の単位（粒度）を持った一次資料の検索を可能にする書誌・索引類，一次資料を圧縮，加工して作成される辞書・事典類がある。これらの具体的な種類や特徴は，8章で詳述している。

レファレンスコレクションは，一般コレクションとは別の場所に排架されることが多い。これを別置という。逆に，一般コレクションと同じ書架に混排[13]されることもある。別置されたレファレンスコレクションは，調べることに特化した情報資源群であることが一目でわかるほか，これらの資料は一般図書に比べて大きかったり重かったりするので，専用の書架や書見台，机を効果的に配置できるという利点がある。他方，二次資料を混排した場合は，調べ物をしながら一次資料をすぐに利用できるというメリットがある。どちらの方法を採用するかは，図書館の規模や利用者層などによって変わる。なお，レファレンスコレクションは，一般に館外貸出を認めない禁帯出として扱われるが，資料によっては貸出用に複本を用意することもある。

レファレンスコレクションの多くは，以前からデータベースなどの電子資料

13：性質の異なる資料を同じ場所に排列すること。

として提供されてきたが，近年はその割合がさらに高まってきている。それらの利用提供にあたっては利用者用コンピュータを用意したり，Wi-Fiなどのネットワーク環境を整備したりする必要がある。また，図書館が契約しているデータベースの一覧をウェブサイトに掲載してアクセスの利便性を高めたり，マニュアルや利用案内を作成，提供したりするなどのサービスも重要である。

市販される二次資料の多くは，一般に出版，流通する一次資料を対象に作成されることが多い。しかしながら，利用者の求める情報がすべて，こうした資料に収録されるわけではない。特に，地域に関する情報はそこから漏れてしまったり，膨大な情報の中に埋もれてしまったりすることも少なくない。そこで図書館では，その図書館や利用者の特徴に合わせた二次資料を自ら作成して利用者に供したり，情報サービスの検索ツールとして活用したりしている。

利用者の質問に対して，図書館が所蔵するコレクションのみで回答できない場合，協力レファレンスサービスを通じて対応する。そのためには，図書館間のネットワークを形成しておくことが必要である。また，図書館以外の専門機関や専門家に問い合わせるレフェラルサービスでは，どのような専門機関があり，どのような専門家がいるのかを担当者が把握しておくことが重要である。普段から各機関のパンフレットなどを収集したり，検索できるウェブサイトを確認したりしておくことが肝要である。

3．情報サービスの評価

（1）図書館サービス評価の背景

ランカスター（Frederick W. Lancaster）は，図書館管理者が図書館サービスを評価する理由を四つ挙げている[14]。すなわち，①現在の図書館サービスの水準を把握し，その後の活動による効果を把握するため，②他の図書館やサービスとの比較を行うため，③図書館の存在を正当化するため，④サービスの課題を明らかにするための４点である。このうち，①は自館の活動を過去に照ら

14：ランカスター．図書館サービスの評価．中村倫子，三輪眞木子訳．丸善，1991，p.8-9.

して，②は他館の活動に照らして評価すると表現してもよいであろう。

これら4点はいずれも独立した要素ではなく，評価の多様な側面を表現しているといえる。例えば，③の図書館が行っているサービスの存在意義や費用対効果を示すために，①や②によって得られた結果を用いることは少なくない。また，①や②において結果が悪化，もしくは好ましくない状況であった場合，その要因を特定し，新たな課題を設定することにより業務の改善やサービスの向上につなげられる。

評価活動に基づいて業務の改善を図る活動は，図書館に限らず，企業をはじめとする多様な組織で行われている。最近，よく耳にするPDCAもまた，その手法の一つである。PDCAとは，Plan（計画），Do（実行），Check（評価），Act（改善）の頭文字をとったものである。その組織の目標を達成するための具体的な計画を立て，実行し，その結果を評価し，次の新たな計画に向けて改善を加えることを指す。

こうしたPDCAはマネジメントサイクルとも呼ばれ，民間企業で広く導入されている。こうした民間企業の経営手法を取り入れ，効率的かつ効果的に行政を運営し，質の高い公共サービスを提供することで，市民の満足度を高めることを目指したのがニューパブリックマネジメント（New Public Management：NPM）である。岩崎は，この制度を「行政機関の活動を政策立案等の政治的価値判断を伴う決定とその執行に分け，それぞれを担う組織を明確に分離し，執行機関の運営に関しては民間企業の経営管理手法を取り入れようとする」ものであると説明する[15]。これまで，議会等が立案した政策を，法令を遵守しながら執行することにより，安定的に公共サービスを提供することが行政組織の役割と認識されてきた。その活動に民間の手法を取り入れることにより，市民の目線に立ったより良い公共サービスを提供しようというのがNPMの考え方である。そこには，コスト意識や成果主義といった概念も当然含まれる。

こうした流れが，図書館界では指定管理者制度の導入やPFI（Private Finance Initiative）の採用として表れたことは記憶に新しい。また，2008（平成20）年の図書館法改正により第7条の3，すなわち「図書館は，当該図書館の

15：岩崎忠．自治体経営の新展開．一藝社，2017，p.22.

運営の状況について評価を行うとともに，その結果に基づき図書館の運営の改善を図るため必要な措置を講ずるよう努めなければならない。」が追加されたことにも通じている。

（2）サービス評価の問題点

図書館の活動を評価することで，より良いサービスを目指すことに異論を唱える者はいないであろう。ただし，サービスの評価には厄介な問題がある。それはサービスの特性による。

コトラー（Philip Kotler）は，その著書において，サービスには無形性（intangibility），不可分性（inseparability），変動性（variability），消滅性（perishability）という四つの特性があると指摘する[16]。サービスは形あるモノとは異なり，購入前に目で見たり，触ったりすることができない。また，そのサービスを利用し終えるまでその効果を知ることができないし，利用し終えた後でもその効果があったかどうかがわからないこともある。例えば美容院でのカットは，髪のセットが終わるまでそのサービスの最終型を知ることはできないし，担当者に事前に要望を伝えたとしてもそれに合致した結果が得られるとは限らない。コトラーはこれを無形性と呼んでいる。

二つめの不可分性とは，サービスは生産されると同時に，消費される特性を持つことを捉えたものである。例えば，学校で教育を受ける多くの場面では，教員による教育というサービスを児童・生徒，学生が同じ時間を共有することで受け取っている。サービスとそれを受け取る顧客が同時に存在することがサービスの成立要件となる。

このことは三つめの変動性とも関連する。すなわち，そのサービスを提供できるのはその生産者のみであるという点である。例えば，先の教員の例でいえば，同じ科目を別の教員が教えた場合，教員の力量によってその質は異なる可能性がある。あるいは，同じ教員であったとしても，その日の体調によって質が異なるかもしれない。常に同一の品質を提供できるモノと異なり，サービスは状況によって変動する。図書館員が提供するサービスもまた，同様の性質を

16：フィリップ・コトラー．コトラーのマーケティング・マネジメント：ミレニアム版．恩藏直人監修，月谷真紀訳．ピアソン・エデュケーション，2001，p.530–535.

持つといえる。

最後は消滅性である。サービスは生産者によるその時どきの活動であるため，事前にサービスを生産して在庫として蓄えておき，必要なときに提供するという，モノの生産・提供のようなビジネスモデルを採ることはできない。そのため，サービス利用の繁閑を予測して，人員や設備を用意する必要がある。場合によっては，繁忙時の顧客集中を緩和するために，閑散時の料金を安く設定したり，サービスの内容を変更したりするなどの対策をとることもある。しかし，そうした予測や対策によっても十全に状況に対応できるとは限らない。その失敗が顧客満足度を下げる可能性もある。

図書館における情報サービスをこれら四つの特性から考えたとき，例えば一つめの無形性は，情報サービスの何を評価すればよいかに関連する。利用者の情報要求に対する回答がその人の求めるものであったかは，利用者自身が判断するものであるが，それをサービスの都度評価するのは難しい。二つめと三つめの不可分性と変動性は，サービスの品質に直結する。特に，レファレンスカウンターにおける質問回答サービスは，それを受け付けた図書館員の能力によるところが大きい。利用者にとっては，自分を担当した職員がその図書館のサービスを代表すると言っても過言ではないことから，誰もが一定水準を維持したサービスを展開できるような体制と，それを実現するための評価の仕組みが求められる。このことは，四つめの消滅性にもつながる課題である。

（3）サービス評価のモデル

本節1項で公立図書館が置かれている現状，すなわち行政組織の一つである図書館もまた，民間の経営手法にならった経営が求められていることについて触れた。もちろん，こうした状況の変化に限らず，図書館が自らの活動を振り返り，サービスの質を向上させることは必要である。また，図書館の活動が利用者やコミュニティの便益に貢献していると訴えることも重要である。そのための評価はどうあるべきであろうか。

一般に何らかの活動に対する効果を測る場合に用いられるのが，インプット（入力）とアウトプット（出力）の概念である。どのくらいの蔵書を整備して，一年間にどのくらいの本が貸し出されたのかというのが典型的な事例である。

4-1表 主な情報サービスの評価項目

	項目
インプット	レファレンスコレクション，データベースの種類，担当職員数，職員研修，予算
アウトプット	レファレンス質問受付件数（総数，内容別，受付方法別），レファレンス回答にかかった時間，レファレンス記録
アウトカム	利用者満足度

ある一定規模の蔵書（インプット）があったとき，貸出冊数（アウトプット）が多ければ多いほど，その有効性が高いと考えることができる。

しかし，図書館サービスの有効性をこうしたアウトプットだけで評価するのは早計である。特に情報サービスのように，質問回答サービスの結果，利用者が情報要求を満たすことができたかどうかや，利用教育で提供される講座を受講して，受講者の情報検索のスキルが向上したかどうかなど，インプットによってどのような効果や成果（アウトカム）を与えられたのかを測定するのは簡単ではない。インプットやアウトプットは数値などを用いた指標化が比較的容易であるが，アウトカムは何をもって効果が得られたのかを指標化することから始めなければならないからである。

情報サービスの評価で用いられる主な項目をインプット，アウトプット，アウトカムで分類したものが4-1表である。例えば，一年間で何件のレファレンス質問を受け付けたかは，図書館の業務統計でも集計される基礎的な評価項目である。また，その質問はどのような内容のものであったのかを集計したり，口頭，電話，電子メール，チャットなど，どのような方法で質問が寄せられたのかを分析したりすることで，利用者の動向を知ることができる。レファレンス記録を分析することにより，回答できたかどうかはもちろん，適切な情報資源を用いたか，どのくらいの時間を要したかなども評価の対象にできる。

（4）サービス評価の実際

図書館サービスの評価に用いられる指標の一つに，JIS 規格（JIS X0812）である『図書館パフォーマンス指標』[17]がある。図書館パフォーマンス指標とは，もともとISO（International Organization for Standardization：国際標準化機構）が制定したものである。その内容は，「図書館活動に投入する資源や算出したサービスの量，個人や社会にもたらされた便益の大きさ，活動の過程に関するデータ（サービスの提供に要した時間など）を用いて，図書館活動の効果や効率を測定するための指標」[18]のことで，図書館業務統計に留まらず，図書館サービスの品質を検討するための方法を示している。

情報サービスに関連する図書館パフォーマンス指標には，① B.2.2.2 情報要求サービスにおける電子的手段による申込割合，② B.2.2.6 人口当たり利用者教育参加者数，③ B.3.3.2 正答率などがある。例えば①は，（2）でも触れたとおり，「質問の申込み時における，電子メール，デジタルレファレンスなどの電子的なコミュニケーション手段による利用を確認する」ものである。その割合が低い場合には，利用者が情報技術に慣れておらず利用教育が必要であることや，図書館職員からの回答が遅く電子的な申し込みを避けていることが示唆されるという。また，図書館ウェブサイトの使い勝手やデジタルレファレンスの提供時間の制約にも影響を受けることが紹介されている。

また，③はレファレンス質問の総数のうち正答した質問数の割合を示した正答率によって，情報サービスを評価するものである。どのレファレンス質問を評価の対象とするのか，そのレファレンス質問の何を正答とするのかなど，評価にあたって専門の知識や時間などのコストを要する。図書館パフォーマンス指標でも紹介されているが，ある人が利用者を装ってレファレンスサービスを利用し，その成果を評価する覆面テストという方法もあり，その事例もある[19]。

アウトカムによる評価法の一つに利用者満足度調査がある。情報サービスを利用した人の満足度をアンケートやインタビュー調査によって明らかにするも

17：図書館パフォーマンス指標．日本規格協会，2012．76p.（JIS，X0812：2012）

18："図書館パフォーマンス指標"．図書館情報学用語辞典．日本図書館情報学会用語辞典編集委員会編．第4版，丸善，2013，p.181.

19：五十嵐花織，須賀千絵．レファレンスサービス評価法としての覆面調査の設計と試行：日本の公共図書館を対象とした調査方法の提案．図書館界．2011，vol.61，no.3，p.232-246．このほか，類似の調査として次のものがある。辻慶太，党春菜，原淳之．公共図書館デジタルレファレンスサービスの正答率調査：対面式及びQ&Aサイトとの比較を通じて．図書館界．2010，vol.62，no.5，p.348-363.

のである。このほか，LibQUAL+ という評価手法もある。LibQUAL+ とは，サービスの品質を測定する指標の一つである SERVQUAL を基に，図書館向けに作成された調査手法である[20]。

SERVQUAL では，サービスの品質を①有形性（tangibles），②信頼性（reliability），③応答性（responsiveness），④保証性（assurance），⑤共感性（empathy）の五つの局面に分け，それぞれに４問，５問，４問，４問，５問の合計22の設問を設けている[21]。①は建物の施設・設備，担当者の身だしなみや外見を，②は約束したサービスを信頼でき，かつ正確に実行する能力を，③は顧客を援助し，迅速にサービスを提供する意欲を，④は従業員の知識と礼儀正しさ，また信頼と信用を築く能力を，そして⑤は顧客に対する思いやりや一人ひとりへの配慮を問うものである（4-2表）。それぞれの設問について，サービスに対する期待と実際に受けたサービスに対する認識とを回答してもらい，両者を比較することでサービスの品質を測定するのである。

これを応用した LibQUAL+ には，基本質問（Core Questions）として「サービスの姿勢（Affect of Service）」「情報の管理（Information Control）」「場としての図書館（Library as Place）」の三つの局面についてそれぞれ，９問，８問，５問の合計22問が設定されている（4-3表）。例えば，「サービスの姿勢」の中に情報サービスに関する質問「図書館スタッフは利用者の質問に回答できる知識を持っている」があるが，これに対して回答者は「許容できる最低限のレベル」「望ましいレベル」「実際のレベル」の三つの観点から９点満点で評価を行う[22]。「実際のレベル」が「許容できる最低限のレベル」と「望ましい

20：佐藤義則．LibQUAL+TM の展開と図書館サービスの品質評価．カレントアウェアネス．2004，no.280，p.9-12．http://current.ndl.go.jp/ca1526，（参照 2018-11-11）．

21：Parasuraman, A.; Zeithaml, Valarie A.; Berry, Leonard L. SERVQUAL: A multiple-item scale for measuring consumer perceptions of service quality. Journal of Retailing. 1988, vol.64, no.1, p.12-40.
佐藤義則，永田治樹．図書館サービスの品質測定について：SERVQUAL の問題を中心に．日本図書館情報学会誌．2003，vol.49，no.1，p.1-14．

22：LibQUAL+ の実際については，慶應義塾大学が2008年に実施した調査を参考にした。（出典：慶應義塾大学メディアセンター利用者調査ワーキンググループ．"図書館サービス評価 LibQUAL+®（ライブカル）の実施結果について"．2009-08-21．http://project.lib.keio.ac.jp/libqual/report.html，（参照 2018-11-11）．）

4-2表 SERVQUALモデル

局面	説明	図書館での情報サービスにおける項目例
有形性	建物の施設・設備，担当者の身だしなみや外見	• 最新の設備・機器 • 魅力的な建物・設備
信頼性	約束したサービスを信頼でき，かつ正確に実行する能力	• 問題を確実に処理 • 期待したとおりにサービス • 間違いがないサービス
応答性	顧客を援助し，迅速にサービスを提供する意欲	• 進んで利用者を援助 • 常に対応できる姿勢 • 迅速なサービス
保証性	従業員の知識と礼儀正しさ，また信頼と信用を築く能力	• 常に丁重で親切 • 質問に対応できる知識 • プライバシー保護の面で安心
共感性	顧客に対する思いやりや一人ひとりへの配慮	• 親身の対応 • 利用者の成果を第一に考える • 利用者ごとの個別の対応 • 利用者ニーズの理解

（山﨑久道ほか．情報サービス論．樹村房，2012，p.91．（現代図書館情報学シリーズ；5）．4-4表を基に作成）

レベル」との間にあれば，相応のサービスを提供できていると考えることができる。また，「実際のレベル」と「望ましいレベル」との値が近ければ，利用者のサービス満足度が高いといえるだろう。逆に，両者の差が大きければ，改善の余地があることが確認できる。

利用者満足度調査は，利用者ニーズと実際のサービスを比較できるという点で有効な手段である。ただし，利用者の満足度を高めるためには，コストがかかる場合も少なくない。例えば，図書館コレクションの不足を訴える利用者の声はよく聞かれるが，それを解決するためには多大な資料購入費が必要となる。利用者満足度も考慮しながら，適切なバランスの下での経営が必要である。

4-3表　LibQUAL+ の基本質問

【サービスの姿勢】
図書館スタッフは利用者に自信を持たせてくれる
図書館は利用者一人一人を大事にしている
図書館スタッフはいつも礼儀正しく，丁寧である
図書館には利用者の質問に進んで答えようとする姿勢がある
図書館スタッフは利用者の質問に回答できる知識を持っている
図書館スタッフが利用者に気配りのある対応をしている
図書館スタッフは利用者のニーズを理解している
図書館は進んで利用者に協力してくれる
図書館利用において利用者が困っている事について，信頼できる対処の仕方をしている
【情報の管理】
自宅または研究室からデータベースや電子ジャーナルなどの電子資源にアクセスできる
図書館のウェブサイトは，利用者が自力で情報を見つけられるように作られている
私の学習・研究のために必要な本や雑誌（紙）の資料が揃っている
私が必要とする電子情報資源（電子ジャーナルやデータベース）が揃っている
必要な情報に容易にアクセスできるような最新の機器・設備を備えている
私自身の力で必要なものが探せるような，使いやすいアクセスツールがある
人に頼らず簡単にアクセスできるように，情報が提供されている
私の研究に必要な雑誌が，印刷版または電子ジャーナルとして収集されている
【場としての図書館】
図書館は学習・研究意欲をかきたてられるような場所である
ひとりで学習・研究するための，静かな空間がある
快適で，また行きたくなるような場所である
学習，研究，調査のためのとっておきの場所である
グループ学習や共同研究のためのスペースが整っている

(5) レファレンス記録の活用

質問回答サービスの評価対象の一つにレファレンス記録がある。3章でも触れたとおり，図書館では利用者から寄せられた質問や回答，回答に用いた情報資源など，質問を受け付けてから回答に至るまでのプロセスを記録するのが一般的である。この記録は，第一義的には利用者の要求を遺漏なく適切に把握し，情報探索の材料にするとともに，仮に担当者が代わったとしてもその業務を引き継ぎ，利用者に約束の時間までに回答を提供できるようにするための業務記録の性格を持つ。また，この記録を後から振り返ることで，レファレンスインタビューで利用者の要求を明らかにできているか，適切な情報資源を選択できているか，その情報資源に合った探索戦略が立てられているか，回答は適切であったかなどを点検，評価できる。レファレンス記録の確認は，情報サービスの質を維持，発展させるためには欠かすことのできない評価活動といえよう。

質問回答サービスでは，利用者からの質問に対して，複数人で回答することも少なくないが，多くの場合，質問を受け付けた図書館員が最終の回答までを担当する。そのため，回答までのプロセスやその内容は，担当職員の能力に依存する。図書館には，主題や地域に関することなど，専門的な質問が寄せられることも少なくない。その分野に明るかったり，これまでに類似の質問を受け付けたことがあるなど，知識や経験の豊富な図書館員ほど，多様な探索戦略を立てられたり，短時間で回答にたどり着けたりする。こうした職員の経験などに根ざした知のあり方は一般に暗黙知と呼ばれるが，レファレンス記録はこの暗黙知を図書館で共有できる形式知に変換する営みである。

大庭は，この営みをSECIプロセスを用いて説明している[23]。SECIプロセスとは，野中らによって提唱された企業などの組織における知識創造プロセスのモデルで，共同化（socialization），表出化（externalization），結合化（combination），内面化（internalization）の頭文字をとったものである[24]。共同化とは，

23：大庭一郎．“8章 各種情報源の特徴と利用法”．情報サービス論．山﨑久道編．樹村房，2012，p.198-201．（現代図書館情報学シリーズ，5）．

24：野中らによるSECIモデルは複数の文献で扱われている。例えば次の文献を参照。野中郁次郎，紺野登．知識創造の方法論：ナレッジワーカーの作法．東洋経済新報社，2003，281p.

観察やOJTなどを通じて暗黙知を取得することである。知識は個人間で共有されるが，この時点では組織の共有知識にはなっていない。この暗黙知を記録，すなわち言語化することで形式知に変換できる。これを表出化という。表出化された形式知をこれまで組織に蓄積されてきた形式知と組み合わせることにより，その組織の新たな知を生み出すのが結合化である。そして，この体系化された知識を職員が参照して，自らの知識とする。これが内面化であり，職員の暗黙知として活用される。

レファレンス記録を核とした知識創造のプロセスは，その図書館の情報サービスに関する知識資産を豊かにし，業務の向上につなげる活動といえる。すなわち，個々のレファレンス担当者が持っている知識や技能をOJTなどを通じて共有し（共同化），それをレファレンス記録やスタッフマニュアルとして言語化し（表出化），過去の蓄積と統合することで（結合化），誰もがそれを活用でき（内面化），その図書館の情報サービスの向上を図ることができるのである。レファレンス事例集の公開は，図書館利用者への情報提供に留まらず，図書館員自身の能力向上と図書館界の知識資産形成にも貢献する活動であるといえよう。

4．情報サービスの課題と展望

（1）情報サービスの課題

情報サービスの実施にあたって，最も重要な課題はそれを担当する人の問題であろう。情報サービスに担当職員を配置するのはもちろん，どのような人材を配置するかが重要であることは，本書でたびたび触れたとおりである。本章2節2項では，担当者の職務として，ALAのRUSAが示した「レファレンス・利用者サービスライブラリアンの専門的能力」の7項目を紹介した。これらの能力を有する職員を配置するためには，大学等での司書養成に加え，実務に就いた担当者への研修が欠かせない。司書課程を有する大学も含め，図書館界全体で養成や研修のより一層の展開が必要である。

また，情報サービスに対する一般の人々の認知度を向上させることも課題の一つである。本章3節2項でコトラーによるサービス特性を扱ったが，その一つめにあたる無形性は，この課題に関連する。すなわち，一般の利用者にとって決して馴染みのある用語ではないレファレンスサービスは，利用されて初めて，その言葉の意味が理解され，サービスの有益性に気づいてもらえるのである。その点で，いかに利用者にサービスそのものを知ってもらうかが重要である。先のRUSAの7項目の中に「マーケティングやアドボカシーを通じて図書館サービスの価値を促進し，実証すること」が掲げられていることがその証拠といえる。

情報サービスを提供する場としての機能の充実も，これからますます求められるであろう。情報資源の電子化が急速に進む中，それを利用できる環境を整備することは必須である。また，それらの利用を促進する利用者のための講習会の開催も必要であろう。パソコンやデジタル機器に不慣れな利用者に加え，これらに慣れた利用者であっても，日進月歩の情報技術を上手に活用するためには，リカレント教育を受けられる機会が重要となる。さらに，印刷体資料と電子情報資源の区別なく利用できる学習環境も求められる。大学図書館や学校図書館で普及が進むラーニングコモンズのような空間や，3Dプリンタなどを備えるメーカースペースのようなものづくり空間が今後，求められるかもしれない。昨今，コミュニティの活動の場として図書館が注目されるようになったが，真の活動の場となるためにはさらなる発展が期待される。

(2) 情報サービスの展望

インターネットを基盤とする情報社会が当たり前となった今日，それなしのサービスはもはや考えられない。他方，基盤技術であるインターネットとそのアプリケーションは，少し背伸びをすれば，図書館員でも手の届くようなものも生まれてきている[25]。すべての課題が技術で解決できる訳ではないが，より便利なサービスを提供する方法の一つとして，その積極的な導入が図られるべきである。

情報社会におけるサービスの展開は，情報技術の活用に限らない。誰もがい

25：例えば，次のような文献がある。山本哲也．図書館員のためのプログラミング講座．日本図書館協会，2013，160p．(JLA図書館実践シリーズ；22)．

つでも，どこでも情報検索できる時代だからこそ，前項でも述べたとおり，情報専門職としての図書館員の役割がますます重要になる。

このことを早くから予見したのがランカスターである。1982年に出版された *Libraries and librarians in an age of electronics*（邦訳『紙からエレクトロニクスへ：図書館・本の行方』）で，図書館員には次の仕事が求められると述べている[26]。

①情報コンサルタントとして仕事を行い，人々の情報要求を満たす最適の情報源を案内する。
②電子的情報源の利用について，人々の訓練を行う。
③個々の利用者にとって不案内な情報源の検索を行う。
④「情報分析」を行う。つまり，いくつかの情報源の検索結果を総合し，その評価し選択した結果を，おそらくは依頼者の端末機に直接提供する。
⑤利用者のオンラインSDIサービスの利用に際して，利用者が関心をもつ個人用情報ファイルを効果的に作成できるように援助する。
⑥個人用電子情報ファイルの組織化を援助する。
⑦研究者が新しい情報源やサービスを使いこなすのに遅れないように援助する。

これらは多少の表現の違いこそあれ，本書で述べてきた情報サービスの本質そのものであることが確認されよう。そして，これに続き彼は「これらすべてはエレクトロニクス時代の重要な活動であるが，面白いことに，図書館の四つの壁の内側で行われねばならないようなことは一つもない」として，次の四つの仮説を提示している。

①もし図書館が紙の印刷物の社会から電子社会への円滑な移行を促進する重要な役割を受け入れるのであれば，そこに積極的な役割を果たすことができる。

26：F.W. ランカスター．紙からエレクトロニクスへ：図書館・本の行方．田屋裕之訳．日外アソシエーツ，1987，p.202–203.

②電子社会への移行に積極的な役割を果たしたとしても，われわれの今知っている図書館の推定余命はいくらも残っているわけではない。長期的に見ると，図書館は博物館か文書館，過去の記録の保管所となり，倉庫の機能と配送の機能を担うことになるが，大したサービスを行うわけではない。

③熟達した情報専門家としての図書館員は，はるかに長期間にわたる活発な役割を果たすことができる。

④図書館員がどのような将来をもつかは，その人のもつ能力と，また喜んで図書館を離れる気持ちがあるかどうかにかかっている。

伝統的に図書館という建物に固執してきたと思われる図書館（員）であるが，依拠する情報資源は物理的にも，仮想的にも存在するようになった。その間を自在に行き来し，利用者にサービスを届ける図書館員こそ，図書館がこれまで果たしてきた機能そのものである。図書館に新たな場としての意義づけをしながら，時代に合わせた，さらには時代を先取りしたサービスの展開が求められている。

5章　情報検索サービスの理論と方法

1．情報検索の意味

情報検索は，人々がある目的をもって知的活動を行う際に必要不可欠な行動の一つである。情報検索とは，英語の information retrieval（IR）の訳語であり，あらかじめ蓄積された情報集合から，ある特定条件に合致した情報のみを取り出すことである。したがって，英語では information storage and retrieval というのが正確であり，情報の蓄積（storage）を前提としている。retrieval という英語は，re という接頭辞が付いていることからもわかるように，あらかじめ蓄積された情報を再び呼び戻すということを意味している。1950年にムーアズ（Calvin N. Mooers）が，information retrieval という用語を初めて定義し，1960年代になって広く使われるようになった。

日本語の検索という言葉をみると，検索の「検」は検査の「検」であり，入力した検索語の文字列が蓄積された情報と一致するかどうかを「調べる」ことである。「索」は索引の「索」であり，「ものを引き出すひも」という意味から「引く」ということを意味している。文字を中心とした情報検索では，入力した検索語を対象としてデータベース中の一致する語を調べて，それを適合したと判断して引き出してくる。すなわち，情報検索では，入力した検索語と文字列一致しているかどうかが基本になっている。現在の情報検索は文字列検索が主流であるが，同義語辞書や人工知能システムなどを用いて，同義語も含めた検索や，誤字やスペルミスを提示してくれる検索方法も登場してきている。しかし，人間の脳が判断するような機転のきいた柔軟性のある情報検索は，コンピュータ処理では今のところ難しいことも多いようである。

なお，情報検索に関する英語の文献では，search という言葉もよく使用され，search も検索と訳されている。

2．データベースの定義と種類

情報検索の黎明期といえる1950年代においては，カードを使用した手作業による方法が主流であった。しかし，情報通信技術（information and communication technology：ICT）社会では，データベースのような電子化された情報資源における検索法が情報検索における重要な役割を果たすようになっている。ここでは，そのデータベースの定義と種類について解説する。

（1）データベースの定義

データベースとは，わが国の著作権法第２条10の３に「論文，数値，図形その他の情報の集合物であって，それらの情報を電子計算機を用いて検索することができるように体系的に構成したものをいう。」と定義されている。また，同法第12条２には，「データベースでその情報の選択又は体系的な構成によって創作性を有するものは，著作物として保護する。」とあるように，データベースは著作物として保護されている。すなわち，データベース全体およびデータベースに収録されている個々のレコード（内容）一つひとつも，著作物として保護されている。

データベースの特徴としては，収録されている大量のデータや情報が，コンピュータ処理できるように体系的に整理され，統合化・構造化されて蓄積・保存され，いつでも必要なときにコンピュータを用いて必要な情報だけを検索できるようになっていることが挙げられる。また，データベース構築においては，蓄積や更新が容易に行えるように効率化が図られている。

このような条件に当てはまるもの，すなわち情報が記録メディアに電子的に蓄積され，検索可能であればすべてデータベースといえる。例えば，新聞記事，図書，雑誌論文などの文章を中心としたもの，株価，物価指数，統計などの数値データ，写真，イラスト，地図，設計図などの画像（静止画），ライブ，テレビ番組，映画などの映像（動画），デジタルカラオケで特定の音節を取り出せるようになっているもの（音声），幅広い分野にわたり文字，画像，映像，音声などをマルチメディアとして収録するウェブサイトなど，多種多様なデータベースが存在している。

（2）データベースの種類

米国では1960年代半ばから，データベース作成機関において専門家の手によって，レファレンスデータベース（5-1図）が構築されてきた。日本においても1970年代半ばから，日本科学技術情報センター（現・科学技術振興機構：JST）や日本経済新聞社などによって，学術論文や新聞記事のデータベースが作成されてきた。これらのデータベースは，おもに文献（図書，雑誌論文，新聞記事など）の書誌データや抄録などを中心とした情報を収録しており，元になっている論文記事や新聞記事の全文が収録されているわけではなかった。

1980年代になると，国産の商用データベースも数多く生産されるようになった。商用データベースとは，データベース作成機関（データベースプロデューサー）がデータベース提供機関（データベースディストリビューターあるいはベンダー）を通じて，利用者契約を結んで利用できる有料のデータベースのことである。当時，商用データベースは誰でも使用できる環境にはなく，おもに大学図書館や企業図書館が，契約を結んだ後に学内や企業内の利用者にサービスしていた。商用データベースはデータベース作成時に，収録記事の採択基準に従って収録する情報を選別しているため，収録される情報の質や信頼性に関する品質保証をしている。この点に関しては，個人から政府機関などの幅広い情報発信が行われているフリーアクセスのウェブ情報資源とは異なっている。

1995年以降，わが国におけるインターネットの急速な普及に伴い，ウェブサイトが次々と誕生し，娯楽や趣味に関する情報から学術情報まで，多種多様なデータベースが玉石混淆（ぎょくせきこんこう）な状態で存在する状況が生まれている。このような状況下においては，情報の質や信頼性の判断は，商用データベースとは異なり，情報の利用者にゆだねられている。

データベースは，5-1図に示したように，一次情報を収録するファクトデータベース，二次情報を収録するレファレンスデータベース，多様な情報を収録するマルチメディア型データベースに大別できる。

ファクトデータベースとは，数値，文字，画像，映像，音声などの単独あるいはそれらが同時に提供されるマルチメディア型のデータベースのことをいう。

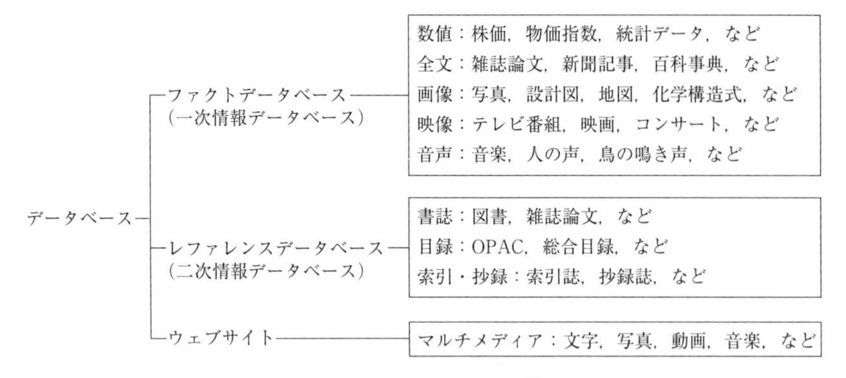

5-1図 データベースの種類

すなわち，知りたい情報が直接収録されているデータベースである。図書館で扱う文献情報に関していえば，全文データベースが挙げられる。新聞記事データベースでは，一部著作権の許諾が得られない場合を除いて，記事全文を写真も含めて読むことができる。百科事典データベースには，本文および写真や図，音情報（鳥の鳴き声や音楽の一部など）が収録されている。印刷物では音情報は掲載不可能である。図や写真なども印刷物には掲載されていても著作権の許諾の問題から，データベースでは収録されていない場合もある。

レファレンスデータベースは，書誌や文献リスト，目録，目次誌（雑誌の目次の部分を集めたもの），索引誌（文献リストをキーワード順に並べた二次資料），抄録誌（書誌事項に文献の抄録も掲載した二次資料）などが電子化されて，データベースとして提供されたものをいう。これらは文献情報に関するデータベースであり，書誌データベースとも呼ばれる。

レファレンスデータベースには，文献の原報（論文などの原文）の内容全文がデータベースに収録されていないため，原報を読みたい場合は，別途原報を入手する必要がある。

図書については，もともと文字情報のみで表示されていたが，今日では，図書館のOPAC，“Webcat Plus”，書店が提供する図書情報などにおいて，一部の図書については表紙の画像情報（書影）も提供されるようになってきている。このように今日では，文字と画像が組み合わされたマルチメディア型データベースという形式で情報提供される図書情報も増えてきている。

雑誌論文では，オープンアクセスによる電子ジャーナルが増加し，以前に比べて利用者自身による原報入手がしやすくなっている。国立情報学研究所（National Institute of Informatics：NII）が提供する“CiNii Articles”では，検索結果に書誌情報のほかに，“J-STAGE”や機関リポジトリへのリンクボタンが提示されている場合がある。科学技術振興機構（Japan Science and Technology Agency：JST）が提供する“J-STAGE”の検索結果からも，無料あるいは有料で原報のPDFを入手することができる。その他，大学や研究機関が提供する機関リポジトリの増加や，研究者自身のウェブサイトからの発信により，検索エンジンによる検索でも，原報を検索・入手することができる場合もある。

3. レファレンスデータベースの構造と索引作業

(1) レファレンスデータベースの構造とレコード

レファレンスデータベースは，レコードと呼ばれる単位の情報集合で構成されている。すなわち，レコードの集まりがデータベースである。収録されている個々の論文や新聞記事などの情報単位をレコードと呼ぶが，レコード内容はデータベースの種類や提供情報の内容によって異なる。5-2図には，ジー・サーチが提供する“JDreamⅢ”という商用情報検索システムから提供されている“JSTPlus”のレコード例を示している。

各レコードは，以下の検索フィールドなどで構成されている。

①整理番号	⑦資料種別，記事区分
②和文標題	⑧資料の発行国，本文の言語
③英文標題	⑨抄録
④著者名および所属機関名	⑩分類コード
⑤資料名，JST資料番号，ISSN	⑪シソーラス用語（ディスクリプタ）
⑥巻号ページ（発行年月日）	⑫準シソーラス用語

データベースを構成する個々のレコードは，レコード番号順にデータベース内に格納されており，レコードはいろいろな検索フィールド（検索項目）によ

①整理番号：08A0300313
②和文標題：データベースと索引方針 サーチャーからみたデータベースの索引方針への期待
③英文標題：Database and indexing policy. Anticipation of indexing policy for databases from the viewpoint of a searcher.
④著者名：原田智子（鶴見大 文）
⑤資料名：情報の科学と技術 JST 資料番号：F0178A ISSN：0913-3801
⑥巻号ページ(発行年月日)：Vol.58, No.4, Page.166-171 (2008.04.01) 写図表参：写図 1, 参 20
⑦資料種別：逐次刊行物(A) 記事区分：解説(b2)
⑧発行国：日本(JPN) 言語：日本語(JA)
⑨抄録：商用文献データベースにおける索引方針の内容と,インデクシングの問題点について論じる。大勢のインデクサーによる共同作業が必要となる大規模データベース構築では,蓄積される情報内容の統一性や一貫性が求められ,索引方針や索引作成マニュアルが必須である。サーチャーからみたインデクシングの問題点としては,索引方針や索引作成マニュアルの非公開,インデクシングの一致性の限界,インデクサーの主題に関する知識と文献内容把握の限界,インデクシングの質の問題が挙げられる。サーチャーは索引方針や索引作成マニュアルの公開によりインデクシングの全容を知ることができ,質の高い検索結果にもつながる。（著者抄録）
⑩分類コード：JD03030U, AC06020S, AC05030W (681.3:061.68, 002.5:005, 002.5:025.3/.4:005)
⑪シソーラス用語：*データベース, *文献検索, *インデクシング【計算機】, ドキュメンタリスト, 一貫性, マニュアル, 主題分析, 検索効率, *索引
⑫準シソーラス用語：インデクサ, サーチャー, *文献データベース

5-2図 “JSTPlus” のレコード例

って構成されている。例えば，“国立国会図書館サーチ” の詳細検索画面や図書館の OPAC などでは，これらの検索フィールドがあらかじめ指定されているので，自分が検索したい検索フィールドにカーソルを合わせて検索語や検索式を入力して検索できる。

（2）レファレンスデータベースと索引作業

索引作業（インデクシング：indexing）とは，文献に表されている主題内容や概念に対して，それらを表現するために適切な一つ以上のインデクシング言語（indexing language）を定めることをいう。インデクシング言語は，主題内容や概念を表現するために記号やコード体系をもつ場合は分類記号と呼ばれ，用語の体系をもつ場合はキーワードと呼ばれる。

キーワードには自然言語（natural language）を使用する場合と，同義語や言葉の階層関係や関連語関係を体系化した統制語（controlled vocabulary）を使用する場合がある。したがって，主題概念を分析し分類記号や統制語を付与

することを索引作業という。

なお，SIST13（SIST は科学技術情報流通技術基準を指す）にはインデクシング（索引作成）という用語が使用されているが，ここでは図書の巻末索引を作成する場合を想定しており，雑誌記事索引は除外されている。

索引作業は，レファレンスデータベースに蓄積される図書，雑誌記事，新聞記事，特許文献などのさまざまな文献情報を対象として，それらをあとで別の人が検索できるようにするために，情報専門家によって行われる作業である。すなわち，データベースを利用する検索者は，索引作成者による作業の成果を利用することになる。統制語を使用できる商用データベースにおいては，索引作成者の付与したインデクシング言語が検索対象のキーワードとなる。さらにこのほか，コンピュータによる形態素解析などを利用した標題（title）や抄録（abstract）からの自動抽出語（自然語）も検索対象となっている。

大規模なレファレンスデータベース作成においては，新規文献を継続的に追加収録していくことになる。その結果，大勢の索引作成者による共同作業が必要となり，蓄積される情報内容の統一性や一貫性が求められる。また，データベースへの収録のタイムラグ（時間の遅れ）を少しでも短縮する必要から，決められた入力タイムスケジュールに従って作業しなければならない。データベース構築の管理者は，全体として，作業分担の状況や作業の進捗状況を常に管理する必要も生じる。

このような状況でデータベースを作成するには，索引方針や索引作成マニュアルの準備が必須であり，索引作成者にはこれらを遵守することが求められる。検索する時のキーワードは，5−3図のように大別することができる。一般に，統制語リストでは，例えば「図書」のように同義語の中から代表に選ばれた語をディスクリプタ（優先語）といい，それ以外の例えば「本」「書物」「書籍」

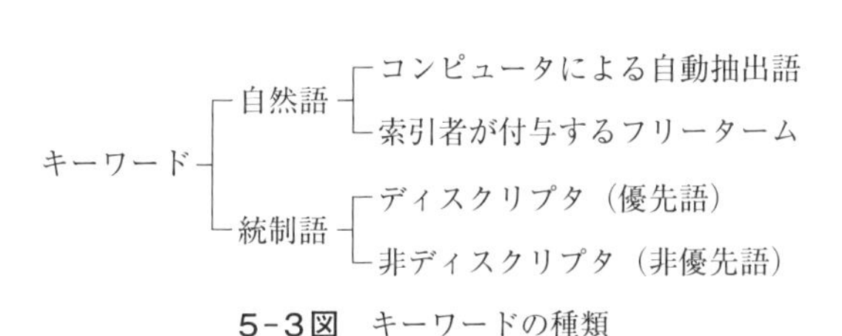

5−3図　キーワードの種類

「ブック」などを非ディスクリプタ（非優先語）という。統制語に対して，はじめから統制を図っていない語を自然語という。これには，文献で使用されている言葉や，データベースに蓄積する時に索引者が考えて自由に付与するフリータームがある。文献中に使用されている言葉は，コンピュータによって自動抽出され，それらも自然語検索の対象となる。

情報検索で使用される統制語リストには，おもにシソーラス（thesaurus）と件名標目表（subject headings）がある。これらは基本的に，ディスクリプタ，非ディスクリプタ，相互参照，スコープノート（ディスクリプタの意味範囲や使い方を指示する注記）などから構成されている。また，通常用意されるリストとしては，五十音順あるいはアルファベット順リスト，分野別リスト，階層リストなどがある。

わが国で使用されている統制語リストには，『基本件名標目表第4版（1999年)』『JST 科学技術用語シソーラス 2008年版』『日経シソーラス2008年版』があり印刷物として発行された。その後『JST 科学技術用語シソーラス』は2015年に改訂が行われたが，印刷物は発行されずオンライン版だけが利用できる。『日経シソーラス』はオンライン版がウェブサイトから無料で提供されている。

例えば「情報サービス」という言葉は，『JST 科学技術用語シソーラス 2008年版』と『日経シソーラス2008年版』の両方に，ディスクリプタとして登録されており，5-4図および5-5図に示したとおりである。同じ言葉でありながら，シソーラスによって下位語が異なっていることに注意が必要である。これは，『JST 科学技術用語シソーラス』は科学技術分野の学術論文に使用されるシソーラスであるが，『日経シソーラス』は新聞記事に使用されるシソーラスであるためである。なお，5-1表には，件名標目表やシソーラスで使用される記号の意味を示している。『JST 科学技術用語シソーラス』の印刷版では2008年版から同義語参照が記載されなくなっている。『日経シソーラス』では同義語および関連語参照は，［五十音順一覧］に記載されており，［分野一覧］には階層関係だけが記載されている。

ウェブページを検索する時にも，検索結果が思わしくない場合や検索漏れがあっては困るような場合，これらのリストを参照して同義語や類義語，関連語などを見つけることは非常に有効である。

情報サービス（ジョウホウサービス）
BA01
NT VOD【ビデオオンデマンド】
　web サービス
　カレントアウェアネス
　・SDI【情報】
　・コンテンツサービス
　図書館サービス
　・レファレンスサービス
BT サービス
RT オンライン処理
　計算機網
　データベース

5-4図　『JST 科学技術用語シソーラス 2008年版』の例

［五十音順一覧］
情報サービス［LG］

［分野一覧］
情報・通信［L］　←大分類
情報産業、マルチメディア［LG］　←中分類
情報サービス
・オンラインサービス
・情報提供サービス
・・医療情報サービス
・・気象情報サービス
・・結婚情報サービス
・・不動産情報サービス
・ビデオ・オン・デマンド

5-5図　『日経シソーラス2008年版』の例

人手による索引作業は，主題に詳しい専門家による主題分析を通じて，キーワードや分類付与がなされる。単に文字や言葉を抽出しているわけではなく主題分析による概念を抽出する作業であるため，データベース内の情報の品質を保つことができ，文字列一致によらない概念からの検索ができる利点がある。

しかし，そのような情報専門家の育成や人材確保の難しさ，作業にかかる時

5-1表 件名標目表およびシソーラスで使用される記号の意味

語の関係	参照関係	記　号
同義語・類義語関係	同義語	USE または →
		UF（Used For）
階層関係	最上位語	TT（Top Term）
	上位語	BT（Broader Term）
	下位語	NT（Narrower Term）
関連語関係	関連語	RT（Related Term）または See Also

間とコストの問題点も生じている。長い伝統を持つレファレンスデータベースとして，米国国立医学図書館が作成する“MEDLINE”や，Chemical Abstracts Service が作成する“CA”や“CAPlus”などが有名である。100年以上も前から，二次資料およびデータベースを作成しているこれらの機関では，現在に至るまで人手とコストをかけてレファレンスデータベースが作成され続けている。学術情報を扱う情報専門機関としての品質保証，信頼性の確保が，世界の学術研究の発展に多大な貢献を果たしているのである。5-6図の写真は，米国オハイオ州にある Chemical Abstracts Service での情報専門家による索引作業の様子を示している。

5-6図 Chemical Abstracts Service における索引作業の様子
（撮影：原田智子）

4．情報検索の理論

コンピュータ検索の基本は，論理演算の理解にある。入力した複数の検索語に対して，それらを論理積，論理和，論理差の集合の概念を用いて，概念的に広げたり狭めたりしながら，データベース全体に含まれる情報から，検索要求に合致するものを検索していく。一語だけを入力して検索するワンタームサーチは，単純すぎてあまり行われないし，実際に数万件以上の検索結果が得られてもそれらをすべて見ていくことは現実には不可能である。したがって，いくつかの検索語を組み合わせて，求める情報を絞り込んで検索していく方法が一般的である。

（1）３種類の論理演算と論理演算子

二つ以上の検索語を組み合わせるための論理演算の方式には，5-7図に示したように，論理積（AND 検索），論理和（OR 検索），論理差（NOT 検索）の３種類がある。情報検索はこのような集合の概念で表すことができ，5-7図に示したような図をベン図[1]という。多くの情報検索システムでは，論理積ではAND 演算子を，論理和ではOR 演算子を，論理差ではNOT 演算子を使用して検索する。これらの演算子を，論理演算子と呼ぶ。なお通常，入力するときの論理演算子は大文字でも小文字でもかまわない。論理演算子は半角で入力し，検索語との間に半角スペースが必要である。情報検索システムに依存することではあるが，AND 演算子はスペースで置き換えることができる場合や，AND，OR，NOT の文字以外に＊，＋，－などの半角記号が使用できる場合もある。

❶論理積　Aという検索語をもつ情報の集合とBという検索語をもつ集合の両方を含む部分を検索することを論理積またはAND 検索という。例えば，

1：ベン図とは，英国の論理学者ベン（John Venn）がオイラー（Leonhard Euler）の図式を進展させて，集合の関係をわかりやすくするため，全体集合を長方形で，部分集合を円で表した図のことである。5-7図では，全体集合を表す長方形を省略した形式で記載している。

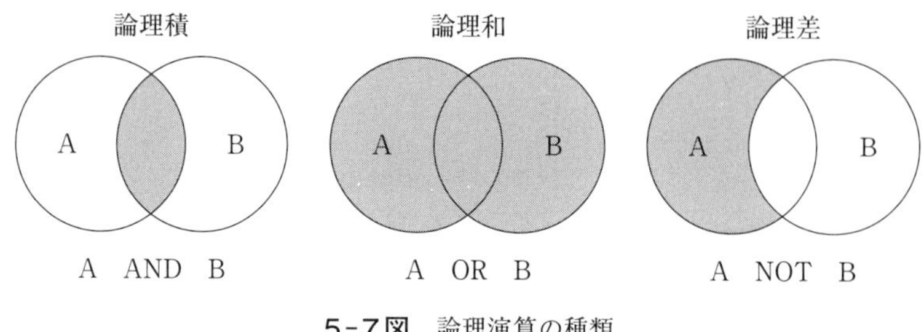

5-7図 論理演算の種類

「高校におけるコンピュータ教育」というテーマを検索するとき，検索語Aとして「高校」を，検索語Bとして「コンピュータ教育」を考え，それらの検索語が共に存在する集合部分，すなわち5-7図の論理積の塗りつぶされている灰色部分が，該当する情報として検索される。この場合，検索式は「高校 AND コンピュータ教育」となる。このテーマの場合は，さらに「高校 AND コンピュータ AND 教育」という検索式も考えられる。この場合は，この三つの検索語がすべて重なった部分が，該当する情報として検索される。論理積を使用した検索では，二つ以上の検索語同士をAND演算子で検索することにより，情報を絞り込んでいくことができる。

❷論理和　Aという検索語をもつ情報の集合とBという検索語をもつ集合のいずれか一方の検索語をもつ集合部分と，両方の検索語を共にもつ集合部分のすべてを検索することを論理和あるいはOR検索という。5-7図の論理和の塗りつぶされている灰色部分が，該当する情報として検索される。上記の検索テーマの場合，Aの検索語として「高校」を，Bの検索語として「高等学校」を同義語として考え，「高校 OR 高等学校」と入力すると，それらのいずれか一方の検索語をもつ集合部分と，両方が存在する部分のすべてが，該当する情報として検索される。したがって，論理和の検索結果には論理積の検索結果も含まれることに注意が必要である。

コンピュータという検索語についても同様に考えることができ，「コンピュータ OR コンピューター OR 電子計算機 OR 電算機」という検索式が考えられる。このようにいろいろな同義語をOR演算子で入力すると，それらの集合全体が求める情報部分として検索される。この例のように，論理和を使用した検索では，同義語などをOR検索することにより検索される対象が広がって，検索漏れの少ない検索ができる。

❸論理差　Aという検索語をもつ情報の集合から，Bという検索語をもつ集合部分を除いた部分を検索することを論理差あるいはNOT検索という。5-7図の論理差の塗りつぶされている灰色部分が，該当する情報として検索される。この場合，AとBの両方の検索語をもつ情報が削除される。例えば，「原田智子が書いた論文の中から山崎久道との共著を除く論文」というテーマを検索するとき，「原田智子　NOT　山崎久道」と入力すると，「原田智子」の著作の集合部分から，「山崎久道」という検索語をもつ検索集合が除かれる。すなわち，原田智子と山崎久道の共著の論文が除かれる。

キーワード検索でNOT検索を行うと，入力した二つの検索語を比較検討しているような場合の情報が検索されなくなり，場合によっては必要な記述がある情報も検索されなくなってしまうおそれがある。言語や著者名などの検索の場合，NOT検索は有効であるが，キーワード検索では慎重な配慮が必要である。

これらの論理演算は，検索エンジンで検索する場合にも使用できる。質問ボックス（クエリボックス，ダイアログボックス，検索ボックス，検索窓ともいう）が一つしかない場合は，そこに複数の検索語をスペースで区切って入力すると，通常自動的に論理積（AND検索）が実行される。もちろん，ここに論理演算子を使用しても検索が実行されるが，“Google”の検索オプション画面や“Yahoo! JAPAN”の条件指定の検索画面では，論理演算を実行する質問ボックスがあらかじめ用意されている。このウェブページを利用すると各演算子を入力しないで検索できる。5-8図は“Google”の検索オプション画面を示している。

以上の3種類の論理演算子は一つの検索式の中に同時に使用することもできる。検索エンジンによる検索では通常，演算子は入力された順に左から右へと処理されるが，商用データベースでは使用する情報検索システムごとに論理演算子の優先順位が決められている。多くの情報検索システムでAND演算子はOR演算子より優先順位が高く，この二つの演算子が一つの検索式の中に同時に存在すると，AND演算子がOR演算子よりも後に使用されていても，AND

5-8図　“Google”の検索オプション画面

演算子が先に処理される。そのため算数の数式のように，演算の基本は左から右へと処理されるため，OR 演算子の方を先に処理させたい場合は，丸カッコで囲む必要がある。5-9図は，“JDreamⅢ”における論理演算子の処理の優先順位を示している。ただし，“JDreamⅢ”では，AND 演算子と NOT 演算子が一つの検索式で同時に使用された場合は，左側に記述された演算子が先に処理される。

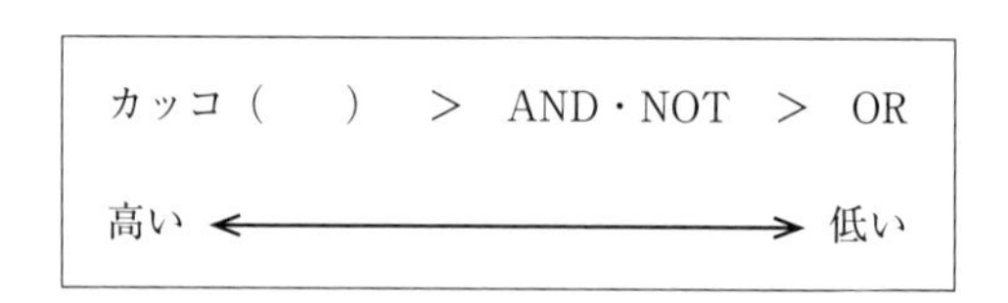

5-9図　“JDreamⅢ”における演算子の優先順位

丸カッコを付け忘れると，検索結果は丸カッコを付けた場合と異なる検索結果が得られることになる。例えば，「図書館や博物館における電子化」というテーマで検索したい場合，“JDreamⅢ”での正しい検索式は「(図書館　OR　博物館)　AND　電子化」であり，5-10図の左側のベン図の灰色の塗りつぶされたところが検索結果として得られることになる。しかし，このとき，丸カ

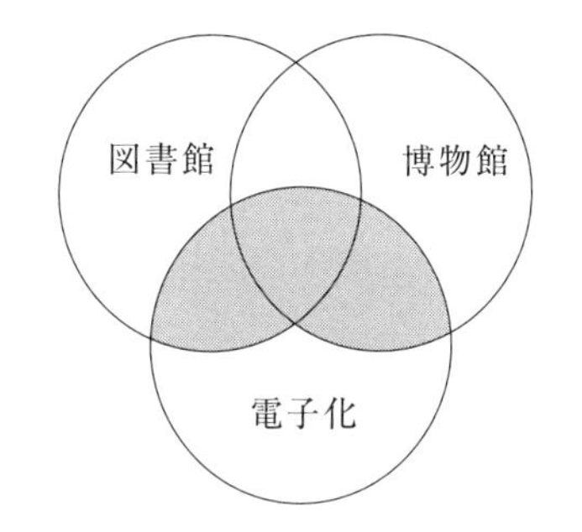

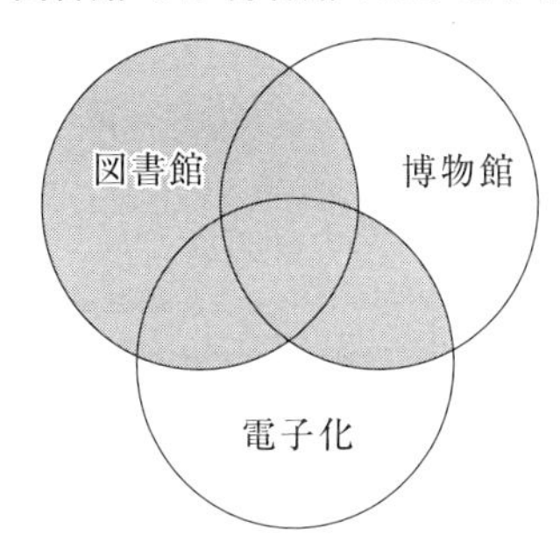

5-10図　検索式のカッコの使用の有無による検索結果の違い

ッコを付け忘れて「図書館　OR　博物館　AND　電子化」と入力すると，検索結果は右側のベン図の灰色に塗りつぶされたところになり，図書館に関する不要な情報がノイズ（検索テーマに無関係な不要情報）として検索されてしまうことになる。

一方，“JDreamⅢ”のような商用の情報検索システムではなく，“Google”のような検索エンジンでは，演算子の優先順位が設定されていないため，「図書館　OR　博物館　AND　電子化」と丸カッコを入力しなくても OR 演算子が AND 演算子より左側にあるため，OR 演算子が先に処理されて 5-10図の左側のベン図の灰色に塗りつぶされた結果の部分が得られる。

（2）近接演算子

論理演算子は前述したように３種類あるが，そのうちの AND 演算子を使用する論理積（AND 検索）では，5-2図に示したように一つのレコード内に二つ以上の検索語がどこのフィールドに存在していても検索結果としてヒットしてくる。そのため，検索語が離れて存在する場合は検索テーマに合致しないノイズも検索されることがある。このノイズを省く手法として AND 演算子の代わりに近接演算子を使用して検索の精度を上げる方法がある。

近接演算子は複数の検索語の位置関係を指定することにより，AND 演算子よりもさらに精度の高い検索条件を指定することができる。近接演算子は有料

5-2表　“JDreamⅢ”における近接演算子の種類と検索式の入力例

演算子	演算子の意味	入力例
(W)	二つの検索語を入力した語順に指定して隣接	カレー(W)ライス information(W)service
(A)	二つの検索語の語順は問わないが隣接	カレー(A)ライス information(A)service
(S)	二つの検索語が同一文中に存在	カレー(S)ライス information(S)service
(L)	著者名と所属機関名の組合せ	原田智子(L)鶴見大学
	シソーラス用語とサブヘディングの組合せ	慢性肝炎(L)薬物療法(DT)

の商用データベースで使用できるようになっており，例として“JDreamⅢ”で使用できる近接演算子の種類と入力例を5-2表に示す。

近接演算子で使用できるカッコ内の文字は，情報検索システムにより異なる場合がある。(W)はどの情報検索システムでも共通して使用されているが，(A)は他の情報検索システムでは(N)として表記する場合もある。また，“JDreamⅢ”にはないが，同一フィールド(項目)内に二つの検索語があればよいという近接演算子(F)を設定できる情報検索システムもある。したがって，使用する近接演算子の意味，種類，表記，定義については，情報検索システムに依存しているので検索ガイドやヘルプ機能で確認する必要がある。なお，論理演算子を使用する場合は，information AND service というように，論理演算子の前後に半角スペースが必要である。しかし，近接演算子を使用する場合は，検索語と近接演算子の間の半角スペースは不要で information(W)service というようにスペースなしで入力する。

1 (W)　(W)は近接演算子の中で最も厳密な演算子で，入力した二つの検索語が隣接していて，さらに語順が一致するものだけが検索される。5-2表の入力例では，カレー(W)ライスと入力するとカレーライスだけが検索され，ライスカレーは検索されない。英語のように単語がスペースで区切られる言語で(W)は，とくに有効である。例えば，information(W)service と入力すると，information service だけが検索される。

2 (A)　(A)は入力した二つの検索語が隣接していることが条件であるが，

語順を問わない演算子で，5-2表の入力例では，カレー(A)ライスと入力するとカレーライスとライスカレーの両方が検索される。英語の入力例ではinformation(A)serviceと入力するとinformation serviceとservice informationが検索される。このように，(A)演算子を使用した検索結果の中には(W)演算子を使用した検索結果も含まれる。library(A)schoolと入力すると，検索結果にはlibrary school（図書館学校）とschool library（学校図書館）の両方が検索され，意味の異なる検索結果が混在することになる。上述のカレーライスの例では一度にカレーライスもライスカレーも検索されて便利であるが，school libraryのような場合は(W)を使用してノイズが混在しないようにする必要がある。なお，(A)は(N)と記述する情報検索システムもある。

3 (S) (S)は入力した二つの検索語が同一文中に存在すればよいという演算子で，5-2表の入力例のようにカレー(S)ライスと入力すると，カレーライス，ライスカレーのほかに，「人気カレー店のライスへのこだわり」というような文章のものも検索される。英語の例ではinformation(S)serviceと入力するとinformation service，service information，information technology service managementなどが検索される。informationとserviceが隣接していても離れていても同一文中に入力した検索語が存在していれば検索される。また二つの検索語の順序は問わない。

4 (L) (L)は“JDreamⅢ”で使用できる近接演算子で，5-2表のような条件のもとに使用できる。同姓同名の異なる著者がいる場合のノイズを防ぐために，著者名と所属機関名を(L)演算子を使用して限定することができる。鶴見大学の原田智子に限定したい場合に，「原田智子(L)鶴見大学」と入力する。また，“JDreamⅢ”で提供されているJMEDPlusファイルでは，シソーラス用語（メインヘディング，主件名）とサブヘディング（副件名）の組合せを限定したい場合に使用できる。

なお，(2W)，(3A)というように記号の前に数字を入れることにより，2語以内，3語以内というように二つの検索語の間が指定の文字数以内にあればよい，という検索を実行することもできる。“JDreamⅢ”で近接演算子を使用する場合は，近接演算可能なフィールドを指定する必要がある。例えば，「カレー

(W)ライス /TI」と入力すると，標題中にカレーライスが記述されている文献を検索するという意味になる。/TI は，表題中に限定するという意味である。

(3) トランケーション

情報検索の基本は，入力した検索語の文字列と完全に一致する完全一致検索である。しかし，例えばネットワークという語を含むすべての語を検索したい場合，ネットワークシステム，ネットワーク社会，情報ネットワーク，コンピュータネットワークなどの言葉をすべて思い浮かべて，個別に入力することは非常に労力のかかることである。また，漏れなくネットワークを含む語を考えることも不可能である。このような場合，語の一部を任意文字に置き換えて検索するトランケーションという方法を行うと便利である。

トランケーション（truncation）とは，円錐などの先端を切断するという意味である。情報検索ではキーワードや著者名などの検索語を入力する場合に，語の一部を任意文字に指定して検索することをトランケーションという。トランケーションを使用して検索すると，その文字列を含む語を漏れなく検索することができる。トランケーションは，以下に述べるように4種類あるが，情報検索システムによって4種類すべての検索ができる場合とできない場合がある。また，情報検索システムによっては，前方一致検索と中間任意検索を併用することもできる。

任意文字とする部分に使用する入力文字を，マスク文字あるいはワイルドカードという。マスク（mask）とは，覆い隠すという意味である。情報検索システムによってマスク文字は，「?」「!」「$」「*」「@」などの記号が使用され，それぞれ意味（機能）が異なることがあるので，使用する情報検索システムのマスク文字の意味を確認してから使用するようにしなければならない。デフォルト（コンピュータにあらかじめ設定した状態）が前方一致検索になっている情報検索システムでは，完全一致検索はできない。トランケーションには，次の4種類がある。

❶前方一致検索　検索語の始まりを固定して検索語の末尾を任意文字に指定する検索を前方一致検索という。ディスク検索や商用データベースの検索では，前方一致検索は，どの情報検索システムでも行える。0文字以上何文字でもよ

いという意味に使用するマスク文字として「？」マークを使用した場合，「情報？」と入力すると，「情報」「情報検索」「情報検索システム」などの語を含むレコードが検索される。

❷後方一致検索　検索語の末尾を固定して検索語の始まりを任意文字に指定する検索を後方一致検索という。「？情報」と入力すると，「情報」「安全情報」「特許情報」などの語を含むレコードが検索される。

❸中間一致検索　検索語の中間を固定して両端（始まりと末尾）を任意文字に指定する検索を中間一致検索という。中間一致検索は，部分一致検索という場合もある。「？情報？」と入力すると，「情報」「情報システム」「交通情報」「交通情報システム」などを含むレコードが検索される。すなわち，中間一致検索には前方一致検索の結果も後方一致検索の結果も含まれる。検索エンジンでは普通マスク文字を使用しないで検索するため，入力した検索語に対して中間一致検索が行われる。

❹中間任意検索　検索語の途中を任意文字に指定する検索を中間任意検索という。中間任意検索は，前後一致検索という場合もある。「情報？システム」と入力すると，「情報システム」「情報管理システム」「情報検索システム」などを含むレコードが検索される。また，英語の場合，「！」を0文字か1文字の任意文字を表すマスク文字と定義されていれば，「wom!n」と入力すると，woman と women の単数形と複数形の両方を一度に検索することができる。analysis と analyses の単数形と複数形を一度に検索したい場合も同様である。英米で綴りの異なる gray と grey，leukemia と leukaemia などを一度の入力で両方検索したい場合にも有効である。例えば，“Weblio”や“goo 辞書”のような国内の辞書検索サイトでは，中間任意検索は使用できないが，海外の多数の辞書を横断検索できる“OneLook Dictionary Search”では中間任意検索もできる。“Google”では「＊」を使用して「情報＊システム」と入力すると，中間任意検索が行われ，「情報システム」「情報共有システム」「情報検索システム」「情報公開システム」などを検索することができる。

このようなトランケーションを使用して検索語を入力すると，さまざまな語幹をもつ検索語を個別に考える必要がなくなり，検索漏れを防ぐことができる。

しかし，一般に3文字以下の略語などの入力では多数のノイズを招くおそれがあるため，トランケーションを使用しないで完全一致検索の論理和（OR 検索）を行ったほうがよい。

ここで述べたトランケーションの問題は，とくに日本語の場合，情報検索システムの辞書作成の方式や，分かち書きソフトの採用いかんによって，状況が異なってくる場合があることも念頭においておくとよい。

5．情報検索の種類

（1）マニュアル検索とコンピュータ検索

a．マニュアル検索

マニュアル検索とは，参考図書や二次資料（二次情報を収録した書誌，目録，目次誌，索引誌，抄録誌）の印刷物を手作業（マニュアル）で検索することをいう。コンピュータ検索が普及する以前の1970年代半ば頃までは，わが国の図書館ではデータベースを使用できなかったために，二次資料をマニュアル検索しなければならなかった。

しかし，今日では百科事典や各種辞典類などの参考図書や二次資料の多くが電子化されてデータベースとして提供されており，コンピュータ検索が主流となっている。しかし，今日でもすべての資料がデータベース化されているわけではないので，レファレンスサービスにおいて印刷物による調査が必要な場合も多い。

マニュアル検索では，資料の目次，索引，見出し語などを手がかりに検索することになり，非常に時間がかかることも多い。しかし，人間の目でブラウジングできる利点もある。例えば，スペルのわからない外国人の著者名検索の依頼があった場合，すぐにコンピュータ検索を行うことはできない。印刷物の著者名索引を使用して人間の目でブランジングしたり，人名事典などを使用したりして，考えられるスペルを探していくことになる。データベースでは電子化されているデータを目で見ることができないため，ブラウジングができないという欠点がある。

b．コンピュータ検索

コンピュータ検索は，電子化された情報が蓄積されているデータベースやデジタルコンテンツを対象に，コンピュータを使用して必要な情報を検索することである。これは，情報が蓄積されているメディアによって，ディスク検索とウェブ検索に分けることができる。コンピュータ検索で扱うデータベースやデジタルコンテンツは，マルチメディアの情報が扱えるため，印刷物では得られない音声，画像，動画なども検索できる。

❶ディスク検索　ディスク検索は，CD-ROMあるいはDVD-ROMの記録メディアに収録されたデータベースを，手もとのパソコンあるいはCDチェンジャーなどのLANを介して検索する方法をいう。1980年代半ばから1990年代半ばまでの図書館では，新聞記事，百科事典，辞書・辞典，企業情報，図書情報などのデータベースをディスクにより提供していた。収録される情報は，データベースが作成された時点で固定されるため，ウェブから提供される情報のように流動的ではない。CDの作成が頻繁に行われないとデータ更新が行われないため，最新情報を収録することが難しくなる。1990年代半ば以降インターネット回線を利用できる環境が整備されると，データベース提供機関からのディスクによるデータベース提供は中止され，今日ではウェブサイトからの検索が主流になってきている。

❷ウェブ検索　ウェブ上には多種多様な情報が存在するが，インターネット回線を通じてそれらの情報を検索することをウェブ検索という。ウェブ検索は，検索エンジンで検索できる情報の範囲（表層ウェブ）と，検索できない情報の範囲（深層ウェブ）に大別することができる。表層ウェブと深層ウェブについては，本章6節3項検索エンジンの種類で詳しく述べる。

“Google”や“Bing”などの検索エンジンでは，それらのウェブサイトに用意されている質問ボックスに検索語を入力して情報を検索することができる。一方，「日本の近代文学に関する研究論文」を探したい場合は，国文学研究資料館（National Institute of Japanese Literature：NIJL）が提供する“国文学論文目録データベース”を利用することも考えられる。この場合，“国文学論文目録データベース”の検索項目や検索方式に従って検索する必要がある。深層ウェブを検索することになるため，こうした情報は検索エンジンでは，基本的には検索することができない。

現在，さまざまなウェブページが無料で検索できるが，有料で提供される商用データベースも，データベース作成機関や各種データベース提供機関のウェブサイトから，利用者番号（ユーザーID）とパスワード（暗証番号）を入力すれば利用できるようになっている。ウェブ検索では，ページ間のリンク機能を活用することができるため，インターネットが普及する以前のオンライン検索方法とは異なる利便性をもっている。

(2) 遡及検索とカレントアウェアネス検索

データベースに収録されている情報に対して，情報の収録期間をどのような期間を検索したいかということで，5-11図に示したように，遡及（そきゅう）検索とカレントアウェアネス検索という2通りの検索方法に大別できる。

a．遡及検索

現在から過去に遡（さかのぼ）って特定のテーマについて検索することを遡及検索（retrospective search）という。遡及検索は，情報が必要とされた時点から必要な年数だけ過去に遡って検索する。商用データベースの検索では，必要とする情報をどこまで遡及できるかはデータベースの収録年数に依存する。

一方，ウェブで公開されているデジタルコンテンツは，ウェブページの内容が随時その作成者によって変更されるため，最新情報を検索するには有効である。しかし，ウェブページの内容がいつまでも更新されない場合や，突然ウェブページが削除される場合もある。“Google”の検索オプション画面を利用す

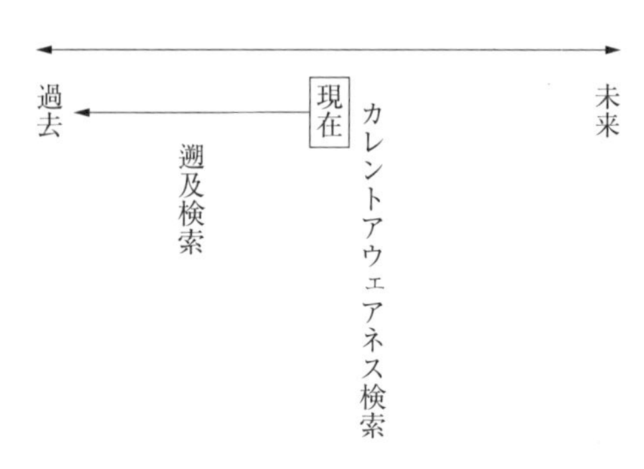

5-11図　遡及検索とカレントアウェアネス検索

れば，更新1年以内，1週間以内，24時間以内などに限定して，ウェブページの更新を一定の期間以上行っていないウェブサイトの情報を検索対象からはずすこともできる。

b．カレントアウェアネス検索

カレントアウェアネスとは，最新情報を知ることという意味である。したがって，カレントアウェアネス検索（current awareness search）とは，現状における最新情報を検索することを意味する。カレントアウェアネス検索に基づく情報提供サービスを，カレントアウェアネスサービスと呼ぶことが多い。図書館では，新着図書の一覧リストを作成して利用者に提供したり，新着雑誌の目次（コンテンツ）を提供したりするサービスがあるが，これらもカレントアウェアネスサービスの一種である。

情報検索における代表的なカレントアウェアネスサービスとして，1980年代から今日に至るまで，商用データベースにおいてSDI（selective dissemination of information）サービスが行われており，SDIを日本語では，「選択的情報提供」，あるいは「情報の選択的提供」といっている。

SDIサービスでは関心の深いテーマについて常に最新情報を入手するために，検索テーマに関する検索式をあらかじめコンピュータに登録しておく。データベースに最新情報が追加された時点（データベースの更新時点）で，その検索式が自動的に実行され，追加された最新情報だけを対象に検索し，その検索結果を利用者のもとに電子メールなどで提供する。この登録された検索式のことをプロファイル（profile）という。したがって，適切なプロファイル（検索式）をSDI登録しておけば，定期的に必要な分野の最新情報を入手することができる。

ウェブ上の情報も，RSS（RDF Site Summary，あるいはRich Site Summary，あるいはReally Simple Syndicationの略語）で記述された文書を，RSS受信ソフトウェア（RSSリーダー）を使用して，インターネット経由でパソコンや携帯電話から最新情報を自由に閲覧することが可能になっている。図書館などでも上述した新着雑誌や新着図書情報をRSS配信するサービスが行われている。

(3) 書誌情報検索とファクト検索

情報検索は，検索する対象が文献に関する情報であるか，数値情報や画像情報などのファクト（事実）に関する情報であるかという観点により，書誌情報検索とファクト検索に大別できる。

図書，雑誌論文，新聞記事などの文献情報は，図書館などで最もよく扱う情報である。これらの書誌情報や抄録（本文の概要）に関する文字情報を検索することを書誌情報検索という。書誌情報検索は，文献の書誌事項，分類，キーワード，抄録，所蔵などの情報を収録したレファレンスデータベースを検索することである。先行研究の存在やそれらの所蔵を探すことを目的としている。

ファクト検索は，事実型検索ともいわれる。株価，物価指数，統計データなどの数値情報，写真，設計図，地図，化学構造式などの画像情報，テレビ番組，映画，コンサートなどの映像情報など，音楽，人の声，鳥の鳴き声などの音声情報など，直接求める情報を検索することである。図書，雑誌論文，新聞記事，百科事典などは，電子化された本文なども提供されており，これらは，フルテキストデータベース（全文データベース）として，ファクトデータベースの一種に分類できる。一方，文献に関する情報を探すという観点からは，文献検索として捉えることもできる。

情報検索はレファレンスデータベースとしての文献検索を中心に発展してきた経緯がある。しかし，今日では電子書籍や電子ジャーナルが急速に普及するようになり，情報が記録されるメディアの開発も進み，マルチメディア情報を収録するデータベースが多くを占めるようになっている。情報通信技術（ICT）社会においては，書誌情報検索中心からファクト検索も含めたマルチメディア型の検索への移行が進んでいるといえよう。

(4) 自然語検索と統制語検索

実際の情報検索では，人名や会社名などのような固有名詞を検索することもあるが，漠然と何かの事柄などについて検索したいことも多く，その場合はキーワードを使用して検索することになる。日常使用している言葉をそのまま検索語として検索する方法を自然語検索，あるいはフリーターム検索という。自然語検索では，思いついた言葉で検索できるという利点がある一方，必要な情報が漏れてしまわないようにできるだけ多くの言葉を検索語として使用することが必要となる。例えば，本，書物，書籍，図書，ブックなどは同義語であるが，自然語検索ではこれらのすべての語を検索語として入力して論理和（OR検索）をしなければ，検索漏れを生じてしまう。それはコンピュータ検索の基本が文字列一致検索であり，概念的な観点による検索ができないからである。

したがって，次のような点を考慮しなければ，必要な情報が漏れる可能性が高くなる。

①同義語［例：本，書物，書籍，図書，ブック，など］

②表記のゆれ［例：デジタルとディジタル，タンパク質と蛋白質，など］

③略語と完全表記［例：BSE と牛海面状脳症，NDL と国立国会図書館，など］

④日本語と英語［例：図書館，ライブラリー，library，など］

⑤表現の違い［例：日本，わが国，など］

検索する時にこのような配慮をしなければならない煩わしさを回避したり，検索漏れを防いだりするために，統制語検索がある。件名標目表やシソーラスという統制語リスト（統制語彙）を参照して，そこに登録されている統制語を使用して検索する方法が統制語検索である。データベースに情報を蓄積する段階で，件名標目表やシソーラスを参照して代表する統制語（ディスクリプタあるいは優先語という）を決め，例えば「図書」という統制語を索引語として付与しておく。このデータベースで，「図書」を検索語にして検索すると，原文献では本，書物，書籍などという言葉で表現されていても，それらが一斉に検索され，検索漏れを起こすことがなくなる。通常，上位語（上位の広い概念の言葉）で検索すると下位語（下位の狭い概念の言葉）を含めた検索ができる（これを可能にする仕組みをアップポスティング（up-posting）という）ため，統制語を使用した検索では検索漏れが少なくなるという利点がある。

（5）索引ファイルを使用した検索と全文検索

a．索引ファイルを使用した検索

1950年代末頃から行われている方法で，データベースを高速処理するために，インバーテッドファイル（inverted file）という索引ファイルをあらかじめ作成しておく方法である。商用の情報検索システムではほとんどこの方法を用いているが，検索エンジンでも高速に結果を表示するためにインバーテッドファイルを使用しているものもある。

5-12図に示したように，データベース作成機関では初めに採録する図書や雑誌論文の記事情報をデータベースに入力する。データベース内には入力したレコード順に並んだシーケンシャルファイル（sequential file）が最初に作成される。しかし，1960年代のコンピュータの処理能力では，膨大な蓄積量をも

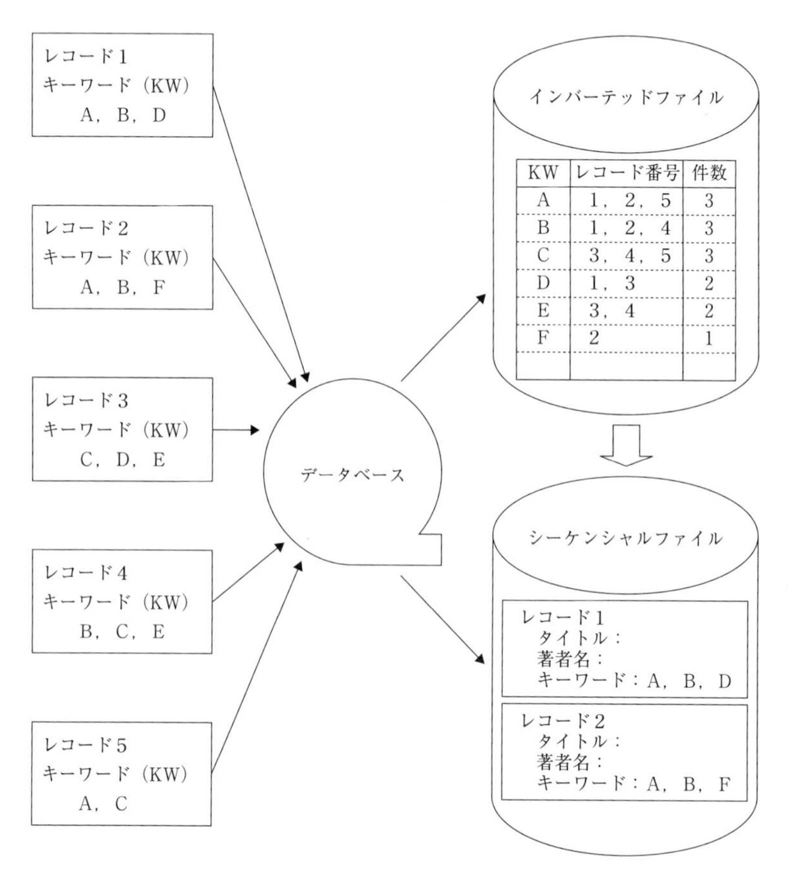

KW	レコード番号	件数
A	1，2，5	3
B	1，2，4	3
C	3，4，5	3
D	1，3	2
E	3，4	2
F	2	1

5-12図 インバーテッドファイルとシーケンシャルファイル

つデータベースでこのシーケンシャルファイルをレコード番号順に中をすべて確認していくことは非常に時間がかかることであった。そこで5-12図の右上のインバーテッドファイルを作成し検索件数だけを先に提示する方法をとっていたが，この手法は現在でも行われている。

インバーテッドファイルは，転置ファイル，倒置ファイルとも呼ばれる。レコード番号順ではなく検索語から逆に情報をたどるという意味で，次に述べるシーケンシャルファイルに対する転置ファイルということで，この名がある。

データベースの蓄積年数が長くなればなるほど，インバーテッドファイルが膨大になるため，レファレンスデータベースでは，主題内容を表すキーワードの検索語と，著者名，著者の所属機関名，雑誌名などは，別々のインバーテッドファイルとして用意している場合が多い。

シーケンシャルファイルは，シリアルファイル，順編成ファイル，線形ファイル，リニアファイルなどとも呼ばれる。5-12図の右下に示したように，データベースに収録されているレコード単位に順次連続的に入力したもので，おもに検索結果の出力や一度検索した結果を対象に絞込検索をする場合に使用されるファイルである。通常，インバーテッドファイルから得られた検索結果に対して，回答出力命令を入力するとインバーテッドファイルのレコード番号から，シーケンシャルファイルの該当番号を照合して，コンピュータ画面上に検索結果である個々のレコード内容を表示する。

5-13図は，5-12図の中央にあるデータベース内を，具体的な索引語例を用いて示したものである。検索者がキーワードなどの検索語を入力したところからのデータベース内における参照するファイルの順序と検索者への表示についての流れを示している。なお，5-13図に索引語という言葉が記載されているが，文献に付与されたあるいは文献中から抽出されたキーワードは，シーケンシャルファイルに格納されるときは索引語という名称で呼ばれる。索引語とはデータベース内に格納された検索対象となる語のことであるが，検索者の立場では入力した検索語となるものである。立場によって使用される言葉は異なるが，索引語と検索語は同一の語を示している。

例えば，「季節風と湿度の関係について知りたい」という検索者が「季節風 AND 湿度」と入力すると，データベース内ではインバーテッドファイル内の索引語の「季節風」を参照し3件という件数を検索画面上に回答し，この検索結果の集合を作成する。次にインバーテッドファイル内の索引語の「湿度」を参照して4件と回答し，同様に検索結果の集合を作成する。次に論理積（AND 検索）を実行するためにそれぞれの文献番号を照合して両方の集合に共通する文献番号を照合する。この例では文献番号6と7が該当し，「季節風 AND　湿度」の検索結果は2件となる。検索者が2件の内容を確認したい場

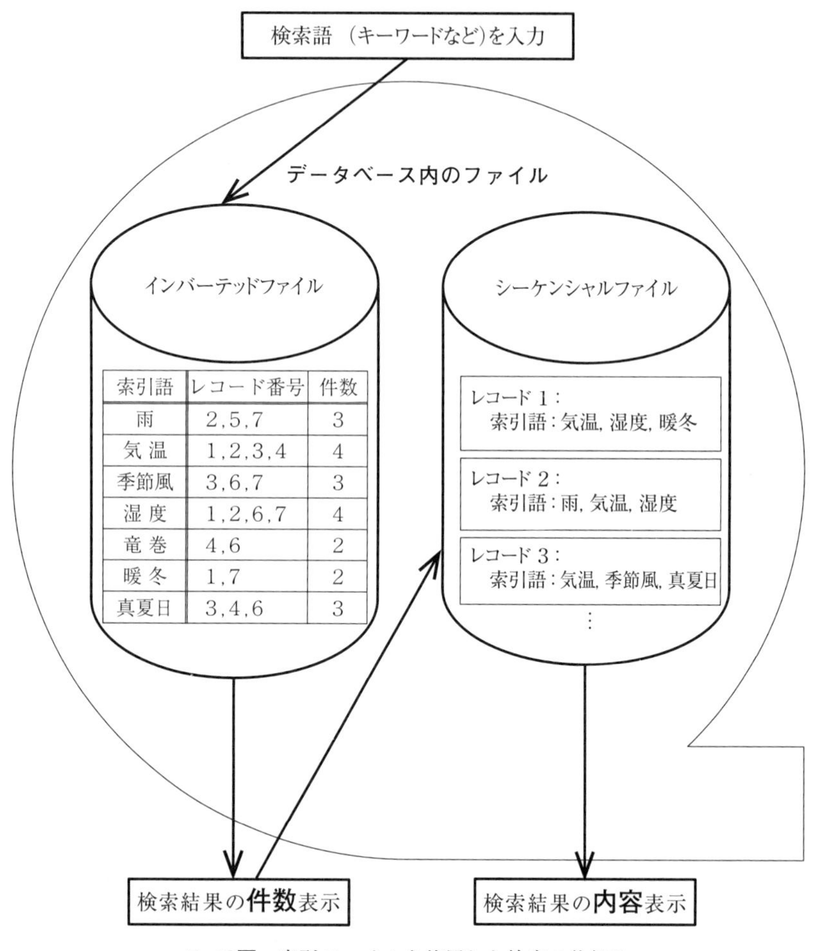

5-13図　索引ファイルを使用した検索の仕組み

合は，内容表示をデータベースに要求することによりシーケンシャルファイル内の6と7のレコード番号の内容が画面に表示される。

シーケンシャルファイルを直接検索に使用すると，レコード番号順に順次検索していくことになるため，検索時間が非常にかかる。そこで検索者に検索結果を迅速に表示するために，インバーテッドファイルが使用されるのである。

b．全文検索

今日ではコンピュータの処理速度が飛躍的に向上したため，インバーテッドファイルを作成しないで，シーケンシャルファイルを直接検索する情報検索システムや検索エンジンも多くなっている。データベースやウェブページのテキストを先頭から順次文字列検索する方法である。このような順次検索方式では，データの追加・削除・修正が自由にできることが大きな長所となっている。また，一つの単語にヒットした後，その近くをさらに検索して単語間の関係を見ていくこともできる。

ただし，全文検索方式でもテキストの前処理としてインバーテッドファイルを作成する方法をとったり，順次検索方式との併用方法をとったりする検索システムもある。

（6）キーワード検索と類似文書検索

a．キーワード検索

例えば，「まちおこしと図書館」についての雑誌記事を検索したい場合，「まちおこし」と「図書館」というキーワードを検索語として使用する。その検索式は「まちおこし　AND　図書館」あるいは「まちおこし　図書館」となる。

データベースのレコード内やウェブページ内に入力したキーワードが存在するかどうかを検索する。過去から現在まで多くの情報検索システムで，このようなキーワード検索が行われている。

b．類似文書検索

ほしい情報を探すために適切なキーワードがうまく思いつかない場合，キーワード検索をしたくてもできない。また，人間の感情や哲学的な概念などを単純なキーワードで表現することは難しい。検索したい概念を文章として表現し，その文章をそのまま検索に使用してはどうかという発想から生まれたのが，類似文書検索である[2]。

国立情報学研究所（NII）が提供する“Webcat Plus”，連想出版が提供する“新書マップ”“日本の古本屋”“BOOK TOWN じんぼう（神保町の古書店）”“文化遺産オンライン”“想［IMAGINE］”などで使用されている連想検索がこの検索システムを利用している。連想検索は，連想計算機能をもつシステムとしてGETAという汎用性ソフトウェアを用いている。利用者が選択した文書集合から語の集合が抽出され，それらの語の出現頻度や単語間類似度計算に基づいて検索が実行されている。検索者が入力する文章の類似性に基づく検索方法に，その特徴がある。自然に書かれた文章を入力でき，本章4節で述べた論理演算子や近接演算子をまったく使用しない検索方法である。検索結果には，結果の表示のほか関係語がリストされるので，それらの語を用いて再検索することもできるようになっている。

特許情報の分野でも概念検索と呼ばれる類似文書検索が行われている。特許出願には新規性が重要条件であるため，ある特定の特許と類似した特許を発見することが必須となる。そこで，特許明細書の検索においても類似文書検索が使用されている。

6．ウェブサイトの構造とウェブ検索の仕組み

（1）ウェブサイトとウェブページ

インターネットで提供されるウェブサイトは，複数のウェブページから構成されており，あたかも一冊の本のようなものであるといえる。ウェブサイト内では複数のウェブページ同士をリンク機能で相互に結びつける一方，その中は階層構造をなしている。ウェブページとは，ウェブブラウザで一度に表示できる情報の集まりのことであり，ウェブサイトとは，ウェブページをひとまとまりにして公開されているウェブページ群をいう。

2：高野明彦監修．検索の新地平：集める，探す，見つける，眺める．KADOKAWA．2015．250p．（角川インターネット講座；8）．

(2) ウェブ検索

現在，情報検索といえば，ウェブ検索を指すことが一般的である。World Wide Web は世界中（World Wide）に蜘蛛の巣（Web）のように情報同士を結びつけて，さまざまな情報を検索することを可能にしている。URL（Uniform Resource Locator）と呼ばれるアドレスで識別されたウェブサイトやウェブページ同士をリンク機能で結びつけることにより，次々と関連する情報を検索できるようにしている。

ウェブ検索では，World Wide Web（WWW）上に存在するたくさんのウェブサイトやウェブページを検索するために開発された検索エンジンを使用する。検索エンジンでは，5-14図に示す表層ウェブ（surface web）のみが検索対象となり，深層ウェブ（deep web）を検索することは基本的にはできない。

したがって，図書館でレファレンスサービスを実施する場合，深層ウェブの情報資源を適切に活用することが情報専門家としての司書に求められる。深層ウェブには，客観性があり信頼性の高い情報が多く存在するため，検索エンジンでそれらのウェブサイトの入口を見つけたら，そこで提供される個別のデータベースに対する検索方式に従って，深層ウェブの中身を検索する必要がある。

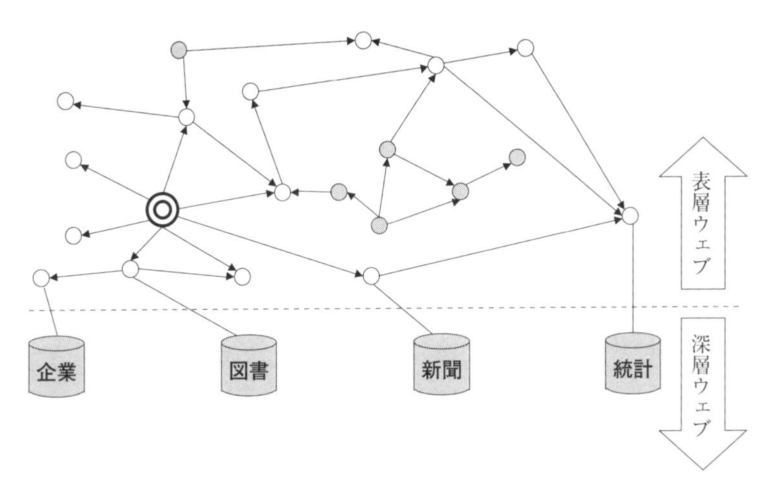

5-14図　表層ウェブと深層ウェブ

(3) 検索エンジンの種類

1995年以降世界中に広まったインターネットにより，ウェブページを検索するための検索エンジンが次々とサービスされるようになった。種々の検索エンジンが提供されており，それぞれ特徴を持ちながらサービスされている。サービスの内容や種類も20年以上の経過を経て，さまざまな変化を遂げていたり，検索エンジン提供会社の統合や一部機能を停止したりする動きもあり，時代により変化している。

現在サービスされている検索エンジンは，ロボット型検索エンジンが主流となっている。ディレクトリ型検索エンジンはカテゴリ型検索エンジンともいわれ，ウェブページの内容を人間が読んで内容に合わせて階層構造をもつ主題カテゴリに分類する作業を行っている。したがって，文字列一致でなく内容から検索できるという利点がある。しかし時間やコストがかかるため，ディレクトリ型検索エンジンは消滅する方向にある。1996年に“Yahoo! JAPAN”が創業時から始めたディレクトリ型検索サービスの“Yahoo!カテゴリ”は，2018年3月29日をもってサービスを終了した。

a．ロボット型検索エンジン

ロボットあるいはクローラーと呼ばれる情報収集プログラムを実行し，任意のウェブページを起点として，ウェブページを結合しているリンクを次々とたどってウェブページを収集する。そして一定時間内に収集できた範囲のウェブページを表示する仕組みをもつのがロボット型検索エンジンである。代表的なものに“Google”がある。

ロボット型検索エンジンによる検索では，5-14図中の◎で表された任意のウェブページを起点として，○で示したウェブページを矢印で示した方向にリンクをたどってウェブページを収集していく。そのため，●で塗りつぶされているウェブページは，起点としたウェブページからのリンクがたどれないため，そこに情報が存在していても収集されない。このようにロボット型検索エンジンでは，すべてのウェブページが収集されるわけではない。

収集は自動的に処理され人手を介さないため，検索結果の情報は雑多なページが多く，数も膨大で精度が余りよくない場合も多い。そのため，“Google”

など各検索エンジンを提供する会社では，検索結果の表示ランキングに工夫を凝らしている。そのため，得られた検索結果の一覧表示は，使用する検索エンジンごとに異なった順位で表示される。

b．ディレクトリ型検索エンジン

ディレクトリ型検索エンジンは，カテゴリ型検索エンジンともいう。ウェブページの内容にしたがってカテゴリに分類された項目から，検索者がカテゴリをたどっていくことによって，目的の情報を探すことができる検索エンジンをディレクトリ型検索エンジンという。ウェブページを登録する際に，検索エンジン提供会社の専門家がウェブページの内容を見て，一定の基準に従って適切なカテゴリに分類する作業を行っている。前述したように“Yahoo! JAPAN”は，2018年３月29日で“Yahoo!カテゴリ”のサービスを終了した。

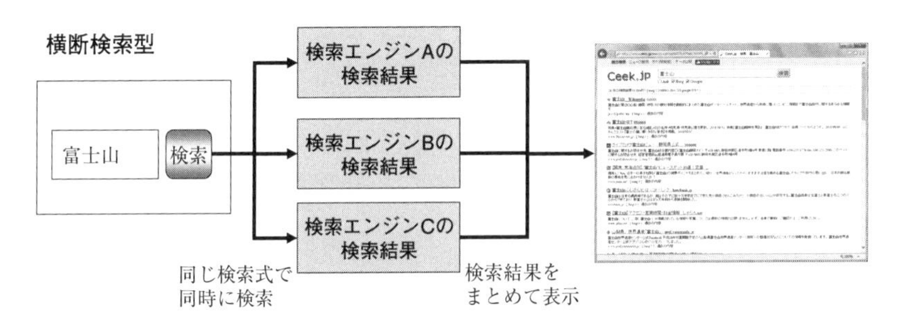

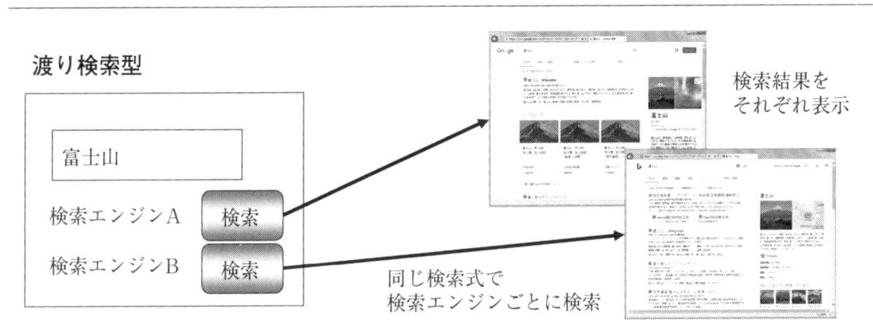

5-15図　メタ検索エンジンの種類

c. メタ検索エンジン

検索エンジンによって検索結果が異なるので，複数の検索エンジンを手軽に検索できるものがあると便利である。複数の検索エンジンを検索することができる検索エンジンをメタ検索エンジンという。検索方式は，5-15図に示したように横断検索型と渡り検索型の2種類に大別できる。横断検索型は，一括検索型，串刺し検索型，同時検索型，統合型ともいわれ，“Ceek.jp”や“Ritlweb”がある。検索語を入力すると，複数の検索エンジンに対して同時に検索を実行させ，検索結果を統合して一度にまとめて表示する。

それに対して，渡り検索型は非統合型ともいわれ，質問ボックスに入力した検索語を保持したまま，一つひとつの検索エンジンで検索し，その都度個別の検索結果を表示する仕組みになっている。一つの検索エンジンによる検索結果が表示された後，検索語入力画面に戻って，質問ボックスにそのまま残っている検索語や検索式を使用して，検索エンジンを切り換えるだけで順次検索を行える方式である。例としては“検索デスク”がある。この場合は，それぞれの検索エンジンの特徴を活かしながら得られた検索結果を比較検討することができる利点がある。

(4) 検索エンジンを使用して検索するときの注意事項

検索エンジンを使う際に，以下のことに注意して検索すると，より的確な情報を検索することができる。

①検索できる範囲は，表層ウェブの情報だけであり，すべてのウェブページ，ウェブサイトが検索できるわけではない。5-14図に示した点線以下の深層ウェブの情報は，基本的には検索できない。ただし，国立国会図書館の“国立国会図書館サーチ”や“レファレンス協同データベース”，国立情報学研究所の“CiNii Articles”や“Webcat Plus”，“コトバンク”などは，深層ウェブにある情報が，検索エンジンでも検索できるように改良されている。

②意図的に収集しないもの（例として，ウェブサイト提供者が収集して欲しくないと意思表示している場合，例えばrobots.txtとファイルに決められた形式で記述する）や，アクセスするためにログインIDあるいは

ユーザーID とパスワードが必要なものは収集できない。その他アクセス制限のかかったウェブサイトも検索できない。

③過去のウェブサイトやウェブページを検索することはできない。また，削除されたウェブサイトやウェブページも検索することができない。

④検索結果の質と信頼性を確認する必要がある。ウェブページにはさまざまな情報があり，作成者も多種多様である。図書館員として利用者に情報サービスする立場からは，複数の情報源による確認が必要である。ウェブサイトやウェブページの作成者が，国や地方公共団体などの公的機関や大学や図書館であるか，内容に記名があるか，など，情報発信者の種類にも気をつけることが重要である。

⑤検索エンジンによって検索結果の表示が大きく異なるので，いろいろな検索エンジンを使用するとよい。これは，検索対象範囲や検索結果一覧を表示するためのランキング方式が異なるためである。

⑥入力したキーワードはウェブページに表記されている文字列が検索対象となる。すなわち，基本は文字列一致検索であるため，入力する検索語を工夫する必要がある。ウェブページは統制語を使用して作成しているわけではないため，同義語や異表記（ひらがな，カタカナ，漢字，送り仮名）などを考慮して検索する。また，単語だけでなく，フレーズ（熟語）や文章を入力することもできるので，特定の表現に限定した検索も可能である。

⑦入力する英数字，記号，スペースなどは，原則として半角文字を使用する。全角と半角を区別することもあるので，注意が必要である。

⑧ヘルプを確認する。検索エンジンも日々改良され，今まで使用できた機能が使えなくなったり，新たな検索機能が追加されたりすることもある。

（5）検索エンジン以外による検索

a．ポータルサイト

“Google” や “Yahoo! JAPAN” のトップページを見ると，上部に検索あるいはウェブのほかに，画像，動画，地図，ニュースなどの言葉が並んでいる。すなわち，これらの検索エンジンは単にウェブ検索だけを提供しているのではなく，ニュースや画像などさまざまな情報を提供していることがわかる。このようにさまざまな情報をサービスするウェブサイトをポータルサイトと呼んでいる。ポータルとは，門，玄関，入り口という意味であり，さまざまなウェブ情報への入り口となるウェブサイトという意味である。現在では，ほとんどの検索エンジンがポータルサイトとして，幅広い情報サービスを提供している。

b．アーカイブサイト

ウェブ上の情報は日々更新されていくため，過去のある時点でのウェブページがどのようになっていたかを知ることは，検索エンジンではできない。過去のウェブページを検索するためには，米国の非営利団体であるInternet Archiveが提供する“Wayback Machine”（5-16図）と国立国会図書館が提供する“インターネット資料収集保存事業（Web Archiving Project：WARP）”（5-17図）を使用して検索する必要がある。過去のウェブページと現在のウェブページを見比べたいときや，現在は存在しない組織や団体など削除されてしまっているページの過去のウェブページを閲覧したい場合に有効である。

c．サブジェクトゲートウェイとリンク集

サブジェクトゲートウェイ（subject gateway）とは，おもに学術的な分野で作成され，特定の分野や関心事に焦点を絞ってウェブ上の情報資源を一覧表

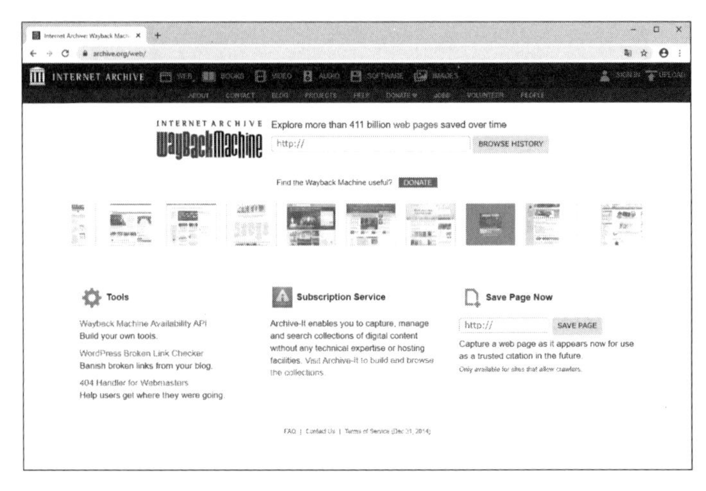

5-16図 “Wayback Machine”のトップページ

5-17図 “国立国会図書館インターネット資料集保存事業（WARP）”のトップページ

示しているリストのようなものである。リストから見たいウェブサイトへリンク機能で飛べるようになっている。

リンク集も同様の機能をもっており，さまざまな分野のリンク集が存在する。例えば，日本図書館協会のウェブサイトには国内および世界の各種図書館へのリンク集が提供されている。

d．サイト内検索とサイトマップ

特定のウェブサイトの中に必要な情報があるということがわかっている場合に，その中だけを検索するサイト内検索がある。例えば，日本の納本制度について詳しく知りたい場合は，国立国会図書館のウェブサイトでサイト内検索をすることが有効である。

また，目次一覧のようなサイトマップを活用すると，目的の情報を探すことがサイト内検索を行うより容易にできることも多い。例えば，国立国会図書館のサイトマップでは，納本制度は「資料の収集」のところに示されている。

7．情報検索プロセス

図書館員が図書館利用者から質問を受けて行う代行検索では，いつまでにどの程度の情報が欲しいのか，予算はどのくらいかなどを確認してから着手しなければならない。図書館員は5-18図に示したような情報検索申込書を用意し，検索前のインタビューを利用者と十分に行うことが必須である。また，ウェブからの情報も含めて，すでにわかっている情報を提供してもらうことも，情報検索の手がかりになる。そのため，申し込みを受け付けた段階で，既知の情報の確認が必要となる。

情報検索プロセスは，5-19図に示したような手順で進められる。情報検索の受け付けから検索結果を依頼者へ回答するところまでが主な流れである。しかし，図書館員としては最後に検索テーマ，検索語，検索式，検索結果などを保存し，再度の検索依頼や同様の検索テーマがあったときに備えておく必要がある。データベースソフトを使用して，レファレンス記録の保存・管理を行うことは重要である。

情報検索プロセスは，以下の5段階のステップによって行われる。

❶検索の受け付けとインタビュー　5-18図に示した情報検索申込書は，1枚ものでもよいし，二重線の部分で表面と裏面というように分けてもよい。この用紙は図書館のレファレンスサービスカウンターに置いておき，名称も「レファレンスサービス申込書」として，レファレンスサービス全般に活用することもできる。

二重線より上の部分は来館受付の場合は，できれば利用者自身に記入してもらい，二重線より下の部分は受付者と検索担当者が検索終了後に記入する。検索テーマの記入では，①できるだけ文章で具体的に書く，②略語は必ずフルスペルを併記する，③検索の手助けとなる同義語や関連語はできるだけ多くあげる，④すでに依頼者がもっている既知の情報を必ず聞いておく，などのことが重要である。

プレサーチインタビュー（利用者との最初のインタビュー）では，受付時に利用者がどのような情報を望んでいるのか，具体的に尋ねておくことが重要である。利用者自身もインタビューのやり取りの中で，自分が真に求めている情報を確認することもできる。また，検索の準備段階や検索を行った結果を見て必要な場合は，すぐに利用者に再インタビューする必要が生じる場合もある。その場合も躊躇せずに利用者とコミュニケーションを迅速に行うことが良い検索結果やサービスを生み出すことになる。

情報検索申込書

No. 受付日： 年 月 日

氏名	所属	電話番号 E-mail

検索テーマ（できるだけ詳しくお書きください。）：

同義語・関連語	既知の文献等：
検索期間： 年～ 年	言語：全言語 日本語 英語 その他（ ）

検索結果： 網羅性重視 適合性重視	期待文献数 件	予算 円

情報検索システム（検索エンジン）とデータベース名：

1．ウェブ検索：Google Yahoo! Bing ［ ］［ ］）
2．ウェブ情報資源：国立国会図書館サーチ CiNii Books CiNii Articles
Webcat Plus コトバンク researchmap
その他 （ ）
3．商用データベース検索：JapanKnowledge Web-OYA bunko bookplus magazineplus
聞蔵Ⅱビジュアル ヨミダス歴史館 毎索 日経テレコン
JDreamⅢ（ JSTPlus JMEDPlus ）
ProQuest Dialog （ ）
その他 （ ）

使用した検索語と検索式：

検索時間： 分	検索料金： 円	納期： 年 月 日

備考：	検索結果： 1．解決 2．未解決	検索結果の受渡し方法： 1．手渡し 3．FAX 2．郵送 4．E-mail

検索日： 年 月 日	検索者：	受付者：

5-18図 情報検索申込書

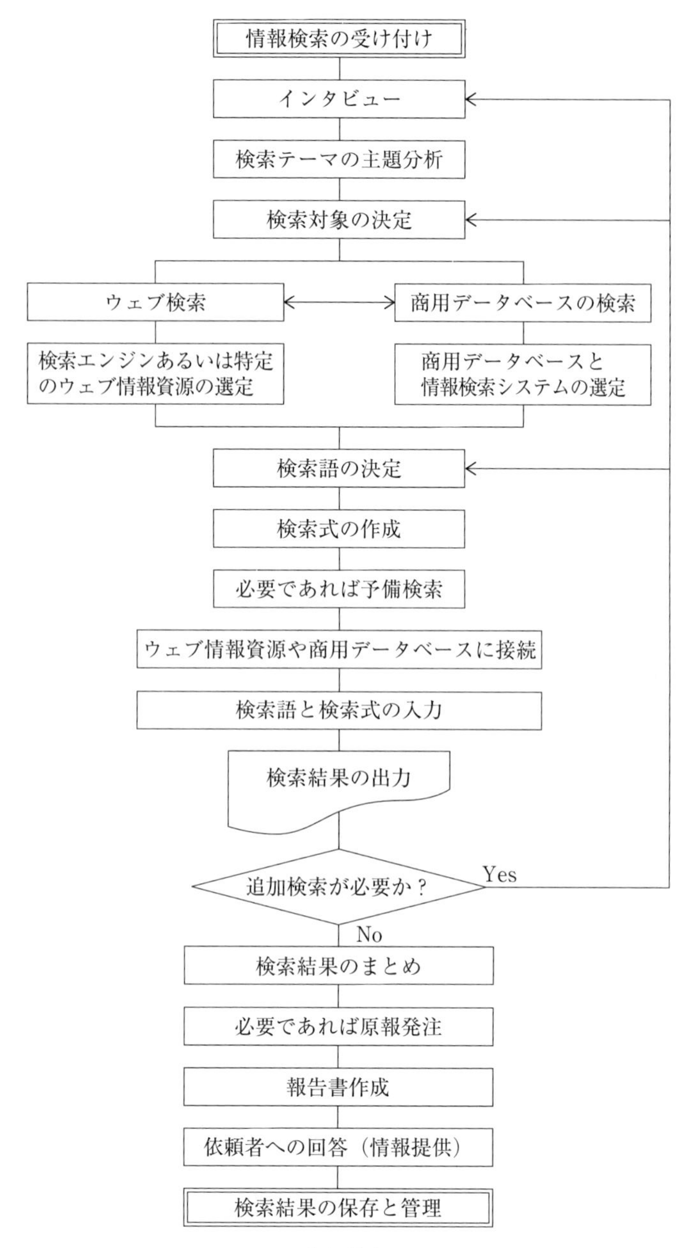

5-19図 情報検索プロセス

検索の受け付けは，用紙を使用している場合は電子的にも転記しておくことが必要である。近年では非来館型のデジタルレファレンスによるウェブフォームによる申込受付も併用している図書館が多くなっている。いずれの受付方法でもデータベースで管理できるようにしておくことが必要である。

❷検索テーマの主題分析と検索方針の決定　図書館員は，インタビュー内容に基づいて，検索テーマを主題分析して，適切な検索方法と検索語を決定する。有料の商用データベースを検索する場合は，そのテーマを検索するのに最適なデータベースと情報検索システムを選定する必要がある。

データベース作成機関，データベース提供機関，データベース代理店などのウェブサイトで，各情報検索システムが提供するデータベースカタログなどを参照して検索対象データベースを決定する。検索エンジンを使用して検索する場合も，同一の検索語を同じ順序で入力しても，検索エンジンによって表示される結果やその順位が異なるため，複数の検索エンジンを選定する必要がある。

使用する検索語は，統制語が使用できる場合はシソーラスで確認し，自然語と併用する。ウェブ検索では，同義語や類義語，略語なども考慮する。検索語を決定した後に検索式を作成する。このとき，件数が多かった場合の絞り込みをどうするか，適合情報があまり無かった場合に，どのように広げるかなど，検索中に検索結果を見ながら臨機応変に対応できるように，あらかじめ検索の進め方の方針を立てておくとよい。

❸検索の実行　準備した検索語や検索式を，質問ボックスへ入力したり，検索画面のフィールド（項目）に入力したりして，状況を見ながら検索していく。そして，得られた検索結果を確認して，まだ検索を続けたほうがよいかどうかを判断する。

必要に応じて検索方法を変えたり，検索語や検索式を見直したりして，より良い検索結果を得られるようにする。検索結果を確認して，重要な情報が抜けていないかどうか，検索漏れがないかどうかなどに気をつける。適切な情報が得られない場合は，本当にその情報が無いということをほぼ確認できるように，徹底的に検索する必要がある。

検索結果がゼロ件であるということも重要な情報である。特許の先行調査などでは，「情報が無い」ということは，重要な意味を持つことになる。コンピュータ検索では，印刷物のようにすべて目を通すことができないため，本当にゼロ件かどうかを多角的に検索して確認する必要がある。

❹検索結果の整理と情報提供　得られた検索結果は，依頼者の要望に応じて整理したり，情報を利用しやすいように加工したりして提供する。必ず報告書を作成して，検索結果と一緒に依頼者に提供する。

❺検索結果の保存と管理　図書館員は，依頼者からの再度の調査依頼や，類似の検索テーマを受ける場合を予測して，担当した検索テーマ，検索語や検索式などをデータベースに保存・管理する。

記録を残して今後の調査に活かせるようにするためには，検索テーマ，使用したウェブ情報資源名や商用データベース名，使用した検索語や検索式等内容に関することはもちろん保存しておく必要がある。また，保存した内容を誰でも同僚が活用できるようにデータベース化しておくことが重要である。小規模図書館ではそのようなデータベース構築に人手を割くことが困難であることもあろう。そのようなときには，国立国会図書館が運営管理している“レファレンス協同データベース”の参加館に登録し，そのシステムを利用することも一案である。“レファレンス協同データベース”では，公開レベルに３段階あり，「自館のみ参照」というレベルは，他館からその内容を見ることができない仕組みになっている。最初は「自館のみ参照」というレベルから始め，いずれは「参加館のみ参照」「公開」という上の公開レベルに変更していけばよいであろう。

すでに受けた情報検索の依頼の結果記録は，次の新たな調査の貴重な情報資源の一つになるので，検索結果の保存と管理は図書館員にとって重要な仕事となる。

8．情報検索結果の評価

検索終了後，求める情報が適切に検索できているか，検索漏れやノイズ（検索ノイズともいう）がないかどうかをチェックすることは大切なことである。検索漏れは，本来，検索されるべき情報で，データベース中に存在するにもかかわらず，実際には検索されなかった情報のことをいう。これに対し，ノイズとは，そのテーマに不要な情報が，検索されてしまったものである。実際には，入力する検索語をさらに追加したり修正したりして検索漏れを補ったり，トランケーションの使い方を見直すことによりノイズをできるだけ少なくするように，検索語や検索式を修正して再検索する。

検索結果の評価基準には，利用者満足度を調査する方法と，再現率および精度を計算する方法とがある。

(1) 利用者満足度

図書館員が利用者（調査の依頼者）から受けて代行検索を行った場合，利用者自身の満足度という評価尺度は重要である。利用者満足度は主観的な尺度であるが，利用者が充分満足する情報提供ができているかどうかを把握できるものである。その意味で，情報サービスを行う立場の者にとって，利用者満足度を知ることは非常に重要である。検索結果に基づいてアンケート調査やインタビュー調査を実施して満足度を確認する。満足度が高いとその利用者は検索者を信頼し，その後のリピーターとなり得る。

(2) 再現率と精度

四角で囲まれた外枠をデータベース全体であるとみなすと，再現率と精度は，5-20図に示したように表すことができる。

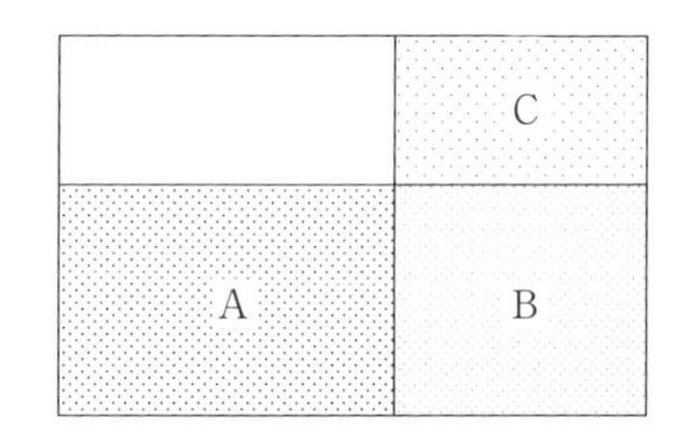

再現率　$R = \frac{B}{A+B} \times 100\%$

精　度　$P = \frac{B}{C+B} \times 100\%$

A + B：検索要求に合致する適合情報の全体
C + B：検索された情報の全体
A：検索漏れ（適合情報にもかかわらず検索されなかった情報）
B：検索された適合情報
C：ノイズ（検索テーマに合致しない不要情報）

5-20図　再現率と精度

再現率（recall ratio）は，データベース中に存在する情報要求（テーマ）に合致する適合情報全体のうち，どれだけ適合情報が検索されたのかという割合を表し，検索漏れの程度を示す指標となる。

精度（precision ratio）は，以前，適合率（relevance ratio）ともいわれたが，実際に得られた検索結果の情報全体のうち，どれだけ適合情報が検索されたかという割合を表し，ノイズの程度を示す指標となる。精度は実際の検索結果から容易に計算できるが，再現率は，データベース全体の適合情報を実際に調べることは不可能であるため，通常正確にはわからない。

例えば，10件の文献を出力してその全件が適合文献であった場合，精度は(10/10)×100％＝100％となる。このとき，データベース全体に100件の適合文献が存在しているとすると，再現率は（10/100)×100％＝10％となり，残りの90％が検索漏れとなる。このように，精度が100％であるからといって，必要な情報の90％が漏れているような検索は良い検索とはいえない。

再現率も精度も共に高いことが理想的であるが，5-21図の左側に示した図のように，実際の検索では縦の線を左に移動させて再現率を高めようとすると，ノイズが増えてしまい精度が下がってしまう。同様に，縦の線を右に移動させて精度を上げようとすると，今度は適合情報も漏れてしまい再現率が下がるという関係にある。そこで理論上は，5-21図の矢印（⇨）の右側に示した図のように，縦の線を右に倒して横線に近づけるようにすると，再現率を高めると同時にノイズも減らすことが可能になる。実際の検索においては，入力した検索語の同義語を加えて再検索したり，適切なトランケーションを用いたり，適切な演算子を使用した検索式の見直しを検討したりすることで，再現率と精度を上げるように工夫しながら再検索を行う。

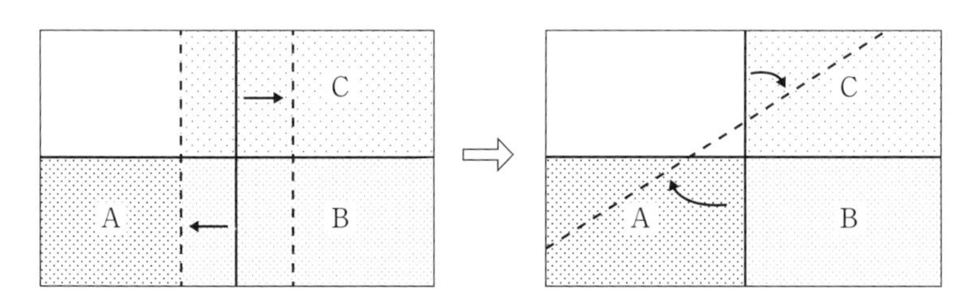

5-21図　再現率と精度を高めるための理論図

一般に再現率を上げるためには，①統制語と自然語を併用して，できるだけ多くの同義語や関連語を入力する，②完全一致検索ではなくトランケーションを使用した検索を行う，などが考えられる。精度を上げるためには，①統制語に限定する，②入力した検索語が標題や書名に存在するものに限定する，③論理積（AND 検索）で得られた検索結果に対してさらに近接演算を行う，④適合順検索を行う，などの方法が考えられる。例えば，日本経済新聞社の新聞記事検索では，見出しと本文の長さ，各見出しと本文における入力検索キーワードの出現頻度から適合度を計算し，得られた検索結果を適合度の高い順に出力することができる。また，“国立国会図書館サーチ”でも，検索結果を適合度順に並び替えて表示することもできる。

情報検索では，再現率を重視する網羅的で漏れの少ない検索をしたい場合と，多少の検索漏れはあってもよいが，精度の高い検索をしたい場合とがある。例えば，すでに同じ発明が出願されていないかどうかを調べる特許の先行調査の場合は，１件でも検索漏れがあると致命的になる恐れがあるので，再現率を重視してノイズを承知で検索する。ある研究者や作家などの業績集などを作成する著者名検索の場合も，同様に検索漏れがあってはならない事例である。

一方，多少の検索漏れがあってもよいが，おもな文献を何件か知りたいという精度を重視した検索もある。いずれにしろ，申込受付時に利用者にどちらを重視した検索結果が欲しいのかを尋ね，最初に要望に合った検索方針を立てておくことが重要である。すなわち，５−18図に示した情報検索申込書に網羅性重視（再現率を重視する検索）を望むのか，適合性重視（精度を重視する検索）を望むのか，あらかじめ記入欄を設けて確認しておく必要がある。有料の商用データベースで検索する場合は，不要な情報に対しても出力料金がかかる場合があるため，依頼者とのトラブルの原因とならないように検索申込時に充分なコミュニケーションをとっておくことが大切である。

9. 検索技術と情報専門家の役割

(1) 情報検索を行う際に必要な技術

1章で述べたように，今日では誰でも気軽にウェブ検索ができる環境が整い，何かわからないことがあった場合，図書館に行くというより，ウェブで調べるという人が増えている。日々生産される膨大な情報から，信頼のおける質の高い本当に必要な情報をどのように検索したらよいかということが問題となっている。情報はウェブ上で提供されるものだけではなく，図書館が従来から収集している印刷物やその他のさまざまな記録情報資源なども多く存在する。また，重要なレファレンスブックでも必ずしも電子化されているとは限らない。

図書館員の任務は情報専門家（インフォプロ）として，利用者がその時必要とする情報を迅速・的確に提供することである。利用者の満足度を高めるために，とくにレファレンスライブラリアンには，以下に示す情報検索に関する知識と技術が求められ，情報専門家（インフォプロ）としての熟練も要求される。

❶情報に対する高度な知識と技術

①データベース設計と構築……データベース設計，主題分析能力（分類作成，索引作成，抄録作成），データベース管理，テキストマイニングの知識

②ウェブ情報資源の活用能力……データベースの知識，データベースごとに対応できる検索戦略技術

③情報発信技術能力……データベース構築技術，ウェブページ制作技術，パスファインダーやリンク集の作成，FAQ（よくある質問）の作成，論文の執筆とプレゼンテーション能力

④情報の分析・評価・選別能力……検索結果の情報分析，アンケートおよびインタビュー調査法，統計処理

⑤知的財産権・情報倫理に関する知識と習熟

❷コミュニケーション能力　利用者の情報行動の理解，インタビュー技法，図書館利用者・同僚・他の図書館員とのコミュニケーション能力，人的ネットワークの形成。

3急激な環境変化に対応できる柔軟性と，新しいことに対する好奇心

4組織の一員としての問題解決能力と協調性

5明確なコスト意識

6利用教育と指導能力

7広報活動やマーケティングに対する能力

8人とのつながりを大切にする気持ち（人も重要な情報資源である）

以上の８項目のほか，図書館情報学と主題専門分野の知識の両方の知識や技術の習得は必須である。図書館の館種によって，その必要とする専門分野の知識は異なる。公共図書館の場合は利用者の情報要求も多岐にわたるため，新聞やニュースなどに常に関心を持ち，最新情報に対する気配りが必要となる。学校図書館や大学図書館では，教育や研究を実践する教員，そこで学ぶ児童，生徒，学生に対して学術的な情報や学習に必要な情報が必要とされる。専門図書館では，専門分野に特化した深い専門知識が要求される場合も多い。

情報環境は急激な進展が予想されるため，情報検索の知識や技術の向上に常に努力を傾注することが必要となる。そのためには，図書館情報学や情報検索に関する認定試験[3]や，情報処理に関する資格試験などにチャレンジすることも大切である。また，現場におけるOJT（On the Job Training）や外部研修によって，スキルアップする努力も必要である。さらに体系的な勉学の場としては，大学における社会人向けのリカレント教育や大学院なども用意されている。

（2）情報専門家の役割

情報専門家（サーチャー，インフォプロ）としての図書館員は，利用者が望む信頼性の高い情報を，必要なときに的確に提供することが職務である。利用者が必要な情報を入手する手助けをするのが，情報専門家としての図書館員の役割である。利用者自身が自ら情報検索したい場合は，そのために必要な知識や技術を教えるし，利用者から代行検索を依頼されたときは，利用者の望む情報を，利用者に代わって検索し提供する。

すなわち，利用者一人ひとりの個別の情報要求に応えることこそが専門職と

3：認定試験の一例として，一般社団法人 情報科学技術協会（INFOSTA）が1985年から実施している検索技術者検定がある（https://www.infosta.or.jp/examination/）。

しての役割である。したがって，公共図書館におけるレファレンスサービスをはじめとする情報サービスは，洋服でいえば既製服ではなくオートクチュールの一点物なのである。利用者が望む情報サービスの仕方で，必要な情報を届けることが重要である。情報サービスは人的サービスであり，臨機応変な対応が望まれるのである。

企業図書館や医学図書館などの専門図書館においては，情報のコンサルタントあるいはアドバイザーとしての役割が期待されている。研究開発や企画の立案段階から，情報を担当するメンバーの一員として参画し，必要な情報の収集や評価を担うという重要な役割がある。医学・医療の分野では，EBM（evidence-based medicine）すなわち科学的根拠に基づいた医療を行うことが義務づけられている。そのような場における医学図書館員の役割は大きい。信頼性と質の高い学術情報を的確に提供できなければならない。

誰でもが気軽に検索できる時代だからこそ，情報専門家としての図書館員の役割が今後ますます重要になる。すなわち，伝統的な参考資料や商用データベースから最新のウェブ上の膨大な情報資源までを巧みに駆使して，信頼性の高い情報を的確に提供することが，利用者から期待されている。

6章　発信型情報サービスの展開

1．発信型情報サービスとは何か

周りを見渡せば，あちらこちらでスマートフォンを手にした人があふれる現代，図書館でもOPACをはじめ各種サービス案内をスマートフォン対応で利用できるようにしている。さらには，TwitterやFacebookといったソーシャル・ネットワーキング・サービス（social networking service：SNS）を利用して，より多くの利用者へ，素早く手軽に情報を伝えることも実施されている。

本章では，発信型情報サービスについて述べるにあたり，プロモーション戦略の一部として行われている広報活動から始める。その内容は，新規利用者の獲得，サービスの認知度拡大，既存利用者へのサービスの動機付け活動などがある。個々のサービスは，図書館から利用者にアクセスする「プッシュ（push）型」イメージである「図書館主体型情報サービス」，利用者から図書館に歩み寄る「プル（pull）型」イメージである「利用者主体型情報サービス」，さらにはこの両者の機能を兼ね備えている「コミュニケーション型」イメージである「利用者／図書館双方型情報サービス」に分類される。

まずは発信型情報サービスの守備範囲として，広義と狭義を考える。広義サービスには，これら3種類の情報サービスが含まれるが，狭義サービスには，図書館主体型情報サービスと利用者／図書館双方型情報サービスが含まれる。ベン図で示すと，以下の6－1図のようになる。

次節では，発信型情報サービスを，上記3種類の情報発信サービスの観点から具体的に見ていくことにする。

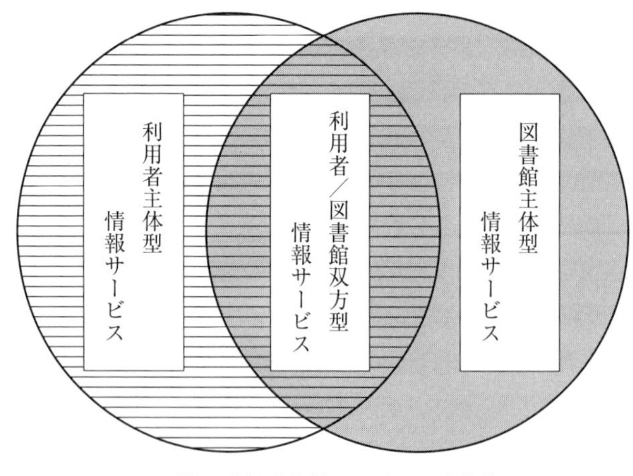

6-1図 発信型情報サービスの守備範囲

2．発信型情報サービスの先駆的事例

(1) 図書館主体型情報サービス

図書館から利用者に対して積極的にアプローチするサービスで，利用者からすれば要求行為を実行しなくても，意識することなく関連する情報（押し出し；プッシュイメージ）を受けとめることができるサービス，これが図書館主体型情報サービスである（6-2図)。

同サービスは，図書館から積極的に情報を配信することで，利用者との関係

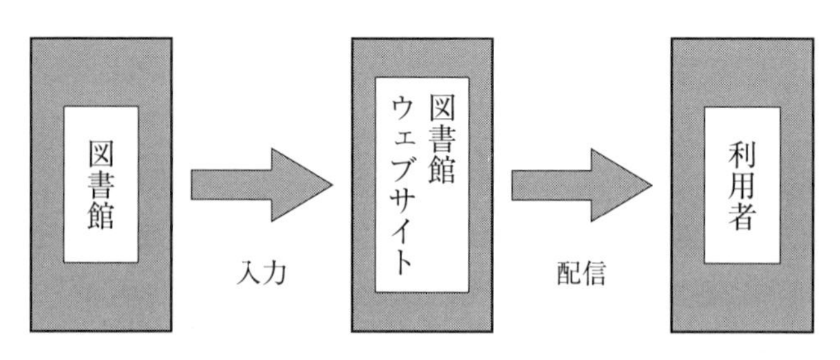

6-2図 図書館主体型情報サービス

を構築することにつなげるサービスである。これは伝統的な情報サービスの形式であり，図書館が当該ウェブサイトに情報を入力，あるいは設定をすることで，希望する利用者が自動的に情報を受け取れるサービスである。利用者は，入手希望の際，最初の設定が必要な場合もあるが，その後は自動的に当該情報を受け取れる。図書館は，利用者が最初の設定時に入力した属性情報などを利用して，同サービスをマーケティングに利活用することができる。

図書館においても，新聞広告，テレビのコマーシャルで見かける「詳しくはウェブで」という PR が使われる場合があるが，これは利用者主体型情報サービスの利用を促すための図書館主体型情報サービスである。例えば，図書館が実施するイベント情報，館内案内，新着図書案内，メール・アラート，RSS リーダー，バナー広告などが図書館主体型情報サービスに含まれる。また，オンラインでの書籍購買においては，購入履歴が蓄積され，同じ商品を購入している消費者がグループ化され，そのグループでよく購入されていて，まだ購入されていない商品をお勧めとして表示する機能がよく知られている。これを図書館 OPAC のディスカバリーサービスに応用した事例がある。以下では，代表的な図書館主体型情報サービスであるディスカバリーサービスのレコメンド機能，メール・アラート，新着図書案内，RSS リーダー，ウェブページでのバナー広告について取りあげる。

a．ディスカバリーサービスのレコメンド機能の事例

「この本を借りた人はこんな本も借りています」という情報が，レコメンド機能である。いわゆる「お勧め」機能である。九州大学附属図書館のディスカバリーサービスで検索してヒットした情報を表示した画面が6-3図である。ここでは，『認知症テキストブック』がヒットした画面であるが，“Google ブックス”経由で取得した図書の表紙画像と書誌情報とが表示されている。さらに，書誌情報には目次情報も付加されている。文献管理システムである Mendeley などへの取り込み，SNS である Twitter，Facebook，LINE 等へのリンクも用意されていて，情報共有が容易にできるようになっている。所蔵情報では貸出の可否が示され，「書誌詳細」に続いて「類似資料」「この資料を見た人はこんな資料も見ています」「この資料を借りた人はこんな資料も借りています」という集合のもとに，「お勧め」本の表紙画像と書誌情報が掲載されてい

6-3図　九州大学附属図書館 OPAC 画面

る。これらは，最初に『認知症テキストブック』を選択した事例による「お勧め」本紹介機能であり，与えられた情報から，それらお勧め本を選択して，リンクできるようになっている。

b．メール・アラートの事例

お知らせ（ニュース），最新の論文・図書情報を効率よく入手するために，メール・アラートは有用だと考えられる。なかでもGoogleアラート[1]は，さまざまなニュースソースから，登録しておいたキーワードを含むニュースだけを取り出して登録した電子メールアドレスに知らせてくれるので，便利なツールである。そのほか，メール・アラートとして，図書館が契約している学術雑誌の出版社のウェブサイト，データベースにキーワード，雑誌のタイトル等を登録しておくことで，登録内容が追加された段階で，登録した電子メールアドレスにメールで案内してくれる。

なお，大学図書館，専門図書館では，特定主題についての検索式を登録しておくことで，定期的に，またはデータ更新ごとに検索を実行し，新しい当該情

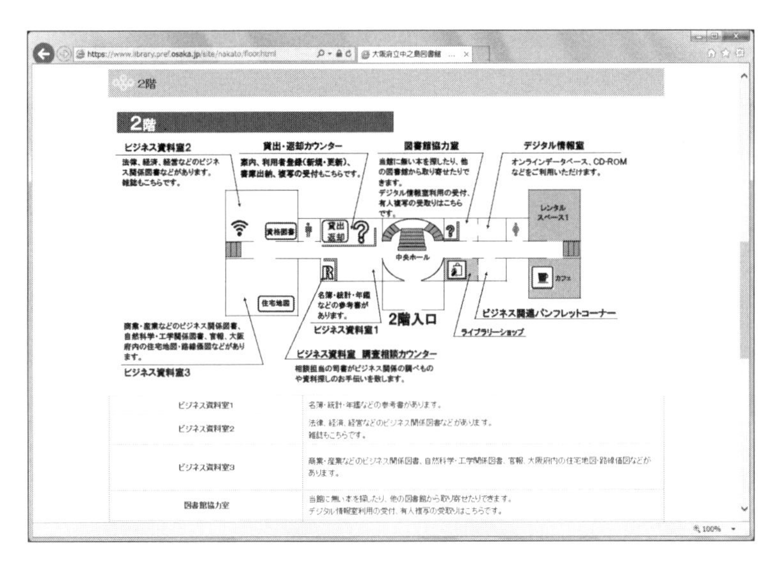

6-4図　大阪府立中之島図書館館内フロア案内２階部分

1：“Googleアラート”．https://www.google.com/alerts，（参照 2018-10-27）．

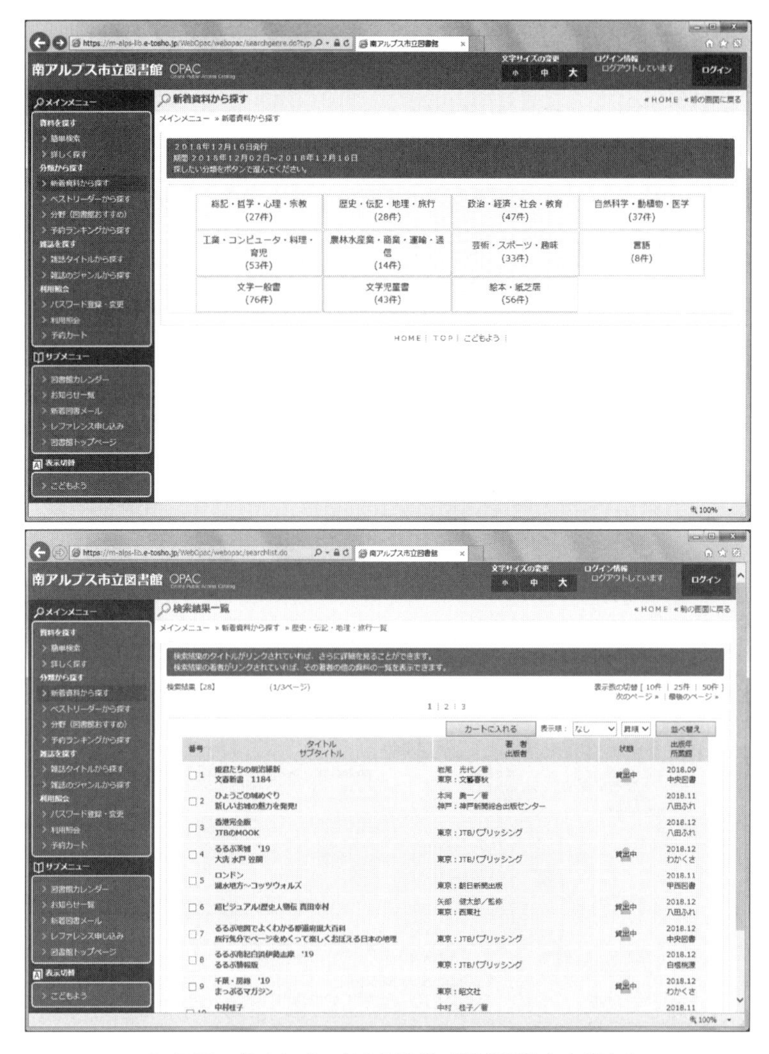

6-5図 南アルプス市立図書館「新着資料から探す」

報を提供するサービスを，SDI（selective dissemination of information：選択的情報提供あるいは情報の選択的提供）サービスと称していることは，2章および5章で述べた。

c．館内案内の事例

館内案内は「フロアマップ」とも称されるが，例えば，平面図だけの提示ではなく，各部屋の概要説明，さらには「貸出・返却カウンター」に「？」の記号をつけることで，ここで問い合わせもできるということが，視覚的にもわかりやすくなる。そのような事例として，6－4図を紹介する。

d．新着図書案内の事例

新着図書案内は，その量的規模にもよるが，分類別，タイトル順などで並べてあることがわかりやすい。例えば，6－5図のように，いつからいつまでの間に整理が終了して閲覧できるようになったかという対象期間を示し，日本十進分類法（NDC）の第一次区分（類）ごとにグルーピングすることがわかりやすい。さらにはこれらの分類とは別に，「文学児童書」「絵本・紙芝居」などに分けて案内をすることで，児童，生徒にも，探しやすくする配慮が必要である。6－5図の下の画面は，「歴史・伝記・地理・旅行」（28件）をクリックした画面を示している。

なお，専門図書館では，図書よりも，雑誌，会議録，研究会予稿集などが中心となるので，「新着資料案内」などと称している。書誌データだけではなく，内容紹介など短い解説を加える場合もある。

e．RSS リーダーの事例

6-6図 RSS アイコン

ウェブページに6－6図と同じものが記載されていることがある。これは，RSS（RDF Site Summary，あるいは Rich Site Summary，あるいは Really Simple Syndication の略語）と言って，ウェブ情報のニュースなどを効率よく収集できるフォーマットである。例えば，国立国会図書館の“カレントアウェアネス”とトップページにある新着情報の更新状況をしばしば確認している場合，これらのウェブサイトに毎回アクセスして更新情報を確認するよりも，まとめて一括で更新情報を確認できる方が便利であり，これを実現することができるのが RSS である。つまり RSS はウェブサイトの新着情報を配信するフォーマットである。

RSS を読むには，そのための RSS リーダーが必要である。RSS リーダーには，アプリケーションとしてダウンロードして使用する方式のもの，ブラウザ組み込み型のものがあり，パソコン，スマートフォン，いずれでも利用できる。ここではBasic版は無料で使えるFeedly[2]を使った事例を紹介する。ただし，日本語版はなく英語対応である。前行のFeedlyのURLにアクセスし，最初にアカウントを作成する。“Google”，Facebook，Twitterなどのアカウントでログインすることもできる。画面が移動し，「What sources do you want to follow？」という質問ボックスに登録したいお気に入りのウェブサイトのURLを入力して，「Follow」をクリックして，「Create a collection」をクリックすることで登録が完了する。6-7図は，“カレントアウェアネス”「国立国会図書館新着情報」「CiNiiお知らせ」をRSS登録して一括表示された画面である。左端に登録をしている情報源，そして見出しが掲載され，さらに詳細な内容を閲覧したいときに，その該当行をクリックすることで，画面が移動して内容を閲覧することができ，当該ウェブサイトにリンクすることもできる。

このようにRSSリーダーと呼ばれるツールを使って，お気に入りのウェブサイトのURLを登録することで，更新情報，新着情報を一括で確認できる。

6-7図 Feedlyを使ったRSSの例

2：DevHD. Feedly. https://feedly.com/i/welcome,（参照 2018-10-28）.

図書館でも RSS 活用サービス例は増えている。なかでもお知らせの配信が最も活用されており，時間の節約にもなる。

f．ウェブページへのバナー広告の事例

図書館ウェブページの中には，バナー広告を掲載する広告主を募集して，掲載しているものがある。バナー（banner）とは，ウェブページ上で，他のウェブサイトを紹介する画像のことで，主として広告として利用されている。簡単な絵柄で記号化して表現するアイコン（icon）の一種で，そのバナーをクリックすることで，広告主のウェブサイトにリンクするようになっている。多くは，蔵書検索トップページなど，アクセス数が多いページが対象になり，規定のサイズ等にしたがって，期間限定での掲載契約（有料）となっている。これらは利用者が当該ウェブサイトにアクセスして何かを探そうとした際に，バナーが無意識のうちに目に入り，関心がある場合には，それをクリックすることで該当ページに移動できるようになっている。

（2）利用者主体型情報サービス

利用者が何らかの知りたいことが発生したとき等，例えば，調べたい，探したい，行きたい，参加したい，使いたい，読みたい，見たい，聴きたい，などという需要を図書館ウェブサイトから引き出すことができる（引っ張ってくる；プル・イメージ）サービス，これが利用者主体型情報サービスである（6－8図）。

図書館からは利用者に働きかけをすることで，利用者の需要を喚起することにつながっていく。現代は図書館主体型情報サービスよりも，利用者主体型情報サービスが主流となっている。これは，インターネットやスマートフォンの普及により，利用者の情報収集方法が大きく変化したからである。6－8図は，利用者が求めたい情報を図書館ウェブサイトに求め，そのことが図書館に要求として伝わり，その結果が利用者にフィードバックされる。このとき，利用者が検索したキーワードなどに連動したウェブサイト内容とを一体のものとして捉えることで，それが利用者に対するマーケティングにもつながる。

なお，利用者主体型情報サービスは，利用者が図書館のサービスに理解や関心がある場合に有効となっている。例えば，図書館ウェブサイトにおける各種

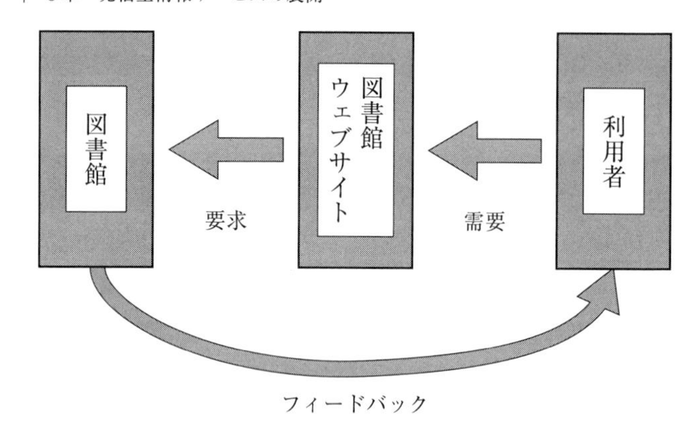

6-8図 利用者主体型情報サービス

サービス内容（情報のコンシェルジュ，ブックトーク，読み聞かせ，朗読会，テーマ展示，講演会，セミナー，映画会など）の案内，図書館内におけるサービス内容の案内などが同サービスの内容に該当する。ウェブサイトでの発信は，単に情報公開されているだけではなく，公開された情報がさまざまな利用者から見てわかりやすく，発見しやすい状況になっている必要がある。そのためには，利用者の要求を受け止める「玄関」にあたる「ポータルサイト」のような機能を備えることが望ましい。また形式的には，サイト内検索，サイトマップ，多言語表示，文字サイズの拡大・縮小機能等を備えていることが必須要件である。以下では，代表的な利用者主体型情報サービスであるディスカバリーサービス，マイライブラリ機能，パスファインダー，LibGuides，機関リポジトリの提供について取り上げる。

a．ディスカバリーサービスの事例

OPACでは，一つの質問ボックスから，所蔵している図書，雑誌，視聴覚資料等の目録検索，貸出状況等が居ながらにして利用できる。このOPACに，さらにどのようなコンテンツを含めるかということが，各図書館の独自の工夫ということになる。例えば，公共図書館では，OPACにレファレンス事例データベース，パスファインダー，地域資料関係のデータベース，デジタル化資料データベースなどを横断的に一度で検索できるようにしている事例もある。大学図書館では，図書館が契約しているデータベース（電子書籍，電子ジャーナルの全文を含む)，機関リポジトリなどから個別の論文をフルテキストで，横断的に一度で検索できるようにしている事例もある。

いずれの事例も，ディスカバリーサービスと称され，紙の所蔵資料だけを検索対象にする時代は終わり，電子コンテンツを含めた学術情報の範囲の変化に適合して，所蔵の概念を対象にするのではなく，クラウド化した情報へのワンストップサービスでのアクセスが普及してきている。ここでは公共図書館の事例として，千葉県成田市立図書館を紹介する。成田市立図書館のOPACで「資料を探す」の質問ボックスにキーワードを入力する（6－9図)。6－10図のヒットリストでは，「図書」だけではなく，10番目の出力には，「調べ方案内」(パスファインダー）の情報も表示される。

また，ヒットリストでは「図書」以外にも，「マンガ」「新書」「絵本」などという種別表示を伴い表示される（6－11図)。

ここで，6番目にヒットした図書を選択すると，6－12図の画面に移動する。

画面上部に表示されている四角いマークは，前述の画面でヒットしたリストを同じ順番で表示しており，ヒットリストのほかの資料にリンクし易くなっている。選択した図書の下には書誌事項の表示があるが，その最初に「内容紹

6－9図　成田市立図書館のOPAC

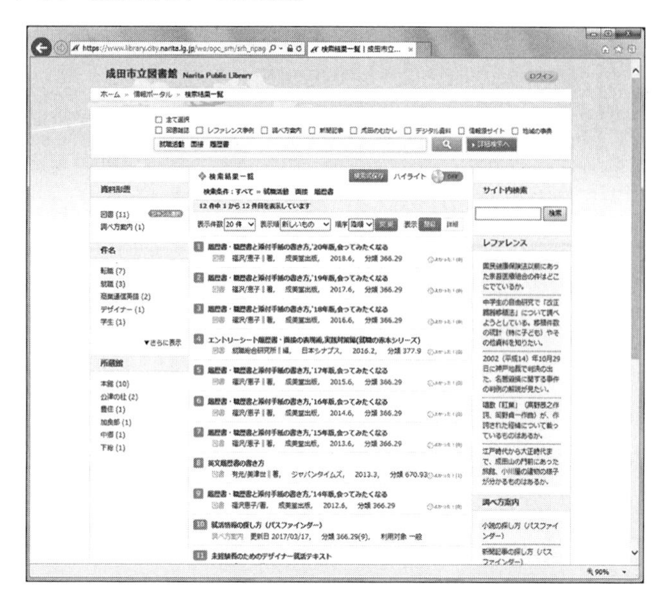

6-10図 ヒットリストにおける「調べ方案内」の事例（成田市立図書館）

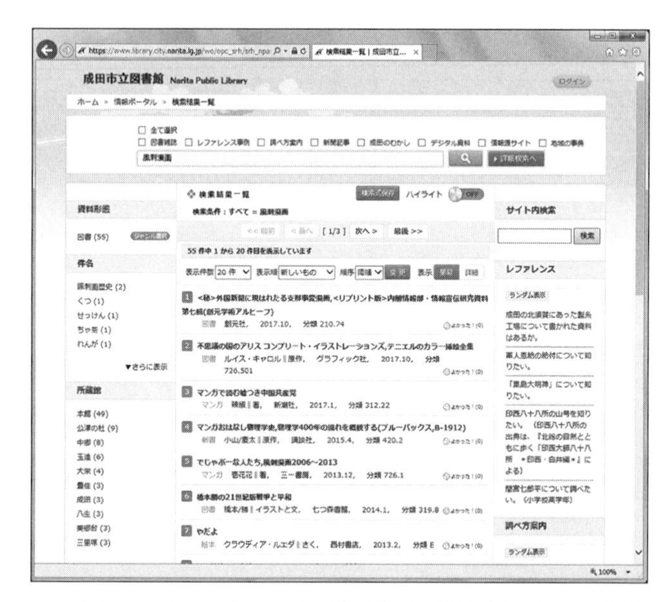

6-11図 ヒットリストにおける種別表示の事例（成田市立図書館）

6-12図　内容紹介，書誌情報，貸出情報の事例（成田市立図書館）

介」が2～3行で示されていて，その本を選択する上での参考になる。また，画面下部には，貸出可能冊数のほか，貸出回数として今年度と累計の回数が表示され，人気度のバロメーターとして参考にすることができるようになっている。

さらに，その下に予約数の表示があり，画面には表示できなかったが，その下には「予約する」「今度読みたい本」というリンク先が用意されていて，いずれも図書館に来館しなくても，IDとパスワードを入力して，ウェブ上で申し込みができるマイライブラリ機能が用意されている。

それに加え，成田市立図書館では，利用者が自分の貸出履歴の利用を承諾した場合，貸出履歴，予約している資料，今度読みたい資料のそれぞれの書誌情報を基にし，さらに貸出回数や予約回数の累計といった複数の指標を掛け合わせた独自のアルゴリズムに基づき，お薦めリストを表示している。

b．マイライブラリの事例

図書館によっては，「利用者のページ」「利用者記録の照会」「Myページ」

「My Account」「My Library」などと表現する場合もあるが，ここではそれらを一括して，「マイライブラリ」と称することとする。マイライブラリ機能とは，図書館に出向くことなくウェブ上で利用者が，自分自身の貸出・閲覧・レファレンス情報を，照会・更新・取消・登録することができる，いわばセルフサービス機能である。実施している図書館ごとにそのサービス内容は異なるが，主なサービスとして次のようなメニューがある。

・貸出処理……現在，貸出を受けている資料の確認と返却期限の更新延長。
・予約処理……貸出中の資料に対する予約申込，申し込みをした内容の確認，申し込みをした資料の受取館変更，予約申込の取消。
・新着案内メール……あらかじめ興味ある主題等のキーワードを登録して，それに該当する資料が整理終了後に利用できるようになったことを電子メールで知らせてもらえるサービス。
・レファレンスサービス……レファレンス受付フォームによる申し込み，申し込みをしたレファレンスの処理状況確認。
・文献複写……他の図書館からの文献複写，現物貸借取寄せの状況確認。
・キーワード，レビュー入力による利用者参加型サービス……利用者が当該図書についてのキーワードを自由に付与して，他の資料と関連づけることができる機能。付与したキーワードは利用者全員に公開され，他の利用者が付与したキーワードを参照することもでき，逆に，付与したキーワードを，他の利用者が参照することもできる。また公開を前提としたレビューとしてコメント入力もできる。とくに，利用者が自由にキーワードなどをタグ（標識）づけし，情報の組織化を行うことを「ソーシャルタギング（social tagging）」という。
・今度読みたい本の確認……今は時間がないなどの理由で読めないが，いつか読みたい資料にメモをつけて登録するサービス。
・図書館貸出記録の活用とお薦めリストの提案……図書館の貸出記録を利用して図書館サービスの向上を図るもの。当然のことながら個人の貸出情報を保護した上で，自身の貸出履歴を一覧する機能，当該図書を借りた人は他にこのような図書を借りているという一覧表示機能などがある。また，自身の貸出履歴を利用して，借りた本，予約している本，今度読みたい本から興味を引きそうな資料を提案するサービスもある。

・パスワード変更……マイライブラリを実行するには，利用者を識別するための認証行為としてパスワードの入力が必須であるが，そのパスワードを変更する機能。マイライブラリの実行で注意しなければならないことは，利用終了後は必ずログオフをする習慣をつけることが重要である。もしログオフを忘れたままに放置した場合，当該利用者の個人情報が他人に漏れる可能性があることや，当該利用者名義での依頼操作をされてしまう危険性がある。

c．パスファインダーの事例

パスファインダー（pathfinder）とは，「道（path）」と「見つける人（finder）」が合成された言葉である。図書館において，利用者自身で，あるテーマに関する資料や情報を探すための手順や有効な情報資源を一覧にまとめた案内のことである。パスファインダーという表現のほか，「リサーチ・ナビ」「調べ方案内」「調べ方ガイド」「調べものヒント集」，などとも呼ばれている。

パスファインダーの構成は２種類あり，一つは一対一対応パターンであり，もう一つは一対多対応パターンである。一対一対応パターンは，あるテーマについて階層を設けることなく，情報資源やそれらの説明を提供する方法である。それに対して一対多対応パターンは，上位カテゴリーで入口を提示し，そのもとに下位カテゴリーが複数の階層を持ち，順次階層を下げることでポイントを絞っていき，最後に情報資源と説明を提供する方法である。

国立国会図書館では，“リサーチ・ナビ”というパスファインダーが提供されている。また，都道府県立，政令指定都市立図書館のウェブサイトに紹介されているパスファインダーを集めた“公共図書館パスファインダーリンク集”[3]も提供されていて，比較検討するツールとして便利である。なお，リンク集は，主題ごとなどに関連している他のウェブサイトへのリンクを，宛先名称，簡単な概要説明，URL を伴って列挙したものであり，構成はパスファインダーと類似している。

ここでは一対多対応パターンの国立国会図書館が作成し提供する“リサー

3：“公共図書館パスファインダーリンク集”．http://rnavi.ndl.go.jp/research_guide/entry/pubpath.php，（参照 2020-02-10）．

チ・ナビ”の画面推移を紹介する（6-13図)。「調べ方案内」の中の「調べ方一般」をクリックする。次の画面では，「調べ方一般」の下位カテゴリーが表示され，「調べ方の基本」をクリックする。さらに次の画面では，「調べ方の基本」の下位カテゴリーが表示され，「調べ方案内」利用ガイドをクリックする。その結果，次の画面が最終頁となり，画面を下にスクロールして，情報資源とそれらの解説を読むことができる。また，“リサーチ・ナビ”ではキーワード検索もできる。

また，ウェブサイト上の情報資源（文献，コレクション，ウェブサイト，サービス等）へのリンクを提供する主題別の学術情報資源案内である，サブジェクトゲートウェイも，発信型情報サービスの一種と見ることができる。サブジェクトゲートウェイは，情報資源の収集，メタデータの作成などをレファレンス担当の図書館員が日常業務の中で目を配ることで維持対応しており，その結果，最新の情報源を提供して質の確保にも重点を置いている点に特徴がある。

d．LibGuides の事例

LibGuides は米国の Springshare 社のサービスで，図書館員がウェブサイト上で主題ごとのガイドを作成し，提供することができ，北米の大学図書館を中心に世界中で導入されている人気の高いサービスである。日本ではまだあまり使われていない LibGuides であるが，今後，大学図書館では普及する可能性がある。例えば，学生が履修している授業に関連したガイドを見て，そこから図書館員や教員によって選定され，まとめられた参考図書リストや，データベース，ウェブサイトなどの各種情報源に触れることができる。

LibGuides は，最初からオリジナルで作成することも可能であるが，すでに他の図書館で提供されているガイドを丸ごと再利用してしまうこともできる。また，自館のコンテンツであれば，ページ単位やボックス単位で複製，あるいは「リンク」することも可能である。作成したガイドが誰かに再利用されたときには電子メールで連絡が来るようになっているため，著作権上の問題がある場合は当事者間で調整できる。さらに LibGuides では，原則的にガイドの作成者のプロフィールが画面に表示され，その主題に精通した専門家の名前がわかる「人」のガイドともなっている。つまり，どのような図書館員がいるのか，図書館には何ができるかを示す，「顔の見える図書館」のショーケースともな

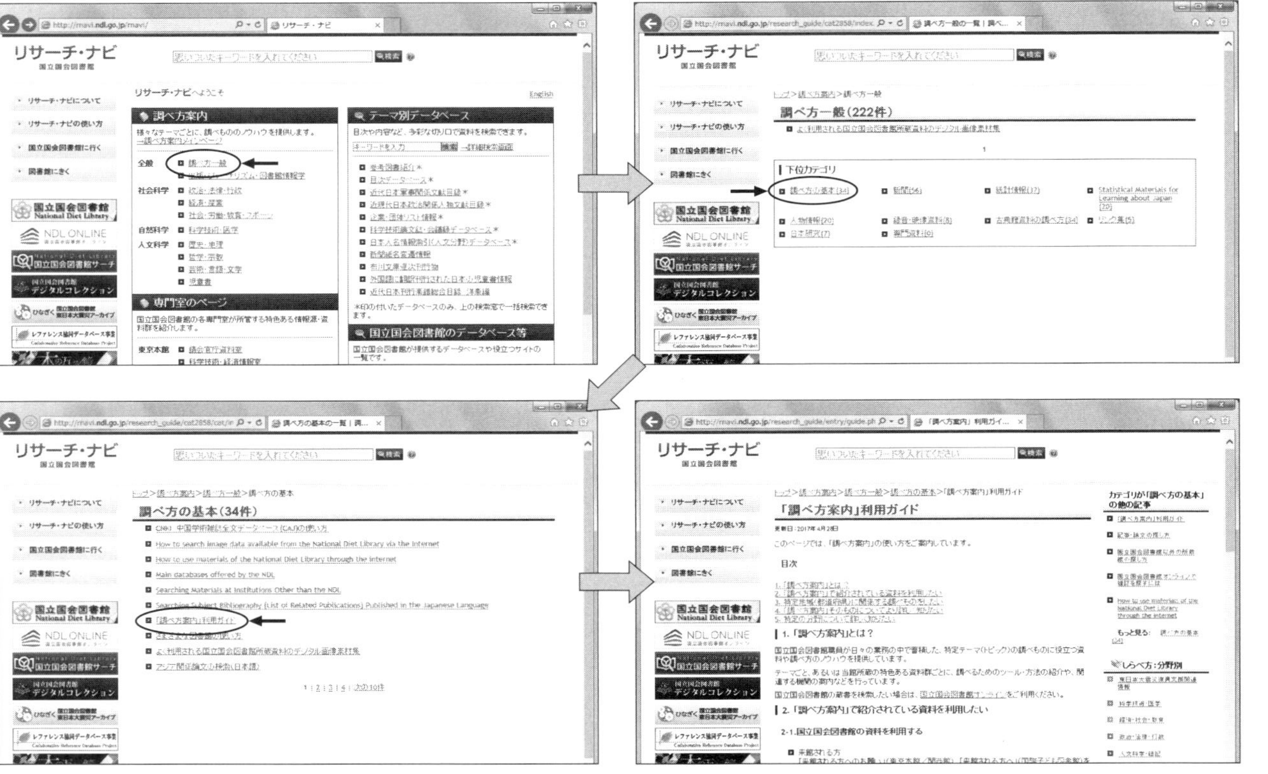

6-13図　国立国会図書館の "リサーチ・ナビ" の画面推移

り得ている点に特徴がある。

LibGuidesは，高機能なパスファインダー作成ツールというだけでなく，図書館員やローカルコミュニティの中で，ガイドの価値や，ガイドの作成者が持つ専門性をつなげて最大限に利活用できるサービスとなっている[4]。日本では九州大学附属図書館が先行しており，教材作成支援ツールとして位置づけ，図書館員だけでなく学生サポーターや教員もコンテンツを作成して，内容を増やしている（6-14図）。

e．機関リポジトリの事例

機関リポジトリ（Institutional Repository：IR）は，大学などの研究機関のアウトプットである知的創造物を電子的形態で集積し，保存し，無料で公開するための電子アーカイブシステムである。知的創造物とは，紀要論文，図書，

6-14図　九州大学附属図書館におけるLibGuides事例

4：天野絵里子．つながるLibGuides：パスファインダーを超えて．カレントアウェアネス．E1410，no.234，http://current.ndl.go.jp/e1410，（参照 2017-09-09）．

学術雑誌論文，研究プロジェクト報告書，学位論文，教材，ソフトウェア，サイエンスデータなどである。日本では国立情報学研究所（National Institute of Informatics：NII）が，学術コンテンツの形成，保存，発信を強化するために，大学などにおける学術機関リポジトリの構築，連携を支援している。国立情報学研究所では，日本の機関リポジトリに蓄積された知的創造物を横断的に検索できる“学術機関リポジトリデータベース（IRDB：Institutional Repositories DataBase）”[5]を提供している。

機関リポジトリ推進の背景には，世界中で学術雑誌（電子ジャーナル）の高騰化問題や，公的資金・税金による研究活動の成果はオープンに公開されるようにすべきであるという議論があり，大学の機関リポジトリは，これを実現するためのメカニズムの一つとして位置づけられている。

機関リポジトリの数が急増したのは，2012年に文部科学省による学位規則の改正により，2013年４月から博士論文のインターネット公表が義務化されたときであった。日本では約400の大学で博士号を授与しているので，これらが機関リポジトリの導入に拍車をかけたのである。また，独力で構築できない中小規模の大学などに対して，複数大学などで連携して共同機関リポジトリを提供している事例もある。例えば，群馬県地域共同リポジトリ[6]は，群馬大学をはじめ20機関で，ひろさき地域共同リポジトリ[7]は，弘前大学をはじめ５機関で，福井県地域共同リポジトリ[8]は，福井大学をはじめ14機関で，それぞれ構成されている。さらには国立情報学研究所が，同研究所内で開発した機関リポジトリソフトウェアを基に，機関リポジトリの共用リポジトリサービス（JAIRO Cloud）のシステム環境を構築し，2012年度から提供・支援をしている。JAIRO Cloudでは，システム，サーバー管理はすべて国立情報学研究所が引き受けるため，参加利用機関である大学図書館などは，機関リポジトリに登録するコンテンツの提供のみに集中することができるという省力化のメリットがある。

5：2009年４月から2019年３月末までは，学術機関リポジトリポータル“JAIRO”（呼称：ジャイロ，Japanese Institutional Repositories Online）でサービスを提供していた。
6：“群馬県地域共同リポジトリ”．https://gair.media.gunma-u.ac.jp/，（参照 2018-10-27）．
7：“ひろさき地域共同リポジトリ”．http://hrr-hirosaki.repo.nii.ac.jp/，（参照 2018-11-12）．
8：“福井県地域共同リポジトリ”．https://karin.flib.u-fukui.ac.jp/?page_id=110，（参照 2022-02-06）．

なお，2017年度から利用料金の徴収を開始したが，利用機関の常勤の教員および研究者の人数によって利用料金は異なっている。

この結果，日本は世界有数のリポジトリ大国となり，現在約850機関が導入するに至っている（6-15図）。“学術機関リポジトリデータベース（IRDB）”での検索画面は，6-16図のとおりである。「デジタルアーカイブ」というキーワードという検索結果には，各大学の機関リポジトリからヒットしていることが，左側に列挙されている「機関」名からもわかる。

（3）利用者／図書館双方型情報サービス

利用者が図書館主体型情報サービスと利用者主体型情報サービスの双方向のサービスを対話形式でやりとりすることができるサービス，これが利用者／図書館双方型情報サービスである（6-17図）。同サービスでは，利用者から図書館への需要・要求に対して，図書館から利用者に入力・配信されるだけではな

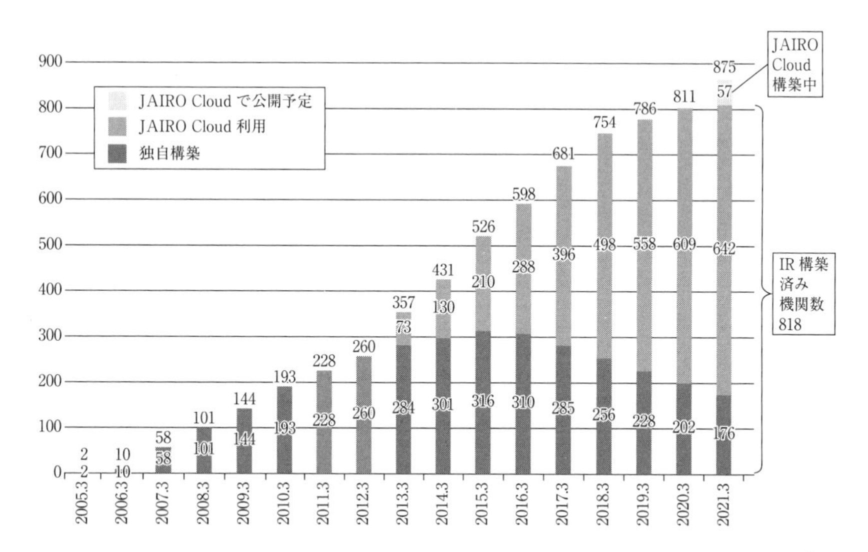

6-15図　機関リポジトリ独自構築と JAIRO Cloud 参加機関（国立情報学研究所）[9]

9：“機関リポジトリ公開数とコンテンツ数の推移”. 学術機関リポジトリ構築連携支援事業. 2018-04-02. https://www.nii.ac.jp/irp/archive/statistic/, （参照 2022-02-06）.

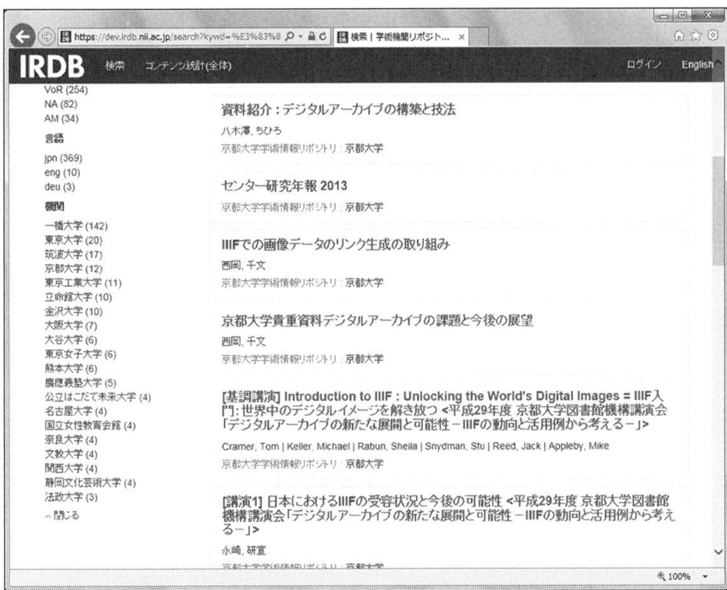

6-16図 学術機関リポジトリデータベース（IRDB）の画面（国立情報学研究所）

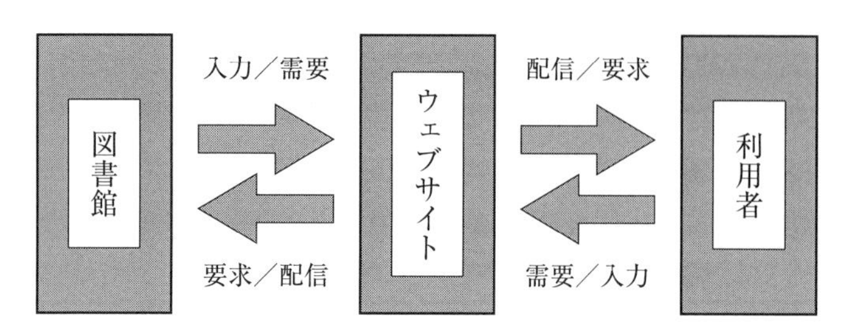

6-17図　利用者／図書館双方型情報サービス

く，その逆のルートである図書館から利用者への需要・要求に対して，利用者から図書館に入力・配信される。まさに図書館と利用者の双方での情報のやりとりを対話形式ですることができる。

このサービスの代表例は，SNSを利用したものである。SNSにはブログ，Twitter，Facebook，Instagram，LINE，ブクログ（Booklog）などがある。その特徴として，最初に登録することによって，だれかとつながり，誰かの投稿を読んだり返信したり，自分も投稿したり，情報交換やコミュニケーションを無料で楽しんだりすることができる。まさに，自分が何かを求めたいときに情報を引き出すことで，次のアクションを起こすことができる「利用者主体型情報サービス」の機能がある。一方で，友達から送られてくる情報が非常に有意義に使えることができる「図書館主体型情報サービス」の機能もある。

図書館にとって，SNSは日常的なプロモーション活動に欠かせないものとなりつつあり，SNS活用は図書館の情報発信やマーケティングに大きな可能性を持っている。SNSは誰でもがメディア機能を担うことができ，「口コミ」感覚で拡散され，世界中に情報発信ができてしまう。2011年4月5日には経済産業省等により「国，地方公共団体等公共機関における民間ソーシャルメディアを活用した情報発信についての指針」が公表され，公的機関におけるソーシャルメディアの活用事例も増え始めている。以下では，give and takeのように，双方向でやりとりができる代表的な利用者／図書館双方型情報発信サービスであるTwitter，Facebook，LINE，ブクログについて取り上げる。

a．Twitter

日本語で140文字（英語では280文字）以内でのつぶやき（ツイート）を配信

6-18図 ICU 図書館の Twitter 画面（2014年６月16日）[10]

し，そのつぶやきに対して返信，あるいは転送（リツイート）することができる。また，ほかのユーザーをフォローしたり，その逆にほかのユーザーからフォローされたりして（フォロワー），コミュニケーションを実行することができる。サービスの活用度を見るには，ツイート数，フォロワー数が利用できる。日本の図書館で Twitter を利用している館も多く見かけるが，ここでは国際基督教大学図書館と，鎌倉市図書館の事例を挙げる。

2014年６月16日に，国際基督教大学（ICU）図書館本館で「誰も借りてくれない本フェア」の開催案内を Twitter（６-18図）で広めたところ，ユニークな企画として，リツイート数，「いいね」数が急増して話題になり，テレビニュース，新聞にも取り上げられた[11]。このフェアは，毎月図書館で開催される企画展の一つで，図書館員一人ひとりが，対象書籍から学生が興味を持ちそうな図書を１冊以上選び，自らキャッチコピーを考え，展示の際に並べている。大きな反響の結果，対象図書の借り手も増えて読んでくれる人が多くいること

10：ICU 図書館（@ICU_Lib）による2014年６月16日のツイート（https://twitter.com/icu_lib/status/478358101129957377,（参照 2018-12-19））。

が判明したとのことだった。

鎌倉市図書館では，2015年８月26日のツイート，「もうすぐ二学期。学校が始まるのが死ぬほどつらい子は，学校を休んで図書館へいらっしゃい。マンガもライトノベルもあるよ。一日いても誰も何も言わないよ。９月から学校へ行くくらいなら死んじゃおうと思ったら，逃げ場所に図書館も思い出してね。」（６-19図）は大きな反響となった。10万件以上のリツイート実績となったのは，図書館の持つ機能が地域の情報拠点化に向けて，公共の場としての図書館への機能を如実に示すこととなり，ここでは「逃げ場所」として図書館を定義したということが，社会的にも共感をもって迎えられたからであった。

b．Facebook

Facebook は，実名登録制で運用されており，つぶやきを投稿する機能には文字数制限はない。また，写真や動画のアップロードにも対応しており，臨場感を共有できるようになっているので，図書館サービスをわかりやすく伝えることができるツールである。Facebook はアカウントを作成し，プロフィール

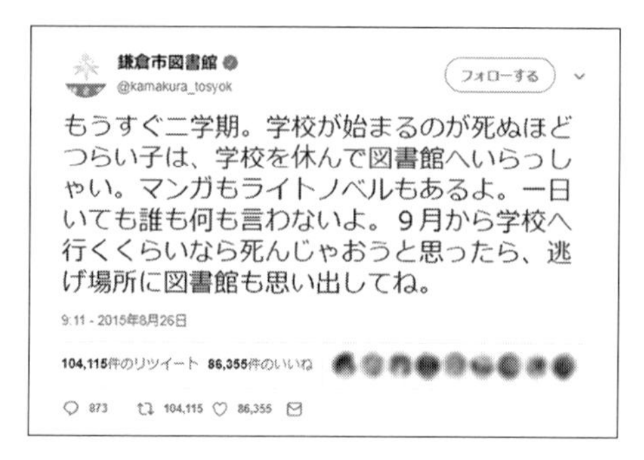

6-19図　鎌倉市図書館 Twitter 画面（2015年８月26日）[12]

11：最初の読者になって！！　ICU 図書館，貸出ゼロの本100冊紹介．朝日新聞．2014-06-18，朝刊，p.29.
読んでみない？　貸し出しゼロの本　図書館で紹介の動き．読売新聞．2014-10-27，夕刊，p.12.
キャンパる・なにコレ？：ICU「誰も借りてくれない本フェア」新書92冊に出番やっと．毎日新聞．2014-07-18，夕刊，p.５.

12：鎌倉市図書館（@kamakura_tosyok）による2015年８月26日のツイート（https://twitter.com/kamakura_tosyok/status/636329967668695040，（参照 2019-01-14））。

写真を用意すれば，すぐにでも公開できる簡単な広報手段でもある。Facebookを利用した図書館の発信内容に対する関心表明として，当該ページにある「いいね」のボタンをクリックすることで，当該図書館の友達（ファン）になることができる。この「いいね」件数が，活用度を示す尺度になっている。また「いいね」を表明してくれた利用者のタイムラインに投稿も表示されるようになり，当該図書館の投稿に対してコメントを送ること，共有（シェア）することができる。

活用方法として，図書館イベント等の周知において，Facebookページのファンが新しい図書館利用者への呼びかけとなってくれることがある。つまり，1人のファンには平均100人のFacebook上の友人がいると仮定すると，図書館の出した情報を5人のファンがシェアした場合，500人にその情報が広がっていく可能性があるということになる。利用者が求めるコンテンツを提供していくことで，ファンが増え，ファンによる交流が始まり，そしてそれらのファンは図書館のことを宣伝する代弁者になってくれる可能性がある。

c．LINE

LINEは，無料通話やメッセージの送受信ができるコミュニケーションのアプリケーションである。この中で「トーク」と呼ばれるテキストチャットの利用が多く，一対一トークはもちろん，グループトークもできる。そして，このチャット上で利用できるLINEスタンプが誰でも制作・販売ができ，LINEを象徴するほどの人気機能となっている。LINEスタンプには，喜怒哀楽をはじめ，感動，落胆，放心，お礼，お詫び，懇願，応援などという多種多様な感情や心境を表現したイラストが提供されている。スタンプを添えることで，主として相手の発言に対するリアクションとして，メッセージの代わりに使われる。文字よりも直接的な感情を表現することができるので，言葉では表現しにくい感情の機微を的確かつ簡潔に伝えることができる。スタンプはその種類が増えており，有償または無償で追加入手することができる。市民に親しみやすいマスコットキャラクターでスタンプを公開・販売している図書館もある（6-20図）。

図書館がLINEを通じてスタンプを活かすのは，スタンプを利用者にダウンロードしてもらい，その利用者と友達になって，メッセージを発信できることにある。LINE 利用者にとって，自分のスタンプコレクションは重要であり，友達と LINE を使ってコミュニケーションをする際に，そのときのコンテキスト（文脈），感情とともに表現するためのツールとなっている。LINE 利用者はコミュニケーションをする等の目的で LINE を使っており，その意味で図書館 LINE と利用者との関係を構築できる可能性は高い。図書館からのメッセージは，最初は未読のトークとして利用者に認知されるが，利用者の心理状態としては，未読の表示は消したいだろうから，少なくても流し読みくらいはしてもらえる可能性はある。地道な持続可能性のある情報発信に努めることが必要である。

6-20図 （秋田県）鹿角市立図書館[13]
（2016年 4 月15日）

d．ブクログ

ウェブサイト上に本棚を作るサービスである。図書を本棚に登録して，感想を書く。図書の表紙画像が本棚に並び，1 段に 8 冊で，登録した図書の冊数にあわせて段数が増えていく。関心のある図書の表紙画像をクリックすると，別画面で当該図書の感想を読むことができる。併せて感想に対するコメントも入力できるようになっている。感想終了後には「前のアイテム」「次のアイテム」にクリックすることで，その画面から移動することができる。登録された図書に対して，ジャンル，評価，カテゴリ，並び替え等の条件を指定して絞り込むことも可能である。もちろん書名，著者名から本箱内検索もできる。客観的データとして，登録アイテム数，レビュー数，レビュー率，フォロー数，フォロワー数が得られる。

この事例として，“筑波大学附属図書館ラーニング・スクエア☆学習支援の

13：“【鹿角市立図書館】LINE スタンプ発売します！”．鹿角市立図書館．2016-04-15．http://www.kazuno-library.jp/archives/684，（参照 2018-12-19）．

本棚”（6-21図）を取り上げる。筑波大学中央図書館ラーニング・スクエア「学生サポートデスク」で活動する各分野のラーニング・アドバイザー（大学院生）がプレゼンターとして，登録をしている。

6-21図　筑波大学附属図書館ラーニング・スクエア☆学習支援の本棚

3. 発信型情報サービスの課題と展望

(1) 課題

a. 公共図書館における情報社会支援

現在のような情報社会において，図書館におけるデジタルサービスが普及してきたとき，このサービスを使えないというのは，図書館の利用者間の情報格差につながってしまう。そのため，情報通信技術（information and communication technology：ICT）環境の整備（パソコン設置，無線LAN，サポート支援体制など），電子書籍貸出，デザイン用ソフトウェアの提供，スキャナーなど，図書館内のハード面やソフト面を充実させていく必要がある。このことにより，図書館はテクノロジーにアクセスする場として，利用者がテクノロジーを学び，生活の質的向上をさせるための活動の場として機能することになる。

その際，すべての利用者が年齢，国籍，身体的制約，地域的制約に関係なく，利用しやすく，必要な情報が得られるように，ウェブアクセシビリティに関する日本産業規格（JIS X 8341-3：2016）が，2016年に改正された[14]。これらの配慮でウェブサイトのアクセシビリティを高め，図書館の発信型情報サービスを，より多くの利用者が，安心して簡単に利用できる環境が一層充実することが望ましい。

b. 公共図書館における生涯学習支援

貧困や健康上の理由などから教育を受けられない多様な利用者（子どもから高齢者まで）に，さらには高齢者の学習意欲の再度の高まりに応じて，生きがいを感じられるように，無料で生涯学習支援を提供することが求められている。場としての図書館，あるいは図書館で展開される各種イベント等も，十分にこ

14：正式名称は，JIS X 8341-3：2016『高齢者・障害者等配慮設計指針―情報通信における機器，ソフトウェア及びサービス―第三部：ウェブコンテンツ』。具体的には，パソコンの画面を見やすくする，キーボードが使えない方のためにマウスだけでの文字入力を可能とする，文字サイズを変更，配色の変更などを決めている。

の役割を発揮しているが，指定された時間に図書館に来館できない事情をもつ利用者は数多く存在する。

発信型情報サービスの観点からはゆるやかに参加可能であるような，ウェブを使った時間と場所を指定しなくてもすむサービスが求められる。具体的には，図書館内のイベントのライブ中継，ライブ中継を視聴できない利用者のためのアーカイブ配信，無料の MOOCs（大規模公開オンラインコース：Massive Open Online Courses）と連携したアクセス支援，コースの講義内容に即した蔵書・デジタル資料などの参考文献としての提供，さらには同じ目的をもってチャレンジしている利用者のコミュニティを形成，支援をすることで，利用者が発信型情報サービスを介して，図書館と有機的に結ばれていくことが必要である。

c．SNS への取り組み

図書館で SNS の運用を検討する際，初めに決めなくてはならない課題の一つが，どのように管理し維持するかである。そのために，決めておかなければならないことは，担当者と投稿ルールである。

SNS 業務を特定の者に限定することなく，複数の担当者を置き，担当者の負担を分散しながら，これまで日の目を見なかった思いもつかない情報発信が期待できる。投稿ルールは，誰に向けて発信するかというターゲット設定，何をいつ投稿するのかを決め，担当者間で共有化する。

図書館には利用者へ伝えたいサービスが豊富にあり，話題が尽きるということはない。写真掲載は，いかに目に留まらせるかがポイントとなる。そのためには，写真の表現力が求められる。人物を配置しての撮影は，肖像権のトラブルが起きないよう，撮影前に内容を説明し，承諾を得たもののみ投稿する。また，SNS は速報性を重視したツールであることから，担当者自身の判断で投稿することが望ましい。

ただし，不適切な投稿はせず，投稿には細心の注意を払う。送信前には「これで大丈夫？」と必ず自分に確認するために一呼吸置く。利用者からのコメントにどこまで応えるかをあらかじめ決めておく。投稿日時のタイミングは，他の担当者と投稿日時が重なっていないかを確認する必要がある。短時間で連続して投稿した場合，一つ前の記事の閲覧者数が少なくなることが多い。それを防ぐため，オンラインのスケジュール表を作成するなどして，担当者はあらかじめ投稿したい日時にチェックを入れることで，担当者全員がスケジュール管理を共有する。長期間投稿しないと利用者離れにつながるため，投稿し続けることが大切である。投稿ルールは運用内規（ポリシー）として明文化し，利用者に公開すべきである。

昨今，SNSを通じて大量に広まり，影響を与えているフェイクニュース（偽のニュース），あるいはデマ対策も行う必要がある。図書館のSNSは，利用者からの投稿を提供している「場」でもある以上，その内容の質を保証する取り組みが必要で，利用者の自己責任に任せる対応では済まされない。出版における「校閲」のような機能が求められる。投稿する利用者が多くなれば，当然ながらそのSNSの影響力は増し，いざ間違った情報等が投稿されれば，情報の拡散範囲，スピードはこれまでとは異次元のレベルの脅威である。不用意な発言などによって利用者からの非難の集中砲火を浴び，収拾がつかなくなる「炎上」と称される現象に陥ることもある。

そうした事態を回避するために，タイムリーに修正する「校閲」機能を発揮すること，すなわち図書館として正確な情報を，速やかに発信することが重要となる。一方で，利用者がフェイクニュースやデマを拡散させないためにも，SNSを正しく使うためにも広報を兼ねた教育が必要で，図書館もSNSを学びあう「場」にする必要がある。それが発信型情報サービスとして大きな可能性を有しているSNSを活用，普及していくことになる。

d．発信型情報サービスの評価

発信型情報サービスを得ることで，次のような効果が考えられる。

- 図書館に行きたくなる
- より詳しい情報をウェブで調べたくなる
- 得た情報を利用したくなる
- 得た情報を知らせたくなる

これまで，公共図書館では発信型情報サービスの効果を裏付けるデータを持ち合わせていない場合がほとんどであった。例えば，日本図書館協会が毎年実施している調査データを収録している『日本の図書館』における指標に，発信型情報サービスの項目（例えば，図書館統計にマイライブラリ機能の有無と範囲，パスファインダー機能と種類，SNSの種類数，ツイート数，フォロワー数，いいね数等）については，何も採用されてはいない。これらの指標は，実態を可視化することには効果がある。さらに重要なことはSNSを利用した結果，利用者に何らかの変化（成果）が生じることを評価することである。例えば，SNSから新しい情報を得て，それを読んで知識が増えた，あるいはそれを仕事に活かすことができた，などという成果（アウトカム）を計ることである。しかし，アウトカムを測定することは難しいため，その代用として，図書館では利用者アンケート調査を年に1度は定期的に実施することが望ましい。

（2）展望

a．情報拠点化

公共図書館では，地域の情報拠点になることが，社会装置としての図書館の役割といえる。ここでの情報拠点は，これまで見てきたように情報社会としての情報，生涯学習のための情報を中心とした発信型情報サービスとしての観点であるが，さらに拡大していけば，地方自治の情報，街づくりとしての情報も含まれる。このとき発信型情報サービスの企画立案段階において，地域の住民も交えて一緒に検討していくことが重要である。住民や利用者のニーズを知るということを常に心がける必要がある。

発信型情報サービスによって，幅広く図書館の情報が浸透するようになった結果，実際に図書館に来館する人が増え，「体験」や「楽しむ」場としての図書館機能も活用されることになる。定年退職した高齢者が，その後の人生を一緒に楽しめる仲間を見つけるきっかけの場として，図書館が魅力ある情報拠点として位置づけられることもある。

b．非日常型体験と家型体験サービスの開拓

人は誰しも余暇を楽しみたい。余暇には2種類の体験があり，一つは旅行，ドライブ，演劇鑑賞，同窓会などの「非日常」型体験，もう一つは自宅でパソコン，読書，ガーデニング，ペット，ロボットなどを楽しむ「家」型体験である。まずは，図書館の非日常型体験から見ていこう。

図書館の来館そのものが非日常という利用者もいるが，逆転の発想をもって常連の利用者も対象とする発信型サービスを開拓していく必要がある。例えば，

映画，ドラマを図書館で撮影場所に使ってもらう，あるいは出版物に掲載してもらう等，行政と連携して誘致する。できあがった映画，ドラマ，出版物等が人気になれば，その場所が聖地として口コミ，マスコミで広がる可能性がある。そのことは，外国人の来館も多くなる可能性を秘めている。これは地元への観光客に対する図書館サービスへと連動していく。例えば，ボランティア，NPOとしての活躍の広がり，旅行会社と連携して図書館体験ツアー，地域の情報案内，関連資料提供などをすることで，知名度の普及に貢献できる。

現代人は，わからないこと，思い出せないことがあると，すぐにスマートフォンなどで“Google”を検索して，その場で解決しようとする。例えば昔に読んだ図書の内容の一部だけを覚えているが，そのタイトル，著者名を思い出せない人にとっては，多くは“Google”でも満足する回答が得られず，未解決状態が続く場合がある。そこで，図書館SNSに投稿して，その図書が何であったかという回答を，図書館ネットワークコミュニティの協力を得て導き出すというようなことも考えられる。プロセスで出てきたさまざまな情報を，図書館員が出典を確認していくプロセスを透明化することで，情報の信頼性が高まり，もし，その回答が判明した場合には，投稿者にとってもきっと満足する結果となるものであろう。

東京都立神経病院には「マイボイス外来」がある。同病院では病気で声を失う前にその声を保存している。同病院にはスタジオ録音施設がないが，もしスタジオ録音施設があれば音質の高い録音が可能になる。例えば，病院と図書館とが連携して，専門家，ボランティア立ち合いのもと，図書館の録音施設で声の収録をするようなサービスも考えられる。

一方，図書館の家型体験は，図書館内でのイベントをインターネット中継し，SNSと組み合わせて発信することである。図書館ではさまざまなイベントを開催しているが，原則として，図書館に来館しないことにはそのサービスに参加できない。そのため講演会，読書会，セミナー，読み聞かせ，展示会などイベントを事前に関係者から承諾を得た上でインターネットでライブ中継する。あるいは非同期で，終了後にFacebookで発信することで，さらなる普及・拡散するのを狙うことができる。まさに利用者は自宅に居ながら，参加できる。もちろん来館しての図書館施設をゆったりと使ってもらうこともここに含まれる。

c．今後の発信型情報サービス

一般に消費者をターゲットにした世の中のあらゆる商品は，それを生み出すのと同じぐらい広報やマーケティングのための戦略の策定とその実施に時間をかけていると思われる。図書館でも一つひとつのサービスについて，どのような広報手段が最適かを慎重に検討し，既存の媒体に加えて，時代に合わせた発信型情報サービスを利用することで，図書館サービスを知らなかったという利用者を確実に減らしていくことに貢献するであろう。

これからの図書館の発信型情報サービスは，利用者のニーズ，地域のニーズを意識して，その中で図書館はどのようにすれば利用者のニーズを満たすことができるかが問われることになる。ただし，そのことで図書館本来のサービスに影響が出て本末転倒にならないように，あくまでも持続可能性のある情報発信サービスを目指すべきである。その答えを出すのは図書館員自身であるが，そのためにも図書館員には，基本的な ICT リテラシーの習得は必須である。ICT リテラシーを習得するためには，職場内での OJT，あるいは研修の機会を活かしながらも，肝心な事は何歳になっても興味関心を持ち続けて，利用者をワクワクさせたいという気持ちがあることである。その気持ちがある以上は，チャレンジは可能である。

7章　利用教育の現状と展望

1．情報環境の変化と利用教育の必要性

（1）情報社会における図書館の位置

情報社会と言われて久しい今日，1章でも指摘したように，情報の探索・収集にあたって人々は，多くの選択肢を持つようになった。特にインターネットの高速化と遍在（ユビキタス）化，これを利用するための情報機器の小型化，日用品化により，人々はいつでもどこからでも，インターネットを通じて提供される情報やサービスを利用できるようになった。そのため，ちょっとした調べ物ならばインターネットでという行動が当たり前になっていると言っても過言ではないであろう。では，人々の情報探索・収集活動において，図書館の位置づけは相対的に低下してきているのであろうか。

国立国会図書館が2014年12月に行ったインターネット調査（n＝5,000）によれば，最近1年間に公共図書館を「利用した」と回答した人は1,982名で，39.6%であった[1]。他方，「この1年は利用しなかったが，1年以上前には利用したことがある」と回答した人は1,808名（36.2%），「この1年は利用しなかったし，過去にも利用したことはない」人は1,210名（24.2%）であった。後二者が図書館を利用しなかった理由で最も多かったのが「図書館に行く必要性を感じない，興味がない」で，1,078名（35.7%）を占めた。次いで「本や雑誌は購入する」と回答した人が799名（26.5%），「図書館が近くにない」が507名（16.8%）であった。

類似の調査は，各国で行われている。例えば，2015年に英国で16歳以上の人

1：“図書館利用者の情報行動の傾向及び図書館に関する意識調査”．国立国会図書館，https://dl.ndl.go.jp/info:ndljp/pid/9111358,（参照 2022-02-24）.

を対象に実施された公共図書館利用調査（n=9,817）によれば，最近１年間に図書館を利用したと回答した人は33.4％であった[2]。2006年に行われた調査（n=28,117）で図書館を利用したと回答した人は48.2％であったことから，約15ポイントの減少となった。米国で2015年に行われた調査（n=2,004）では，16歳以上の人の46％が図書館または移動図書館を利用していた[3]。2013年調査では48％，2012年調査では53％で，最近数年の間に７ポイント減少した。また，2017年に韓国で行われた『国民読書実態調査』では，19歳以上の人（n=6,000）が最近１年間に公共図書館を利用した割合は22.2％であったが，これはピークであった2008年調査（33.9％）に比べ，11.7ポイントの減少である[4]。これらの調査結果から，図書館利用者数は減少傾向にあることが確認できる。

しかし，決して少なくない人が図書館を利用していることを考慮すると，図書館という選択が相対的に低下していると判断するのは早計ともいえる。先に示した国立国会図書館の調査において，「必要な情報の多くは自分で探せるようになったので，公共図書館は以前ほど必要とされていない」という設問に対して，「非常にそう思う」と回答した人は214名（4.3％），「そう思う」は1,481名（29.6％）であった。他方，「そう思わない」と回答した人は1,998名（40.0％），「全くそう思わない」は629名（12.6％）であった。約３人に１人は以前ほど公共図書館を必要としていないと考えている一方で，それを上回る人が図書館を必要と考えている。人々は，情報探索の場面に応じて情報資源を使い分けていることが推察される。

2：“Taking part focus on: libraries: Statistical release”. Department for Culture, Media and Sport. 2016, https://assets.publishing.service.gov.uk/government/uploads/system/uploads/attachment_data/file/519675/Libraries_short_story_-_FINAL.pdf,（accessed 2018-11-11).

3：Horrigan, John. “Libraries at the crossroads: The public is interested in new services and thinks libraries are important to communities“. Pew Research Center. 2015, http://www.pewresearch.org/wp-content/uploads/sites/9/2015/09/2015-09-15_libraries_FINAL.pdf,（accessed 2018-11-11).

4：“2017년국민독서실태조사”．문화체육관광부．2017，http://www.mcst.go.kr/web/s_policy/dept/deptView.jsp?pMenuCD=0406000000&pSeq=1690,（参照 2018-11-11).

(2) 情報社会における利用教育の意義

人々の情報探索行動が多様になり，情報提供機関としての図書館の位置づけが相対的に低下したとしても，図書館の果たす教育的役割は決して小さくならない。むしろ，簡単に情報が入手できる今日だからこそ，適切な情報の検索，入手，評価，利活用のための学習機会を提供することが教育機関でもある図書館の大きな役割の一つである。「図書館の設置及び運営上の望ましい基準」において，「市町村立図書館は，利用者及び住民の情報活用能力の向上を支援するため，必要な学習機会の提供に努めるものとする。」と明示されていることが，その証拠ともいえよう。

情報の利用は，図書館界に限らない社会的な課題でもある。例えば，ウェブを通じて入手する情報には，一種の偏向が生じていることは良く知られている。ウェブサイトを次々とブラウジングした結果，そのたどってきた情報に類似する広告がウェブサイトに表示されるのを経験した人は少なくないであろう。これは行動ターゲティングと呼ばれる広告手法である。また，検索エンジンには，利用者の検索履歴や閲覧履歴を用いて，その利用者に適した検索結果を提示する仕組みがある。結果，その利用者は普段から接している同種の情報に接する機会が増え，異なった情報に触れる機会を逸する恐れがある。パリサー（Eli Pariser）は，これをフィルターバブル（filter bubble）[5]と呼んでいる。さらに，検索エンジンの設定によっては，検索語として入力した言葉に関する情報がすべて出力されるとは限らない。出力されたとしても，その情報にアクセスしなければ，出力されなかったことと同じである。玉石混淆（ぎょくせきこんこう）と言われるウェブ情報であるが，その課題は情報そのものだけでなく，情報流通の仕組みにも潜んでいる。

こうした課題の解決のために図書館が有効なサービスを提供できるかは，疑問の余地があるかもしれない。しかし，2017年に話題を呼んだフェイクニュー

5：利用者の行動履歴からその人に適した情報を提示する仕組みをフィルターととらえ，利用者がフィルターの中に閉じ込められているようすを表現したもの。
イーライ・パリサー．閉じこもるインターネット：グーグル・パーソナライズ・民主主義．井口耕二訳．早川書房，2012，328p.

7－1図 IFLA が作成した「偽ニュースを見極めるには（How To Spot Fake News）」[6]

6："How To Spot Fake News". IFLA. 2018-07-17, https://www.ifla.org/publications/node/11174,（accessed 2018-11-11）.

スに対して，国際図書館連盟（International Federation of Library Associations and Institutions：IFLA）が起こした行動は，その解の一つを提供したものとして記憶に新しい。IFLA が作成した「偽ニュースを見極めるには(How To Spot Fake News)」と題するチラシには，フェイクニュースを見抜くための８項目が紹介されている（7-1図）。その内容は，いずれも図書館がこれまでに担ってきた情報リテラシー教育，あるいは図書館利用教育の目指してきた目標である。情報環境の特性を理解すること，その時どきの情報ニーズに適合した情報資源を選択すること，その情報資源に見合った適切な検索を行うこと，そして検索された情報を評価することが求められる情報社会において，市民一人ひとりに学習の機会を提供することが今，図書館に期待されているのである。

2．利用教育とは

（1）レファレンスサービスと利用教育

検索エンジンである“Google”の質問ボックスが一つであったり，Apple のスマートフォン iPhone が指による直感的な操作を可能としたように，私たちの身の回りの道具は，使いやすさを追求したデザインによって形作られている。しかし，その道具をより便利に，より深く使いこなそうとするのであれば，一定程度の学習が必要となる。同様に図書館もまた，より良く使ってもらうためには，図書館の利用法について学習の機会を利用者に提供する必要がある。一般にこうしたサービスを図書館利用教育（以下，利用教育）と呼ぶ。

丸本は，利用教育を「図書館が持つ固有の専門知識や技術の中で一般の人々に必要な部分を伝えることである」と述べている[7]。図書館は利用者が求める情報を事前に収集，整理，保存して，利用者に提供している。そこでは，これまで培ってきた専門知識や技術によって情報が整理される。そうした整理は検

7：丸本郁子．“図書館サービスとしての利用者教育の意義”．図書館における利用者教育：理論と実際．日本図書館学会研究委員会編集．日外アソシエーツ，1994，p.7-8．（論集・図書館学研究の歩み；第14集）．

索・利用と表裏一体をなすことになる。したがって，これら専門知識や技術に関する利用者向け教育プログラムを開発し，実践することが必須となる。

利用教育はこれまで，レファレンスサービスの一部として位置づけられ，実施されてきたが，最近では利用者サービスの一つとなってきている[8]。例えば，レファレンスカウンターで行われる質問回答サービスの中には，情報の探し方や図書館の利用法を指導するなど，図書館員が利用者と一対一で利用教育を提供することがある。これについて長澤は，「レファレンスサービスの一環として行われる利用指導は質問応答の結果としての一つの回答様式であり，受動的かつ一対一のインフォーマルなものであるところに特色がある」と指摘している[9]。他方，『図書館情報学用語辞典』は，利用教育を「図書館の利用者および潜在利用者の集団を対象に計画，実施される，組織的な教育的活動」としている[10]。後者の定義に見える「集団を対象」としている点で，利用教育はレファレンスカウンターでの利用指導とは区別される。また，「計画，実施される，組織的な教育的活動」からは，図書館が能動的かつ主体的に企画して行う活動という特徴が読み取れる。さらに「教育的活動」という表現からは，利用者自身が自らの問題を解決できるよう，自立した図書館利用者を育てるという意図がうかがわれる。以上述べたことから，利用教育がレファレンスサービスという枠組みに留まらない，利用者サービスの一つとして位置づけられ，実践される理由が確認できる。

（2）利用教育と情報リテラシー教育

日本図書館協会に常置委員会として図書館利用教育委員会が設置されたのは，1993年のことである。1989年12月に臨時委員会として活動を開始した同委員会は，『図書館利用教育ガイドライン』の制定・普及，図書館員向け研修の開催など，多様で活発な活動を続けて今日に至っている。

8：野末俊比古．“D．利用教育”．図書館ハンドブック．日本図書館協会図書館ハンドブック編集委員会編．第6版，日本図書館協会，2005，p.92.

9：長澤雅男，小田光宏．利用者サービスと利用者教育．雄山閣，1991，p.95．（講座図書館の理論と実際；7）.

10：図書館利用教育．図書館情報学用語辞典．日本図書館情報学会用語辞典編集委員会編．第4版，丸善，2013，p.183.

図書館利用教育委員会が『図書館利用教育ガイドライン合冊版』を発行したのは，2001年のことである。「図書館利用教育」という名称が用いられているが，その内容は図書館の利用法にのみ焦点を当てているわけではない。ガイドラインが目指すのは「全ての教育の目標が「自立」であるように，利用教育の目標は人々の情報活用面での自立，つまり情報リテラシー獲得の支援」であり，従来から図書館が行ってきた「諸活動を利用者の自立という観点から整理し直し，かつ新しい情報環境への対応も含め，理論化，体系化」することである[11]。

情報リテラシーという考え方が市民権を得てから久しい。ただ，この言葉の意味するところは文脈に依存する点に注意したい。情報リテラシーという言葉は情報通信技術（information and communication technology：ICT）の活用に重きを置くことがあるが，図書館における利用教育，情報リテラシー教育の立場からは，そうした道具を使いつつも，情報をいかに収集，分析し，評価し，活用するかといった，人々の情報活用プロセス全般に目を向けている点が特徴といえる。

このことは，アメリカ図書館協会が1989年に公表した報告書における情報リテラシーの定義からも明らかである。すなわち，情報リテラシーを有する人とは，「情報が必要であることを認識でき，必要な情報を効果的に発見し，評価し，利用する能力を持つ人である」というものである[12]。それは究極的には学び方を知っている人であり，生涯に渡って学び続けられる人を育成することにつながる。米国をはじめ，社会教育機関でもある図書館が中心となって，情報リテラシーの向上を先導する事例が各国に見られるのも，単なる情報機器の利用に留まらないで「情報そのもの」に着目しているからこそであろう。

（3）利用教育の内容とその範囲

図書館は，伝統的にその内容から図書館オリエンテーション（library orien-

11：日本図書館協会図書館利用教育委員会編．図書館利用教育ガイドライン合冊版：図書館における情報リテラシー支援サービスのために．日本図書館協会，2001，p.7.

12：American Library Association. "Presidential Committee on Information Literacy: Final Report". 1989, http://www.ala.org/acrl/publications/whitepapers/presidential,（accessed 2018-11-11）.

7-1表　「図書館利用教育ガイドライン—総合版—」の目標

	領域1　印象づけ	領域2　サービス案内	領域3　情報探索法指導	領域4　情報整理法指導	領域5　情報表現法指導
目標	以下の事項を認識する。 1．図書館は生活・学習・研究上の基本的な資料・情報の収集・蓄積・提供機関 2．図書館は資料・情報の受信・発信・交流の拠点 3．図書館は種々のメディアを提供する機関 4．図書館は物理的な空間というより世界に開かれた「情報の窓」 5．図書館は気軽・便利・快適で自由な休息と交流の場 6．図書館は個人の知る権利を保障する社会的機関（知る権利） 7．図書館は生涯学習を支援する開かれたサービス機関（学ぶ権利） 8．情報活用技能の重要性 9．図書館の種類と特徴 10．図書館とそのサービスポイントの所在地	以下の事項を理解する。 1．自館の特徴 2．施設・設備の配置（分館，サービスポイントの所在地） 3．検索ツールの配置と利用法 4．参考図書・ツールの存在と有用性 5．利用規定（開館時間等） 6．サービスの種類（貸出，複写，レファレンス，予約，リクエスト，情報検索，相互貸借，アウトリーチ，利用指導等） 7．対象別サービスの存在（障害者，幼児，児童，ヤングアダルト，成人，高齢者，多文化サービス等） 8．図書館員による専門的サービスの存在（調査・研究支援） 9．図書館員による親切丁寧な案内・援助・協力を受けられること 10．利用マナー 11．行事の案内（講演会，展示会，上映会，お話し会，ワークショップ等）	以下の事項を理解し習得する。 1．情報探索法の意義 2．情報の特性 3．情報の評価のポイント 4．資料の基本タイプと利用法（図書，雑誌，新聞，参考図書，AV資料，CD-ROM，オンラインデータベース等） 5．アクセスポイントと使い方（著者名，タイトル，キーワード，分類記号，件名標目，ディスクリプタ等） 6．検索ツールの存在と利用法（書誌，索引，目録，OPAC，レファレンス・データベース等） 7．サーチエイドの存在と利用法（分類表，件名標目表，シソーラス，マニュアル等） 8．情報検索の原理（AND/OR/NOTトランケーション等） 9．情報探索ストラテジーの立て方（一般的，専門的） 10．自館資料の組織法と利用法（分類，請求記号等） 11．レファレンス・サービスの利用法 12．他機関資料の調査法と利用法 13．ブラウジングの効用	以下の事項を理解し習得する。 1．情報内容の抽出と加工（要約，引用，言い換え，抄録，翻訳，解題等） 2．情報内容のメディア別の記録法（メモ・ノート法，カード記録法，クリッピング，データベースのダウンロード，録音録画等） 3．情報内容のメディア別の整理法（ファイリング，コンピュータによる加工法等） 4．資料の分類とインデックスの作成法（キーワード，見出し語の付与等） 5．書誌事項，アクセスポイントの記載法 6．発想法（ブレーンストーミング，KJ法等） 7．分野別・専門別の整理法 8．情報整理法の意義	以下の事項を理解し習得する。 1．情報倫理（著作権，プライバシー，公正利用等） 2．レポート，論文，報告書，資料の作成法（構成，書式，引用規則等） 3．印刷資料の作成法（パンフレット，リーフレット，ミニコミ紙等） 4．AV資料の作成法（ビデオの撮影，編集法等） 5．コンピュータによる表現法（グラフィック，作曲，アニメーション等） 6．コンピュータ・ネットワークによる情報発信（電子メール，インターネット等） 7．プレゼンテーション技法（話し方，OHP，板書法，AV，マルチメディア，学会発表等） 8．分野別の専門的な表現法 9．情報表現法の意義

tation)，図書館利用指導（library instruction)，文献利用指導（bibliographic instruction）といった利用教育を行ってきた。図書館オリエンテーションとは図書館の施設や設備，提供するサービスを案内するもので，図書館利用説明（library use presentation）とも言われる。図書館利用指導は，利用者が所属するコミュニティや組織の図書館の使い方を学ぶもので，OPACの使い方や文献の探し方などが含まれる。文献利用指導は，ある特定の図書館が所蔵する資料に留まらず，幅広く文献を探索し，その活用までを習得することを目標としたプログラムである。近年は，利用教育の代わりに情報リテラシー教育（information literacy instruction）と表現することも少なくないが，本章では利用教育と呼ぶこととする。

先に取り上げた「図書館利用教育ガイドライン―総合版―」は，利用者の情報ニーズや情報活用能力に合わせて利用教育の内容を五つに分け，それぞれについて具体的な目標と実践方法を例示している。その内容は，領域１：印象づけ，領域２：サービス案内，領域３：情報探索法指導，領域４：情報整理法指導，領域５：情報表現法指導の五つである（7-1表)。

領域１の印象づけとは，利用者に図書館の存在を知ってもらい，情報を必要と感じたときに図書館の利用につなげることを目標とするものである。ポスターやちらし，図書館報，地域広報誌などの印刷物を用いた図書館広報がその典型である。二つ目のサービス案内は，利用者が所属するコミュニティや組織の図書館の利用法や受けられるサービスを知り，図書館を利用できるようになることを目標としている。館内ツアーをはじめとするガイダンス，図書館利用案内の配布，ウェブサイトでの情報提供などが行われる。領域３の目標は，必要とする情報を探索し，入手するための知識や技術を身につけることである。OPACをはじめとする各種検索ツールの特徴と使い方，情報検索の技法，その図書館で入手できない場合の情報の入手法などが含まれる。領域４の情報整理法指導では，収集した情報の活用法と整理法の習得が目標である。情報の評価もここに含まれる。最後の領域５の情報表現法指導は，レポートやプレゼンテーション資料など，利用者が活動した成果を自らが求める形式で出力するための知識や技術の習得を目指すものである。利用者は，領域１から領域５までを理解し実践することによって，情報の取り扱いについての総合的な能力を獲得できる。

(4) 利用教育の方法

2章で，情報サービスには直接的サービスと間接的サービスがあると指摘したように，利用教育もまた，利用者と対面して提供する直接的サービスと，利用者が必要なときにその内容にアクセスできるよう支援する間接的サービスに分けられる。いずれの方法が最適かはそのプログラムの目標や対象者に関連する。

直接的サービスとして最も一般的な利用教育は，講習会である。講師役である図書館員が複数の利用者に対して，図書館の利用法や情報探索法などを案内，指導する。館内ツアーを実施したり，データベースを用いた実技演習を行ったりすることで，具体的な知識や技術に触れる機会を設けることも少なくない。最近では，クイズを介して図書館員と受講者がやりとりしたり，受講者がグループで課題に取り組んだりするなど，一方通行にならない対話形式の講習も取り入れられている。また，内容によっては，図書館員に代わり，教育内容に精通した専門家に依頼することもある。なお，大学図書館や学校図書館といった教育機関の図書館では，授業の中に利用教育が組み込まれることも多く，授業を担当する教員との連携が欠かせない。

印刷物やインターネットによる間接的サービスは，時間や場所にとらわれずに，利用者の時機とニーズに合わせたサービスを提供できる点に特徴がある。開館時間や貸出冊数，貸出期間など，図書館の利用に必要十分な情報が掲載された利用案内は，その典型である。印刷物のほか，図書館ウェブサイトで提供される。印刷物は図書館オリエンテーションなどの直接的サービスの資料としても利用できるほか，利用者自身が館内を巡る際のセルフガイドにもなる。館内にチェックポイントを設けて，セルフツアーを行える専用の資料を用意する図書館もある。こうした利用案内やデータベース検索法を音声ガイダンスやビデオとして配信する図書館も増えてきている[13]。また，レファレンスサービスの結果として蓄積されたレファレンス回答をもとに，図書館ウェブサイトにQ&Aを掲載したり，パスファインダー[14]を作成，提供したりすることも行われ

13：例えば，東京都八王子市の市立図書館は，手話と字幕付きの利用案内ビデオを公開している。
14：パスファインダーについては，本書6章2節2項cおよび8章2節4項bも参照されたい。

ている。利用案内同様，いずれの資料も講習会などの教材にもなり得るので，積極的な作成が求められるとともに，適切な企画と定期的な見直しが必要である。

3．各種図書館と利用教育

（1）公共図書館

公共図書館における最近の情報サービスは，課題解決型サービスに代表されるように，情報提供に重きが置かれているように思われる。しかし，インターネットを基盤とする情報社会が進展した今，来館しない図書館利用者も含め，電子資料の利用やパソコンをはじめとする情報機器の利用への対応が欠かせない。

こうした主張は，国内の情報化が推進され始めた2000年前後から指摘されている。例えば，1998年10月に生涯学習審議会社会教育分科審議会計画部会図書館専門委員会がまとめた『図書館の情報化の必要性とその推進方策について－地域の情報化推進拠点として－（報告)』では，公立図書館の新しい役割の一つとして「地域住民の情報活用能力の育成支援」が挙げられている[15]。また，2000年11月の生涯学習審議会答申『新しい情報通信技術を活用した生涯学習の推進方策について』でも，地域の情報拠点である図書館に情報リテラシーの育成支援等のサービスの充実を求めている[16]。これらを受けてとりまとめられた『2005年の図書館像～地域電子図書館の実現に向けて～』（文部省，地域電子図書館構想検討協力者会議，2000年12月）では，5年後の2005年の公立図書館の姿を描いた場面の一つに「住民の「情報リテラシー」のための講座もある」を取り上げている[17]。そのほぼ5年後の2006年3月に公表された，これからの図書館の在り方検討協力者会議による『これからの図書館像－地域を支える情報

15：生涯学習審議会社会教育分科審議会計画部会図書館専門委員会．“図書館の情報化の必要性とその推進方策について：地域の情報化推進拠点として（報告）”．WARP．1998．http://warp.ndl.go.jp/info:ndljp/pid/286794/www.mext.go.jp/b_menu/shingi/12/shougai/toushin/981001.htm，（参照 2019-01-11）.

16：生涯学習審議会．“新しい情報通信技術を活用した生涯学習の推進方策について：情報化で広がる生涯学習の展望”．文部科学省．2000．http://www.mext.go.jp/b_menu/shingi/old_chukyo/old_gakushu_index/toushin/1315225.htm，（参照 2019-01-11）.

拠点をめざして－（報告）』でも，「IT 化の進展に伴い，住民がこれを十分活用できるようにするため，利用の案内・支援や，他の社会教育施設等と連携して情報リテラシーの向上を目指した講座の充実を図ることも図書館の重要な役割である」と繰り返し述べられている[18]。

こうした状況は国内に留まらない。例えば，IFLA は2005年にユネスコ，情報リテラシー全米フォーラム（National Forum on Information Literacy：NFIL）とともに「情報リテラシーと生涯学習は発展，繁栄，自由への道を照らす情報社会の灯標である」ことをうたったアレクサンドリア宣言を採択している[19]。世紀の変わり目を境にして，公共図書館における情報リテラシーの重要性に注目が集まったことがうかがわれる。

では，公共図書館での利用教育はどのような状況であろうか。2001年に全国公共図書館協議会が実施した調査によれば，「情報リテラシー支援講座を実施していますか」という問いに対して，定期開催していると回答した自治体は18自治体（1.1％），開催している自治体は67（4.1％），開催していない自治体は1,541（94.8％）であった[20]。

高田は，2006年に都道府県立図書館（回答館53館）と政令指定都市の市立図書館（同15館）を対象にアンケート調査を行っている[21]。これによれば，図書館を活用した情報の調べ方講座を実施しているのは都道府県立図書館で18館（34.6％），市立図書館で２館（13.3％）であった。また，図書館ツアーを実施

17：文部省地域電子図書館構想検討協力者会議．“2005年の図書館像：地域電子図書館の実現に向けて（報告）．文部科学省．2000．http://www.mext.go.jp/b_menu/shingi/chousa/shougai/005/toushin/001260.htm，（参照 2019-01-11）．

18：これからの図書館の在り方検討協力者会議．“これからの図書館像：地域を支える情報拠点をめざして（報告）”．WARP．2006．http://warp.ndl.go.jp/info:ndljp/pid/286794/www.mext.go.jp/b_menu/houdou/18/04/06032701.htm，（参照 2019-01-11）．

19：“Alexandria Manifesto on Libraries, the Information Society in Action”. IFLA. 2015-11-11. https://www.ifla.org/publications/alexandria-manifesto-on-libraries--the-information-society-in-action，（accessed 2018-11-11）．

20：全国公共図書館協議会．“2001年度公立図書館における電子図書館のサービスと課題に関する実態調査報告書”．東京都立図書館．2002，p.54-55．https://www.library.metro.tokyo.jp/pdf/15/pdf/allchap.pdf，（参照 2018-12-10）．

21：高田淳子．公共図書館における情報リテラシー教育の現状．現代の図書館．2007，vol.45，no.４，p.205-212．

しているのは，都道府県立図書館で33館（63.3%），市立図書館で7館（46.7%），OPAC 検索講座は前者が23館（43.4%），後者が3館（20.0%）であった。このほか，図書館のホームページを活用して資料・情報の調べ方について案内しているかどうかを尋ねたところ，都道府県立図書館の45館（86.5%），市立図書館の9館（60.0%）が行っていた。

利用教育の実施が重要になりつつある中，利用案内の配布など，印刷物による利用教育が主流であった公共図書館でも，対面での利用教育が増えつつある。また，利用教育に用いられるメディアも印刷体に加え，ウェブサイトや動画配信サービスなど，ICT を用いたサービスも展開されている。現状では図書館の規模，職員数の多寡，各館のサービス方針などによりその実施や内容に差が出ているものの，情報社会の進展に合わせた今後の展開がますます期待される。

（2）大学図書館

大学図書館では，早くから学生を対象に利用教育が行われ，その事例報告も数多い。橋が2000年に全国の大学および高等専門学校の図書館を対象に行ったアンケート調査によれば，早くも1964年から利用教育を実施している大学があったという[22]。その後，利用教育を開始する図書館は，1970年代から1980年代に徐々に増加し，1990年以降には大幅に増加している。1990年前後といえば，1989年に日本図書館協会内に図書館利用教育委員会が発足した時期であり，同協会から図書館員選書の1冊として『大学図書館の利用者教育』がまとめられた時期でもある。図書館利用教育委員会が『図書館利用教育ガイドライン（総合版）』を発表したのは1995年であり，翌1996年には大学版が公表されている。こうしたことからも，大学図書館が利用教育の主導的役割を担ってきたことがうかがわれる。

大学図書館の機能は，大きく学習支援と研究支援に分けられる。前者は学生を，後者は教員や研究者を対象としている。利用教育という側面から見た場合，主たる対象者は学生であるが，教員や研究者，さらには職員を対象にした利用教育も考えられる。実際に，教職員を対象としたワークショップが開かれたり，

22：橋洋平．“大学・高専図書館における情報リテラシー教育”．2002-10-28．http://www.geocities.co.jp/CollegeLife-Club/4479/index.html，（参照 2018-11-11）．

教員や研究者を対象としたファカルティ・ディベロップメントや職員対象のスタッフ・ディベロップメントに利用教育プログラムが組み込まれたりする例もある[23]。

学生を対象とした利用教育には，主として図書館が主催するガイダンス，授業科目と連携して行われる利用教育，そして利用教育を目的とした授業科目の三つがある。図書館が主催するガイダンスには，新入生を対象とするオリエンテーションのほか，図書館が独自に企画する各種講習会がある。授業科目との連携は，教員からの要請により図書館員が授業の1時間を担当して利用教育を行う科目関連型（course-related instruction）と，科目の内容を決定する段階から教員と図書館員が協働して利用教育を組み込む科目統合型（course-integrated instruction）とがある。利用教育を目的とした授業科目とは，図書館利用や情報リテラシー能力の修得に対して，他の科目と同様に単位を与えるもので，独立科目（independent course）と呼ばれる。

大学のカリキュラムに関わる利用教育は，教員との連携が欠かせない。この連携をより進めるため，図書館で利用者を待つだけでなく，図書館員が積極的に教員の下に出向いて協働するなどのアプローチも行われつつある。海外ではリエゾンライブラリアン（liaison librarian）やエンベディッドライブラリアン（embedded librarian）と呼ばれる図書館員が登場し，その役割を果たしている。リエゾンライブラリアンは主題専門図書館員（サブジェクトライブラリアン：subject librarian）として，コレクション構築やレファレンスサービスなどの図書館業務に軸足を置きつつ，教員との連携にも積極的であるのに対し，エンベディッドライブラリアンは活動の拠点そのものが図書館ではなく，教員や学生の身近にあり，より利用者のニーズに合ったサービスを展開できる点に特徴がある。

最近では，学生の主体的な学びを支援する学習空間であるラーニングコモンズ（learning commons）を整備する大学図書館も増えてきている。ラーニン

23：ファカルティ・ディベロップメント（faculty development）とは，大学教員の教育力向上を目指した組織的な取り組みのこと。教育手法を学んだり，教員同士で授業を参観し合ったりなどの活動がある。一方，スタッフ・ディベロップメント（staff development）は，大学職員の能力開発を目指したものである。

グコモンズは，可動式の机や椅子，ホワイトボード，パソコンやプロジェクタなど，とかくその施設・設備に注目が集まるが，同時に学習用コンテンツの充実と人的支援の提供も欠かすことができない。特に人的支援については，図書館の利用法にはじまり，情報探索法，専門科目に関連する学習課題の解決，レポートの執筆法など，そのニーズは多岐にわたり，これらは利用教育そのものといっても過言ではない。学生や大学院生を雇用して，その一部機能を担うことも行われているが，利用教育プログラム全体を計画し，運用するのは図書館員自身であることを自覚することが肝要である。

（3）学校図書館

小学校，中学校，高等学校に設置される学校図書館は，各学校の教育課程における児童・生徒の学習と教養の育成を支援する組織である。2016年に文部科学省が公表した「学校図書館ガイドライン」によれば，学校図書館には読書センター，学習センター，情報センターの三つの機能があることが示されている[24]。このうち，情報センターは「児童生徒や教職員の情報ニーズに対応したり，児童生徒の情報の収集・選択・活用能力を育成したりする」ことを目指すもので，児童・生徒の利用教育は学校図書館の重要な役割の一つであることが確認される。このことは，学校図書館法第４条第４号に「図書館資料の利用その他学校図書館の利用に関し，児童又は生徒に対し指導を行うこと」と示されていることからも明らかである。

もちろん，児童・生徒に対する利用教育は，独立して行われるものに限らない。むしろ，学校の教育課程の学習に多様な情報の活用が取り入れられつつあることから，学習指導要領による教育課程に沿った利用教育の実施が求められる。

1998年の学習指導要領の改訂（実施は2002年）によって始まった総合的な学習の時間は，その典型例であろう。総合的な学習の時間に見られる課題の発見からその解決に至るまでの探究的な学習では，情報活用能力が基盤となる。またこの改訂では，高等学校で教科「情報」が新設されるなど，情報化に対応した教育が推進された。

24："学校図書館ガイドライン"．文部科学省，2016-11-29．http://www.mext.go.jp/a_menu/shotou/dokusho/link/1380599.htm，（参照 2018-11-11）．

同時期の1998年８月に公表された『情報化の進展に対応した教育環境の実現に向けて（情報化の進展に対応した初等中等教育における情報教育の推進等に関する調査研究協力者会議最終報告書）』では，情報活用の実践力，情報の科学的な理解，情報社会に参画する態度の三つからなる情報活用能力の育成を情報教育の目標として掲げている[25]。この目標の達成にあたり，報告書では読書センターとしての機能に加え，学習情報センターとしての機能を強化した学校図書館の整備・充実を求めるとともに，司書教諭にはメディア専門職としての役割が期待された。教科，あるいは図書館という固定化された枠に留まらない，学校内での幅広い活動が求められるようになったといえるであろう。

最近では，2020年から適用される学習指導要領において，主体的・対話的で深い学び，すなわちアクティブラーニングが前面に打ち出されている。単なる知識の教授といった受動的な教育から，児童・生徒が多様な情報資源を活用して主体的に学ぶ能動的学習へと教育の重点が大きく移行している。教員，司書教諭，そして学校司書による協働（ティームティーチング）が利用教育，ひいては学校教育の基礎となる。

学校図書館における利用教育の内容は，日本図書館協会図書館利用教育委員会が1998年にガイドラインを示しているが，それは高等学校に留まる。より幅広く利用教育の内容を扱ったものに，全国学校図書館協議会が2004年に制定した「情報・メディアを活用する学び方の指導体系表」がある[26]。ここでは，その内容をⅠ．学習と情報・メディア，Ⅱ．学習に役立つメディアの使い方，Ⅲ．情報の活用の仕方，Ⅳ．学習結果のまとめ方の四つに分け，児童・生徒を小学校低学年，中学年，高学年，中学校，高等学校の５グループとして，それぞれの学年で扱うべき項目が整理されている。教育課程全体を視野に入れつつ，教科学習に沿った教育プログラムを計画，実践する際に参照できる。児童・生徒が図書館の利用法を身につければ，大学図書館や公共図書館などでもその能力

25：情報化の進展に対応した教育環境の実現に向けて（情報化の進展に対応した初等中等教育における情報教育の推進等に関する調査研究協力者会議最終報告書）．文部科学省，1998. http://www.mext.go.jp/b_menu/shingi/chousa/shotou/002/toushin/980801.htm,（参照 2018-11-11）.

26：“情報・メディアを活用する学び方の指導体系表”．全国学校図書館協議会，2004-04-01. http://www.j-sla.or.jp/pdfs/material/taikeihyou.pdf,（参照 2018-11-11）.

を生かせることから，学校図書館におけるこうした取り組みは重要である。

（4）専門図書館

利用者の求める情報を迅速かつ的確に入手したり，加工して提供したりする専門図書館において，情報検索は専門図書館員の業務そのものであり，専門職としてサーチャー（インフォプロ）が確立していた。しかし，1990年代以降，インターネットの普及に伴い，有料の商用データベースがウェブを通じて提供されるようになり，またかつて灰色文献と呼ばれた政府刊行物をはじめとする各種情報もウェブで無料公開され，企業や団体に所属する利用者も気軽にインターネットを使って情報検索できるようになった。一方，専門図書館では図書館員数が少ないため，他の館種に比べ，情報利用者自身が商用データベースなどの検索を行えるよう，早くからエンドユーザ教育に力を入れてきた。こうした事情から，専門職としてのサーチャーへの信頼は変わらないものの，その役割や期待は変化せざるを得なくなっている。

「依頼された検索の実行」という職責が減少し，「検索の方法などを利用者に教える」といった役割に焦点が当たりつつあるのは，その例である。例えば，国内のビジネススクール在学生を対象にアンケート調査を実施した梅澤によれば，国内雑誌論文検索データベースである“CiNii Articles”をまったく知らなかったと回答した人は67名中18名（26.9％），同じく政府統計データを提供する“政府統計の総合窓口（e-Stat）”については65名中24名（36.9％）であった[27]。大学卒業者であれば，おそらく大学図書館が実施する利用教育などで紹介されるであろう情報資源でも，その存在すら知られていない可能性は十分ある。

生涯学習社会を迎えた今日，学校教育を終えた社会人であっても，常に知識の更新が求められる。その意味でも，企業をはじめとする組織に設置される専門図書館においても，利用教育は重要なサービスと位置づけられる。しかし，青柳らが2011年に行った質問紙調査では，民間企業等で利用教育を実施してい

27：梅澤貴典．高度情報化社会における大学図書館の役割と，職員の専門スキル向上策：FD・SD・大学経営・政策の視点からの改善案．大学マネジメント．vol.9，no.1，p.21-23.

るのは41館（29.3％），一部実施しているのは36館（25.7％），未実施は61館（43.6％）で[28]，その実施率は決して高いとはいえない。

また，小泉が2015年に企業内専門図書館の利用者に行ったアンケート調査（n=136）によれば，業務上の情報を収集するときに無料ウェブサイト，有料ウェブサイト，冊子体，人的なつながりのそれぞれをどの程度の割合で活用しているか尋ねたところ，無料ウェブサイトが最も多く44.1％であった[29]。続いて有料ウェブサイトが22.5％，冊子体と人的なつながりがそれぞれ16.7％であった。オンラインの利用が３分の２を占めた。また，無料ウェブサイトの利用理由を尋ねているが，最も多かった回答が「自席で自由，気軽に使えるから」で89.6％であった。利便性の高さや時間の節約，予算の制限などがその背後にあるように思われる。

一方，専門図書館員に今後望む支援には，「自身では入手困難な情報や文献の入手支援」が75.2％と，最も多くの回答が寄せられた。しかし，半数を超えたのはこれのみで，続いて「電子ジャーナル等，有料 Web サイトの契約や拡充」が46.7％，「電子的に入手不可な冊子体資料の収集」は41.6％で，代行検索は36.5％に留まった。また，「利用情報源に対するアドバイス」36.5％，「正しい／最も適切な Web サイトへの誘導」20.4％，「Web サイトの信頼性や関連情報に関するアドバイス」17.5％など，利用教育に関わる支援も期待されているとは言い難い結果であった。

電子であれ，冊子体であれ，有料で提供される比較的信頼性の高い情報資源が選択肢群の上位にある点は納得できる。同時に，無料ウェブサイトへの過度の傾注が生じているとすれば，そうした問題点の解決のために，適切な利用教育の実施が求められるであろう。

28：青柳英治研究代表者．専門図書館における情報サービス活動にもとづいた職員養成に関する基礎的研究（科学研究費補助金（基盤研究 C）研究成果報告書，平成22年度－平成24年度）．［明治大学］，2013，p.14-15.

29：小泉真理．インターネット時代の企業内専門図書館利用者の情報収集活動と図書館に求める役割．Library and Information Science．2017，no.17，p.87-115.

4．利用教育の企画と実施

（1）インストラクショナルデザイン

近年，利用教育の企画，実施にあたって，インストラクショナルデザイン（instructional design）に注目が集まっている。鈴木によれば，インストラクショナルデザインとは「教育活動の効果・効率・魅力を高めるための手法を集大成したモデルや研究分野，またはそれらを応用して学習支援環境を実現するプロセスのこと」である[30]。教育活動を一つのシステムと見なし，その開発から実施，評価に至るまでの過程を通じて，効果的で効率的，そして魅力的な教育活動を目指す，主として教育工学の考え方である。利用教育が図書館利用者を対象とした教育プログラムである以上，より効果的なものにするためには，こうした知見を応用することも必要であろう。

インストラクショナルデザインでは，教育プログラムの設計から実施までの過程をインストラクショナルデザインプロセスとしてモデル化している。この過程にはさまざまなものがあるが，著名なものの一つにADDIEモデルがある。ADDIEとは，分析（analysis），設計（design），開発（development），実施（implementation），評価（evaluation）の頭文字をとったものである。

分析は，その教育プログラムでどのような目標を達成するのか，そのニーズや課題を明らかにすることである。教育プログラムの受講者の特徴やニーズ，文脈とともに，その教育プログラムを提供する組織が抱えるニーズや課題，文脈なども検討する。設計は，教育プログラムの仕様書を作成することである。どのような内容を，どのような方法を用いて，どのくらいの時間をかけて行うのか，そのための教材は何かを具体的に明らかにする。これを受けて，実際の教育プログラムや教材を開発し，実施する。プログラム終了後には評価を行う。プログラムや教材の内容はもちろん，受講者の反応や達成度，さらにプロセスの個々の活動について評価することで，より良いプログラムにつなげることが

30：鈴木克明．e-Learning実践のためのインストラクショナル・デザイン．日本教育工学会論文誌．2005，vol.29，no.3，p.197．

できる。

図書館の利用教育プログラムにインストラクショナルデザインを取り入れた例として，ブース（Char Booth）のUSERモデルがある[31]。USERは，理解（understand），構成（structure），実践（engage），省察（reflect）の頭文字をとったものである。理解は，学習計画を明確にすることである。その際，学習者がどのような問題や課題に直面しているのかを明らかにした上で，学習者，学習の文脈・環境，学習内容，教育担当者の4点について，それぞれの特徴と課題に関する情報を収集する。構成は目標を定め，学習者に効果的な教育手法を検討するプロセスである。続く実践は，構成に沿ってプログラムや教材を開発し，実施することである。最後の省察では，教育プログラムを振り返り，その効果を評価するとともに，改善すべき点を明らかにし，次のプログラムに生かしていく。

（2）企画と実施

ここで取り上げた二つのモデルは，企業経営などで広く使われているPDCAサイクルを教育プログラムの設計，実施に適応したものといえる。PDCAとは，計画（Plan），実行（Do），評価（Check），改善（Act）の頭文字をとったものである。ある目標を達成するために具体的な計画を立て，実行し，その結果を評価し，次の新たな計画に向けて改善を加えることを指す。教育という文脈に沿ったインストラクショナルデザインは，教育プログラムの開発から実践に至る過程で，注目すべき観点をより明確に理解できるという点で，利用教育への応用も期待される。

例えば，利用教育の企画にあたって取り組むべき最初の段階は，その目的の確認と目標の策定である。利用者はどのような問題や課題を抱えているのか，それはどのような文脈の下であるのか，個々の利用者のニーズを想定すればよいのか，それともその利用者を含む組織やコミュニティのニーズ，意図を反映させる必要があるのかなどを考慮する必要がある。その上で，プログラムの内容や到達すべき目標を明確にし，適切な手法を選択したり，教材を開発したり

31：Booth, Char. *Reflective teaching, effective learning: instructional literacy for library educators*. American Library Association, 2011. 180p.

する。最近では，学習理論を背景とした多様な教育方法が実践されている。学習環境もまた，重要な要素の一つとなっている。こうした学びのデザインを利用教育に積極的に取り入れることも必要であろう。

PDCA でも求められる評価は，最初の段階である目的と目標が明確であって初めて機能する。学校教育では，その成果（アウトカム）を評価するよう求められることが少なくないが，それは決して簡単なことではない。受講者である児童・生徒や学生が内容を理解した，できるようになったという事実は，測定そのものが困難であるし，利用教育のみの成果であるとは限らないからである。学習者に焦点を当てつつも，プロセス全体の振り返りを促すインストラクショナルデザインの考え方は，多様な評価の視点を提供し，新たなプログラムの開発につなげられるという意味でも有用であろう。

5．利用教育の課題と展望

インターネットが身近な存在となった現在，誰でも簡単に情報を入手できるようになった。ただ，それで本当に価値ある情報を，必要十分な形で入手できているとは必ずしも断定できない。また，インターネットへのアクセスを物理的にも，経済的にも享受できない人々がいることも事実である。広く市民に開かれた図書館は，多様な情報へのアクセスに加え，利用者にその機会を提供する役割をも担う。その意味で利用教育は，情報利用の適切な道標を示すとともに，利用者の情報利用行動を創出するきっかけを与えるものでもある。

今日の情報社会では，情報の利用は ICT の活用と無縁ではいられない。したがって，そのための環境を整備することは必須である。しかしながら，Wi-Fi を設置する公共図書館は増えつつあるが，利用者が使えるパソコンの整備は十分とはいえない。こうした物理的な障壁ゆえに，OPAC 講習会やインターネット講習会などの利用教育を効果的に実施できない状況にある。もちろん，パソコンの用意は必要条件の一つに過ぎないが，こうした環境の整備がサービスの向上を促すことも期待できる。有料の電子情報資源に加え，無料のデジタルアーカイブやオープンアクセスとなる情報資源がますます増加することは想像に難くない。電子化に対する公共図書館の今後の積極的展開が待たれる。

学校教育における図書館の利用教育は，その学校の教育目標であるカリキュラムにいかに密接に関われるかが要点の一つであろう。『中学生・高校生のための探求学習スキルワーク』の編者である桑田は，「おわりに」で「学校図書館を単なる資料の館として利用する学習ではなく，教科と学校図書館とが協働でつくりあげた探求学習を展開してほしい」と述べている[32]。ここで桑田は，ダナム（Jean Donham）の著書にある学校図書館からの支援レベル，すなわち単なる場所貸しであるレベル０，教科教諭の要求に対応して資料を準備するレベル１，教科教諭の授業計画に従って生徒個人や生徒のグループに対して個別指導するレベル２，教科教諭の授業計画に従ってクラス全員に図書館利用授業を行うレベル３，レベル１からレベル３を含む，教科教諭と協働で授業計画を作成し，授業も協働で行うレベル４の四つの支援レベルを紹介し，学校図書館が目指すのはレベル４であると表明している。これは，大学図書館にも通じる考え方であろう。そのときに課題となるのが「利用教育を担う人」である。

学校図書館では，教育職である司書教諭が主たる責任者となって活動できる。他方，大学では，教育研究を担当する教員と大学の事務的運営を担当する事務職員は，仕事上で明確に分かれていることが多い。そのほとんどが事務職員である大学図書館員は，それゆえ教育に積極的に関わることが難しいのが現状である。もちろん，学校図書館でも司書教諭の必置問題，教員への過度の業務負担，学校司書の配置や役割の明確化など，さまざまな課題を抱えている。そのような中で，利用教育を主導する図書館員は，自らの役割をあらためて確認し，必要な専門知識を身につけ，利用教育というサービスを教職員に継続的に広報していくことが重要である。組織内への広報やPRが重要であることは，専門図書館も同様である。

このことは，すべての図書館活動に当てはまる。図書館員が主体的に行おうとする自覚と実践，そのための不断の努力，そして積極的なPRが利用教育にも求められる。

32：桑田てるみ編．中学生・高校生のための探求学習スキルワーク：6プロセスで学ぶ．全国学校図書館協議会，2012，p.119.

8章　各種情報資源の特徴と利用法

1．情報サービスにおける情報資源の変遷と多様化

情報通信技術（information and communication technology：ICT）の進展は，図書館におけるさまざまな情報サービスにも影響をもたらしている。情報サービスの主要なサービスの一つに利用者から受けるレファレンス質問に図書館員が回答するレファレンスサービスがある。現在，レファレンスサービスに使用される情報資源は印刷物と電子メディアが共存している状況にある。しかし，共存している状況にあっても，印刷物しか発行されていないもの，印刷物と電子メディアの両方が発行されているもの，電子メディアしか提供されていないものと，三つのタイプが存在する。

19世紀に端を発する海外で誕生した著名な索引誌や抄録誌は，データベースによる提供が主流になり，印刷物を中止してしまったものも少なくない。図書館でも高価な印刷物の二次資料は，書架のスペースや購入費の高騰により，現在ではデータベースのみ使用するところも多くなっている。

図書館で扱う情報も，館内に所蔵する情報資源に留まらず，他館やウェブ上に存在する膨大な情報資源が対象となっている。情報専門家としての図書館員は，どこにどのような情報資源が存在するのかについての知識を有し，それらの情報資源を有効的に活用し，必要とする利用者に的確にサービスできる知識とスキル（技術）が求められる。

目録・分類などの情報資源の組織化は，カード形式で個別の図書館員がその作成に力を注いできた時代は終わり，1990年代初めにはデータベースとしての目録へ変容した。1995年になるとわが国でもインターネット回線が一般の人々にも普及し，OPACは図書館に行かなくても図書館のウェブサイトから検索できるようになった。各種総合目録もウェブサイトから検索できるようになり，

レファレンスで使用するレファレンスツールの出版状況，所蔵状況も手軽に知ることができる。情報サービスを提供する図書館員は，困っている利用者への適切な情報提供ができるように，多様化する情報資源の特徴や利用方法を熟知し，日々進化するデータベースに関する知識やその活用能力の向上に努める必要がある。

2．情報資源とレファレンスコレクション

図書館で適切な情報サービスを行うには，図書館の情報資源の充実を図る必要がある。8-1図には自分が働く図書館を中心に，図書館内外に存在するさまざまな情報資源を示している。

情報資源とは，求める情報を入手するために必要となる情報で，図書館の蔵書，ウェブ上の情報，ヒトから得る情報などある。したがって，図書館が収集した図書，雑誌，新聞，地図，百科事典，専門事典，辞書・辞典，便覧，白書，統計など，図書館の蔵書すべてが情報資源であり，これらを館内情報資源と呼ぶ。一方，パソコンやスマートフォンなどの電子通信機器を使用してウェブ上の情報資源や契約を結んで利用できる商用データベース，各種専門機関や団体などを館外情報資源と呼ぶ。さらに忘れてはならない情報資源にヒトから得る情報がある。ある分野に関する専門家から得られる情報には，図書館などで収集する情報資源では得られない貴重な情報も存在する。

図書には，小説や教科書のように通読するための一般図書と，何かを調べるためのレファレンスブック（参考図書）とがある。図書館で利用者から受けたレファレンス質問を解決する場合や，利用者が自分で問題解決を図ろうとするためにも，図書館におけるレファレンスブックの充実が求められる。印刷形態のレファレンスブックと，情報を電子化して検索できるように体系的に構築されたデータベースも重要であり，両者を併せてレファレンスコレクションと呼ぶことができる。個人では契約に費用がかかり負担が大きい商用データベースは，どのような種類のデータベースを自館で導入したらよいか，その選定にあたっては，予算と日頃受けているレファレンス質問の内容に基づいて検討する必要がある。一般に公共図書館より大学図書館の方が，商用データベースの導

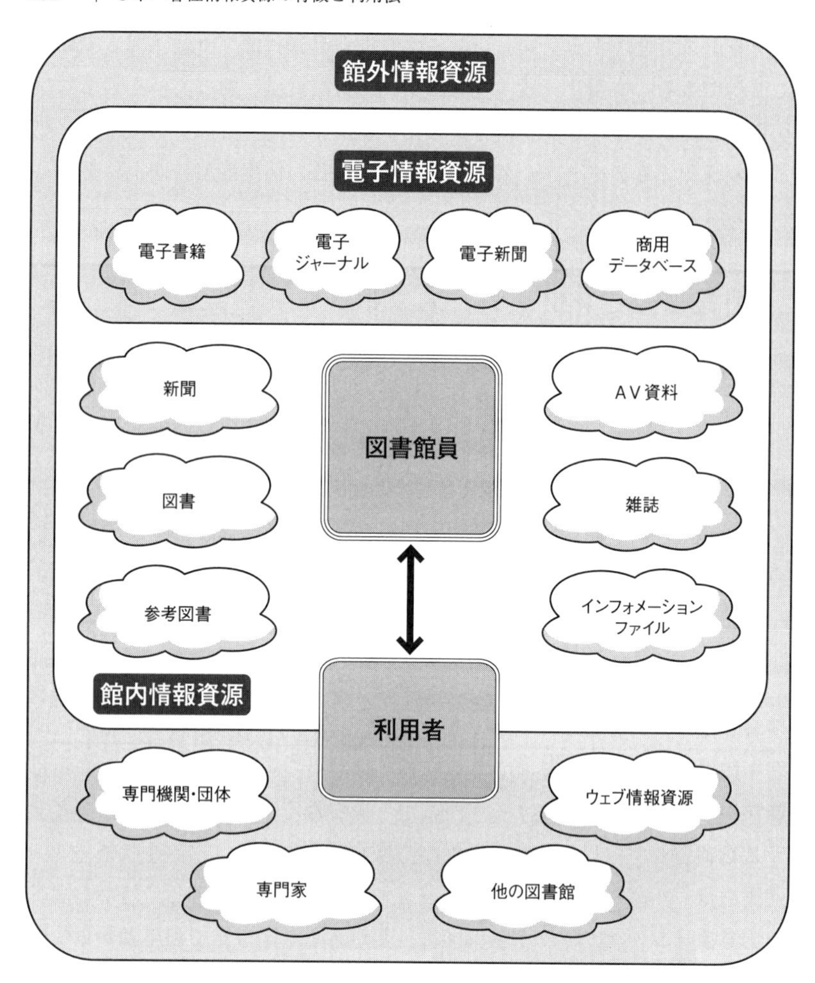

8-1図　図書館における各種情報資源

入数は多く，専門的な主題を扱うデータベースを契約していることが多い。商用データベースでは，同時アクセス数（同時に何人使用できるかという数）により費用も異なってくるため，データベースの利用頻度などの統計を取っておくことも必要である。

レファレンスコレクションの充実は，図書館員にとっても重要であるが，自分で調べたい利用者や教育の一環として児童・生徒・学生が自分で調べる場合にも重要である。したがって，限られた予算の中で，図書館に存在する豊富な情報資源とレファレンスコレクションの充実を図る努力を怠らないことが図書館員には求められる。適切な情報サービスを提供するためには，図書館員の情報資源やレファレンスコレクションに関する豊富な知識と，調べるためのスキル（調査能力）が重要な鍵となる。とくにレファレンスライブラリアンには，レファレンスコレクションの構築に関する知識，レファレンスブックとデータベースに関する評価能力も求められる。

（1）レファレンスサービスで使用する情報資源

レファレンスサービスで使用する情報資源には，図書，雑誌記事，新聞記事，技術報告書（テクニカルレポート），白書や統計などの政府刊行物，規格資料，特許資料などの一次資料と，レファレンスブック，書誌，目録などの二次資料に大別することができる。今日，書誌，目録，索引誌，抄録誌はデータベースとして提供されているものがほとんどである。一次資料においても電子書籍，電子ジャーナル，雑誌記事や新聞記事の全文データベース，政府刊行物の白書や統計の電子出版形態が急速に増えてきている。レファレンスブックの中にも辞書や百科事典のデータベースによる提供も増えている。しかし，主要なレファレンスブックの中には，電子化されていないものも多いことに注意が必要である。また，両方の形態で提供されている同一名のレファレンスツールでも，必ずしも内容が全く同じではないものも存在する。多くの百科事典が両方の形態で提供されているが，著作権の問題から，図・写真等についてはデータベースでは提供されていないこともある。データベースでは更新しやすいこともあり，本文の内容の一部が異なる場合もある。したがって，多様化する情報資源を適切に使用していくことが重要となる。

レファレンスサービスを行う場合に，これらの市販されている情報資源のほかに，自館で作成するインフォメーションファイル，パスファインダー，レファレンス事例集，レファレンス事例データベースなども利用しながら情報提供する場合も多い。

(2) レファレンスコレクションの種類と特性

図書館で使用するレファレンスコレクションは，8-2図に示すように大きく分けて，a. レファレンスツールを探すためのガイド（情報資源ガイド），b. 事実解説型レファレンスツール，c. 案内指示型レファレンスツールの三つに分けることができる。ツール（tool）とは，道具とか仕事に必要な物という意味であるが，本書ではレファレンスサービスを行うために必要な印刷物の形態のものと，電子化されたデータベースの形態のものの両方を含む意味で，レファレンスツールという言葉を使用する。

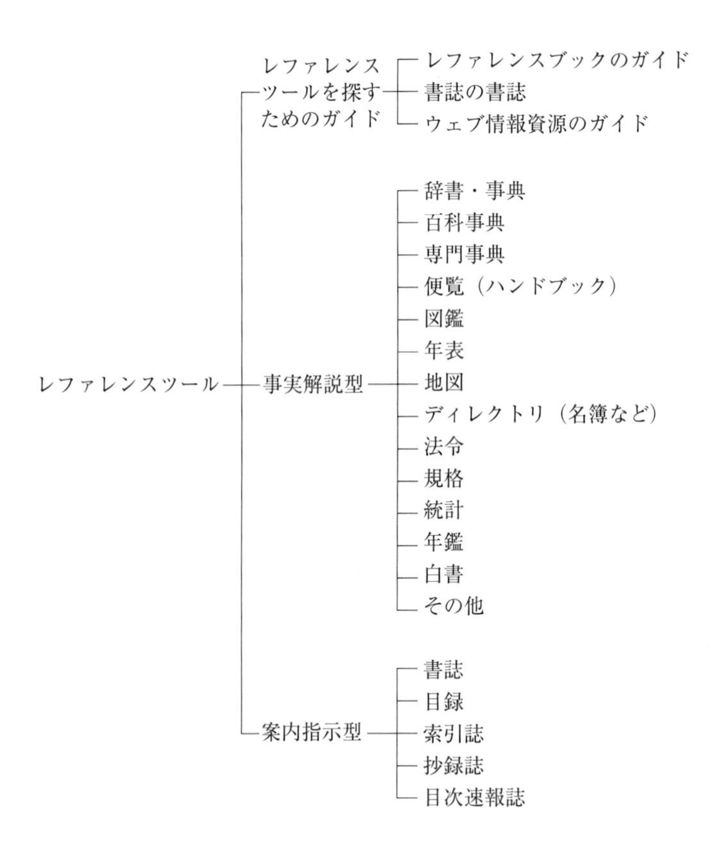

8-2図 レファレンスツールの種類

a．レファレンスツールを探すためのガイド（情報資源ガイド）

知りたい情報や調べたい情報を探す場合，どのような情報資源を利用すればよいか，いつもあらかじめわかっているとは限らない。そのような場合，多種多様なレファレンスツールの中から，特定の質問に対して有用で適切なツールを選び出すことは，それほど簡単なことではない。レファレンスサービスでは回答期限を厳守する必要があるため，そのとき受けた質問に対して回答が得られそうな適切な情報資源を迅速に複数準備する必要がある。

このような場合に役立つのがレファレンスツールを探すためのガイド（情報資源ガイド）である。大別するとレファレンスブックのガイド，書誌の書誌，ウェブ情報資源のガイドの３種類がある。

レファレンスブックのガイドは，個々のレファレンスブックの書誌情報（書名，編著者，出版者，出版年，ページ数など）とその解題（どのようなレファレンスブックであるかについての解説）が記されている。受けたレファレンス質問に対して，適切なレファレンスブックを選び出す手がかりを与えてくれる案内書あるいは手引書といえるものである。広く全般的な主題を扱っているものとしては『日本の参考図書』『参考図書解説目録』があり，特定の情報資源に関するガイドとしては『辞書・辞典全情報』『便覧図鑑年表全情報』『名簿・名鑑全情報』『年鑑・白書全情報』などの全情報シリーズ（1999-2013年）がある。しかし，これらの印刷物は『参考図書解説目録』（2014-2016年）を除いて，新しく出版されるものが少なくなっている。

書誌，目録，索引誌などの書誌類や文献リスト類のような案内指示型レファレンスブックを探すためには，『日本書誌の書誌』『書誌年鑑』『日本書誌総覧』『主題書誌索引』『人物書誌索引』などがある。

「レファレンスブックのレファレンスブック」といえるこれらの情報資源の編纂には非常に手間がかかるため，印刷物という形態では最新の出版情報に対応が困難な面も生じている。そこで，新しい情報資源を知りたい場合は，ウェブ情報資源のガイドを使用するのがよい。ウェブ情報資源のガイドには“リサーチ・ナビ”や“Web 情報資源集”がある。国立国会図書館がウェブ上に提供する“リサーチ・ナビ”は調べ方案内とテーマ別データベースなどから構成され，テーマ別データベースで提供される“参考図書紹介”は求める辞書・事典にどのようなものがあるかキーワード検索することができる。“Web 情報資源集”では，大学図書館のウェブサイトに掲載されたリンクからインターネット情報資源を収集して，日本十進分類法（NDC）からも探せるようになっている。

b．事実解説型レファレンスツール

知りたい情報が項目に沿って解説されており，そこで問題解決を図ることができたかどうかがすぐわかるツールを事実解説型レファレンスツールという。情報のレベルからいうとそこに収録されている情報は一次情報であり，内容は項目に沿って比較的コンパクトにまとめられている。辞書・辞典，百科事典，専門事典，便覧（ハンドブック），図鑑，年表，地図，ディレクトリ（名簿など），法令，規格，統計，年鑑，白書などが事実解説型レファレンスツールに含まれる。これらの事実解説型レファレンスツールは，印刷物のみ，印刷物と電子メディアの両方，電子メディアのみのさまざまな発行形態がある。無料で提供されているものもあれば，契約を必要とする商用データベースのように有料提供されているものもある。辞書・辞典の一部や百科事典は電子メディアでの提供も多く，印刷物では不可能な解説文の全文検索が可能になっているので使いやすい。本文の更新に対してはオンラインデータベースでの提供の方が早い。印刷物の場合でも版が異なれば，内容が異なっている項目もあるので，新しい版を所蔵しても前の版は廃棄しない方が良い場合もある。また，新語辞典，統計，年鑑，白書などのように年刊で発行されるものは継続性に意味があるため，購入中止にするかどうかは慎重に検討しなければならない。統計や白書は“電子政府の総合窓口（e-Gov）”から電子版が提供されているが，古い年代までは提供されていないため，遡及（そきゅう）年数を確認する必要がある。

c．案内指示型レファレンスツール

情報が存在する文献への案内，あるいは情報が収録されているツールへの所在案内などを示すツールを案内指示型レファレンスツールという。書誌，目録，索引誌，抄録誌，目次速報誌が案内指示型レファレンスツールに含まれる。これらは前述したように，さまざまな発行形態をとっているが，データベースとしてのサービス形態が主流になっている。データベースの利用にあたっては，図書館の OPAC のように無料で誰でも利用できるものと，利用者契約を結ばなければ利用できない有料のものがある。

（3）レファレンスブックと電子情報資源

長い間図書館ではレファレンスサービスに対応するために，レファレンスブックの構築に力を入れてきた。レファレンスサービスにはレファレンスブックが多く使用されてきた。

わが国でも二次資料の電子化が1970年代半ば頃から始まり，文献データベースとして有料提供されてきた経緯がある。一方，出版業界における電子化の波により，辞書・辞典，百科事典，専門事典も徐々に作成時から電子的に作成されるようになって，印刷物だけでなくデータベースとしての提供も増えてきている。

レファレンスブックは基本的には自館所蔵の情報資源であり，電子情報資源のうちOPAC以外は館外情報資源である。館外の電子情報資源の場合は，作成者は国の機関をはじめ，民間会社や個人作成まで多様である。したがって，館外情報資源のうちのとくにウェブ情報資源を使用して回答する場合は，作成者や内容情報の信頼性に注意を払う必要がある。

8-1表に，情報資源のメディア別特徴比較について示した。印刷物と電子メディア（ウェブ情報資源を含む）には，それぞれ長所短所があるので，それらを十分に理解して適切な情報を提供できるように配慮することが，プロとしての図書館員の仕事であるといえる。

（4）発信型レファレンスツール

図書館ではすでに述べてきたように，自館のレファレンスブックや館外のさまざまな情報資源を活用してレファレンスサービスを実施している。しかし，図書館利用者がすべてレファレンスサービスを利用するとは限らない。むしろ利用者自身で問題解決を図ろうとすることも決して少なくない。図書館では，市販の情報資源の充実も必要である一方，必要な情報を利用者自身が探せるように自館作成の発信型レファレンスツールを作成して利用者の便宜を図ることも重要な仕事の一つとなっている。図書館に寄せられるさまざまなレファレンス質問を分析したり館内で尋ねられたりした内容に基づいて，インフォメーシ

8-1表 情報資源のメディア別特徴比較

特徴＼メディア	印刷物	電子メディア（ウェブ情報資源も含む）
信頼性	高い	玉石混淆（ぎょくせきこんこう）
システム依存性	なし	高い
速報性	遅い	速い
ブラウジング	容易	しにくい
遡及性	廃棄しなければ可能	ウェブページは最新ページのみ参照可能 アーカイブサイトでは日時限定はできない 商用データベースでは収録範囲に依存
設備投資	必要なし	設備・導入・保守費用等必要
保管スペース	広く必要	PCの設置場所のみ 館内Wi-Fi設置により閲覧席でも利用可能
アクセス項目数	少ない	多い
検索結果の扱い	転記，紙にコピー，電子的なコピー（スキャナ利用）が可能 ダウンロードは不可能	電子的なコピーが可能 ダウンロードが可能
情報量	大量になると扱いが大変	大量でも処理が容易
マルチメディア	文字，画像に対応	文字，画像，映像，音声に対応
リンク機能	なし	あり
情報の加工	手間と時間がかかる	容易
使用料	購入費が必要 高額商用データベースよりは低額	無料から高額のものまで多様

ョンファイル，パスファインダー，FAQ，リンク集，レファレンス事例集，レファレンス事例データベースなどの発信型レファレンスツールを作成し管理しておくことが求められる。従来インフォメーションファイルとパスファインダーは印刷形態で館内に置かれていたが，現在ではパスファインダーについては図書館内外の誰でもが利用できるようにウェブサイトから提供されることも多くなっている。

これらの自館作成レファレンスツールは，通常OPACによる検索対象になっていないため，利用者がOPACだけを使用していると見逃されてしまうことになる。そこで，館内で利用者が目につきやすいサインを充実させたり，ウェブサイトでこれらの情報資源の存在をアピールするようにトップページや調べ方案内ページで利用者が気づくようにデザインする必要がある。

a．インフォメーションファイル

インフォメーションファイルとは，それだけではレファレンスツールの扱いにできないようなパンフレット，リーフレット，ちらし，切抜資料など非図書形態の情報資源を容易に探し出せるようにしたものである。目的を定めて作成され，レファレンスツールとして比較的短い期間に役立ちそうなものを整理して利用できるように作成される。インフォメーションファイルの作成は，利用者が自ら調べものをする際に役立つ内容を，比較的簡単にわかりやすく作成することがポイントとなる。

公共図書館では地域情報に関する内容を含むパンフレットやリーフレット，新聞などの切抜資料，大学図書館では商用データベースに関するパンフレットや学会案内やプログラムなど，学校図書館では学校のある地域のお知らせや授業や修学旅行などの学校行事に関連する新聞の切抜資料などが挙げられる。

b．パスファインダー

パスファインダーとは，さまざまな主題，テーマ，あるいは分野について，自らが調べるための手立てや有用な情報資源をまとめ，簡易な印刷物として作成したり，図書館のウェブサイトから発信したりする情報探索ツールの一種である[1]。もともとは1枚ものであったが，最近では図書館のウェブサイトから電子パスファインダーがPDFファイルの形式で利用できるようになり，ページ数にこだわる必要がなくなっている。本来は自館の利用者のために作成されるものであるが，他館の図書館員にとっても活用できる場合がある。

パスファインダーは作成した後も時間が経つにしたがって新しい情報資源が出てくるので定期的に更新する必要がある。

国立国会図書館が作成する“リサーチ・ナビ”は，調べ方に関するさまざまな情報と情報資源を提供するもので，一般の人々や図書館員にとっての道標（みちしるべ）と

1：パスファインダーについては，本書2章2節1項および6章2節2項cも参照されたい。

なるものである。

c．FAQ

FAQとは，英語のFrequently Asked Questionsの略語で，頻繁に繰り返し尋ねられる質問の内容とそれに対する回答をまとめた問答集のことである。図書館の開館日，貸出期間，館内案内図，図書の所在書架の配置など，案内質問と呼ばれる簡単な質問に対しては，FAQを作成して，図書館のウェブサイトに掲載しておくと利用者の助けになる。Q&A（Question And Answer）という言葉が使用されていることもある。

d．リンク集

リンク集は，図書館のウェブサイトに，調べものをするために主要な情報資源名を掲載し，情報資源へのリンクを張ったものである。多くの場合，ウェブサイトの内容別に分類して使いやすいように示している。図書館のウェブサイトを訪問した利用者は，目的のリンクをクリックするとリンク先へ飛び，それらの内容を確認することができる。団体や機関を調べたい場合や種々のデータベースの利用などの場合に有効である。

リンク集は，リンク先の情報資源のサービスが停止していないか，URLが変更されていないかどうか頻繁に点検する必要がある。

e．レファレンス事例集

レファレンス事例集は，自館で処理したレファレンス記録に基づいて作成されるもので，その内容を組織化して公開するものである。レファレンス事例集では，質問内容を一定の基準や日本十進分類法（NDC）に分類し，質問リストを作成する。利用者がウェブページで質問内容を見られるように一覧リスト形式に表示して，関心のある質問をクリックすると回答や使用した情報資源などを見ることができるようになっている。

f．レファレンス事例データベース

レファレンス事例データベースは，自館で処理したレファレンス記録に基づいて作成されるという点ではレファレンス事例集と同じである。レファレンス事例集のように質問をクリックするのではなく，キーワードなどから検索できるように，データベース機能をもっており，たくさんの事例が蓄積されてきたときに有効である。蓄積量が少ないと，いろいろなキーワードを入力してもあ

まりヒットしないということが起きてしまい，使い勝手の悪いレファレンス事例データベースになってしまう。

３章３−９図に示した国立国会図書館が提供する“レファレンス協同データベース”では，データベース化するためのフォーマットが提供されている。自館で独自のレファレンス事例データベースを作成することはシステム開発などの作業も伴うため，小規模図書館では人手などの面からも困難が予想される。このような場合，“レファレンス協同データベース”の参加館に加盟することが推奨される。全館種（国立国会図書館，公共図書館，大学図書館，専門図書館，学校図書館）が加盟している“レファレンス協同データベース”によるレファレンス事例データベースが，今後はますます活用されていくであろう。

3．課題解決型サービスにみる各種情報資源の利用事例

ここでは比較的大規模な公共図書館を中心に積極的な取り組みが行われている課題解決型サービスについて，情報資源の利用という観点から事例を挙げて述べる。「これからの図書館の在り方検討協力者会議」における報告書でも，利用者別・課題解決のためのレファレンスサービスの利用促進や，行政，ビジネス，医療，法律等の専門的情報提供の必要性が言及されている[2]。

わが国の公共図書館では20年ほど前から，ビジネス支援サービスへの取り組みが開始された。その後徐々に範囲も広がり，ビジネス支援サービスのほか，法情報サービス，医療・健康情報サービス，子育て支援サービス，行政支援サービスなどの課題解決型サービスが各名称で実施されるようになった。これらのサービスは，レファレンスサービスの一環ともいえるが，企業診断士，弁護士，医療従事者の各専門家などによる講習会や相談会を図書館内で実施している図書館も増えてきている。したがって，資料に基づいた情報提供を行うレファレンスサービスの域を超えて，各専門家との連携も含めて，市民の課題解決を図ろうとしている。図書館が積極的に能動的に市民への情報サービスを提供

2：文部科学省．“これからの図書館の在り方検討協力者会議”．https://www.mext.go.jp/b_menu/shingi/chousa/shougai/019/，（参照 2017-12-25）．

することは，知の情報拠点としての図書館の役割が今まで以上に発揮できる環境になってきていることを示している。いずれのサービスもその利用する情報資源の範囲は専門的であったり，広範囲にわたったりするため，適切な情報資源を利活用することが重要となる。一般のレファレンス質問に比べて，専門性の高い情報資源（例えば専門分野の商用データベースなど）を活用することも必要となり，図書館員の主題に対する理解や専門的知識や情報検索スキルが求められる。

公共図書館における課題解決型サービスを取り巻く利用者からみた情報資源環境は8－3図に示したように多様であり，それらの複合的な活用が必要となることが多い。スマートフォンの普及に伴い，誰でも気軽にインターネットにアクセスして得られた情報が信頼性の高い情報であるかどうかもあまり気にしなかったり，逆に多くの情報からどれを信じたらよいのか迷ったりしている状況も生まれている。そのため，適切な情報を入手できないであきらめている人もいるかもしれない。必要な情報を的確に入手できるように支援できるのが，身近に存在する公共図書館である。8－3図にあるような情報環境を図書館員が俯瞰（ふかん）して利用者を支援することが望まれる。

課題解決型サービスの効果を上げるためには，利用者自身が自ら求める情報をワンストップ（一箇所）で探せる環境を整えることが重要である。日本十進分類法（NDC）や，図書・雑誌という情報資源形態で排架するのではなく，専門室や専門コーナーを設置する図書館も多くなっている。さらに，パスファインダーや調べ方案内を充実させて，利用者自身がさまざまな情報資源にアクセスできるような環境を整備する必要も求められている。

課題解決型サービスでは，利用者自身が抱えている悩みや課題などを解決したいという要求が強いため，利用者は図書館員を頼らず，自己解決しようとする傾向が強い場合も少なくない。図書館で行える支援サービスは，ビジネスコンサルタントや企業診断士，医師，弁護士，弁理士，カウンセラーなどの専門家に代わるものではない。図書館員が支援サービスできるのは，このような専門家に依頼する前の予備知識の獲得や，自分がどうすべきかの判断材料に関する情報入手をサポートする範囲に留まる。したがって，前述したように上記の専門家を支援サービスコーナーに配置したり，セミナーや相談会を開催してい

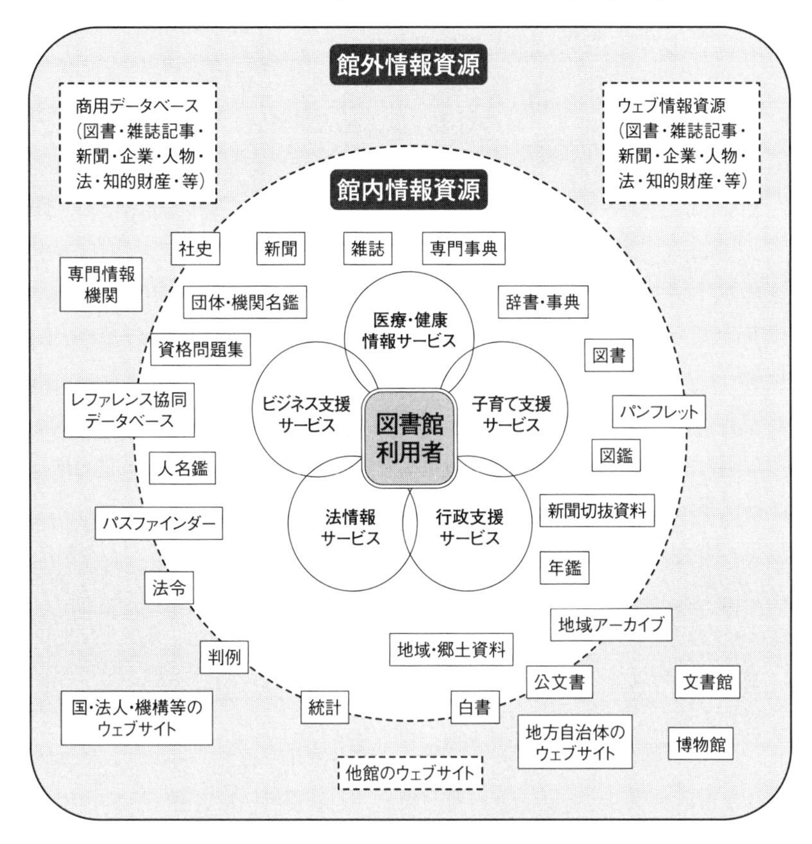

8-3図　公共図書館における課題解決型サービス

る図書館も増えてきている。

課題解決型サービスはレファレンスサービスの一つのサービス形態とも考えられる。例えば，「コンビニに関する本を読みたい。」と利用者から尋ねられた場合でも，レポートを書くために良い本がないかという場合もあるが，起業や創業の材料を探しているという場合もある。その区別はこの質問からでは判断ができないが，利用者との会話の中からどちらを求めているのかを判断できる場合もある。もし起業や創業を考えている利用者であることがわかれば，ビジネス支援サービス室やビジネス支援コーナーがあることを伝えることも必要になる。

その他，公共図書館では行政支援サービスの充実にも力を注ぐようになってきている。この場合のサービス対象者は，地方自治体に勤務する職員（公務員）や地方議員である。さまざまな行政を掌(つかさど)る上で必要な情報を収集する場合，とくに郷土資料や地域情報資料のアーカイビングも必要となるため，博物館（museum），図書館（library），文書館（archives）とのMLA連携も重要視される。

以下には，現在多くの公共図書館で積極的に取り組んでいる5種類の課題解決型サービスについて，図書館員が利用できる図書館内外の情報資源を使用してどのような情報提供ができるか，情報資源提供の側面から事例を紹介する。ただし，いずれの事例においても提示した情報資源はそのごく一部であること，国内の情報資源に限定していることをお断りする。また，レファレンスブックや自館に所蔵する一般図書については省略している。当然のことであるが，知りたい情報要求により利用する情報資源の種類は異なってくる。一般に図書はまとまった知識を得たい場合に向いているが，最新情報を詳しく知りたい場合は，雑誌記事を読む必要がある。実際の支援サービスにおいて雑誌記事の提供は重要である。

8-2表から8-6表では，左側の欄に①図書情報を得るための無料情報資源，②雑誌記事情報を得るための無料情報資源，③ウェブ情報資源，④商用データベースの4種類の主な情報資源を挙げ，右の欄に左の情報資源を実際に検索した結果，得られた図書や雑誌記事情報の事例の一部を示している。左の欄に挙げた主な情報資源は，いずれも信頼性の高い情報資源であり，図書や雑誌記事や新聞記事を検索する場合に図書館員がよく使用する情報資源である。しかし，これらは一般の利用者が頻繁に使用する情報資源とは言い難い。このように，利用者が検索エンジンでは得られない情報を提供することが図書館員として重要である。

以下の事例において，情報資源の活用は基本的にはビジネス支援サービスと同様な検索方法で情報資源を利用できるが，テーマによって適正な情報資源が一部変わってくる。公共図書館における商用データベースの導入は予算や利用状況に依存するが，東京都立図書館の「都内公立図書館インターネット等サービス状況」というウェブページには，利用可能な商用データベースごとに，一般の利用者ががどこの図書館でそれらを利用できるかを公開している[3]。都内以外の最寄りの公共図書館の状況を知りたい場合は，各図書館のウェブサイトで確認するとよい。

(1) ビジネス支援サービス

ビジネス支援サービス（business information service）は，これから起業・創業しようとしている人，キャリアアップや転職を考えている人，就職したい人，営業や企画のためにデータや情報を探している人などに対して，公共図書館が必要な情報資源を提供するサービスである。都道府県立図書館や市立図書館などでは，ビジネス支援室やビジネス支援コーナーを設置したり，必要な商用データベースを導入したり，インフォメーションファイル，パスファインダーや調べ方案内などを作成したりしている。

8－2表に示した事例は，図書館員が8－3図に示した自館を取り巻く図書館内外の情報資源を活用してサービスを実施する例を示している。

その一般的な検索手順としては，“国立国会図書館サーチ”“国立国会図書館検索・申込オンラインサービス”（略称を国立国会図書館オンライン（NDL ONLINE）という）“CiNii Books”“CiNii Articles”“JAIRO”（2019年4月以降は“IRDB”としてサービスしている）“J-STAGE”“Google ブックス”“Google Scholar”“Webcat Plus”“新書マップ”などの図書や雑誌の無料のウェブ情報資源を初めに検索し，どのような文献があるかについて検討する。“Webcat Plus”や“CiNii Books”“新書マップ”では，目次や内容も見ることができるため，書名や件名以外からも内容に関する情報が得られる。“Google ブックス”では検索キーワードと一致する本文の該当ページを表示する‘なか見検索’により，該当図書が参考になるかどうかを判断できる場合がある。これから起業しようとしている利用者に対しては，できるだけ内容を把握して最新の情報を提供することが望ましい。時代により経済状況は異なるので，十数年前の情報でも役立たない場合もある。

3：東京都立図書館．“都内公立図書館インターネット等サービス状況”https://www.library.metro.tokyo.jp/lib_info_tokyo/public/internet/，（参照 2018-04-17）．

8-2表 ビジネス支援サービスの事例

事 例：15年間の食品会社での就業経験を活かして自然食品会社を起業したいが，起業・創業に関しての基本的知識を得たい。

①図書情報を得るための無料情報資源 • 国立国会図書館サーチ • 国立国会図書館オンライン • CiNii Books • Google ブックス • Webcat Plus • 新書マップ　など	**①起業・創業，食品に関する図書の例** • 東京商工会議所．『創業ハンドブック：創業をめざす方へ：起業家のスピリッツに学ぶ 平成28年度版』．東京商工会議所創業支援センター，2017, 59p. • 沖縄県．『創業ガイドブック：創業を目指す皆様へ』．沖縄県商工労働部，那覇，2017, 71p. • 中野裕哲監修．『知識ゼロからはじめる起業の本：図解』．ソシム，2015, 175p. • 『食品産業年鑑2017』．食品産業新聞社，2017, 669p. • 『食品トレンド2016-2017』．日本食糧新聞社，2016, 386p.
②雑誌記事情報を得るための無料情報資源 • 国立国会図書館サーチ • 国立国会図書館オンライン • CiNii Articles • J-STAGE • JAIRO • Google Scholar　など	**②起業・創業，食品に関する雑誌記事の例** • 葉葺正幸．繁盛と成功に効く体験者の知恵 起業の先輩モノローグ：（副題省略）．商業界．2017, 70(10)，p.56-58. • 水谷仁美．ヒットした『はちみつ』ストーリー，女性ならではの視点を生かして（以下省略）．財界．2017, 65(10)，p.64-67.
③ウェブ情報資源 • 統計局ホームページ（総務省統計局） • 政府統計の総合窓口（e-Stat） • J-PlatPat • ビジネス支援図書館推進協議会 • リサーチ・ナビ • レファレンス協同データベース　など	**③ウェブ情報資源の例** • 中小企業庁　http://www.chusho.meti.go.jp/ • 中小起業ビジネス支援サイト J-Net21　中小企業基盤整備機構　http://j-net21.smrj.go.jp/establish/manual/index.html（ベンチャー支援　起業 ABC，自然食料品店の起業情報を提供） • 新規産業関連施策［各報告書］　経済産業省　http://www.meti.go.jp/policy/newbusiness/main_05.html • JAS 法（農林物資の規格化等に関する法律）　農林水産省　http://www.maff.go.jp/j/jas/jas_gaiyou.html
④商用データベース • 文献情報データベース（JSTPlus, bookplus，magazineplus，Web OYA-bunko） • 新聞データベース（日経テレコン，聞蔵Ⅱビジュアル，毎索，ヨミダス歴史館）など	**④商用データベースで得られる情報の例** • 三宅哲之．「大企業を辞めた人」の明暗　三宅哲之さん（以下省略）．SPA!. 2015-05-12, p.40-41. • NPO 法人土佐山アカデミー―高知の中山間地，振興，起業案作り・移住を支援（四国の鮮力拠点．2015-03-31．日本経済新聞 地方経済面 四国，p.12.

＊検索結果は一例を示している。左欄に示した情報資源などを複数使用して，ニーズに的確な情報提供を行う。商用データベースは，目次，抄録や全文表示もできるものがあり，より的確な情報提供が可能になる。
＊ “JAIRO” は，2019年4月以降，“IRDB” としてサービスしている。
＊以下の8-3表から8-6表も同様で，検索結果は2018年3月28日時点。

参考になるウェブ情報資源に関しては，信頼性の高い国や地方公共団体，大学，図書館が発信する情報を利用者に提供するように心掛ける。この事例では，食品業界の統計データなども場合によっては必要となる。また，起業においては産業財産権（特許権，実用新案権，意匠権，商標権）なども調べる必要が出てくる。わが国の産業財産権を調査するには，工業所有権情報・研修館（National Center for Industrial Property Information and Training：INPIT）が無料で提供する“J-PlatPat”がある。

一般的に公共図書館で導入している商用データベースには，図書情報では“bookplus”，雑誌記事情報では“magazineplus”と“Web OYA-bunko”，新聞記事では，各種新聞データベースが利用できる場合が多い。ビジネス分野の情報入手には“G-Search”というビジネス系のデータベースを中心とした情報検索サービスがあるが，公共図書館で導入しているところは非常に少ないようである。

他の公共図書館のウェブサイトから提供されているビジネス支援情報，パスファインダー，国立国会図書館が提供する“リサーチ・ナビ”と“レファレンス協同データベース”，ビジネス支援図書館推進協議会[4]などの情報も役立つ。もちろん，自館の所蔵図書，レファレンスブックや一般図書，インフォメーションファイル，パスファインダー，レファレンス記録なども活用できる。

（2）法情報サービス

司法制度改革の一つとして2004年５月28日に「裁判員の参加する刑事裁判に関する法律」が成立し，わが国でも2009年５月21日から裁判員制度が施行され，誰でもが裁判員として裁判に関わることが義務付けられるようになった。一般の人がある日突然裁判に立ち会わなければならなくなったのである。

一般に公共図書館では法律情報サービスと呼ぶ場合が多い。法律という用語は国会での議決を経て制定された法規範を指し，憲法・条約・命令・などとは区別される。行政機関が定める命令は政令，府令，省令と呼ぶ。また，地方公共団体が定めるものを条例と呼ぶ。したがって，法令とは，法律および命令の

4：ビジネス支援図書館推進協議会．http://www.business-library.jp/，（参照 2018-04-17）．

総称を指し，憲法，法律，政令，府令，省令，条例の総称として使用される。このほか，行政機関が発する告示，訓令，通知は法令の範疇ではないが，ビジネス実務上では，法令に準じて運用基準が必要とされることも多い。そこで，ここでは法情報サービスという言葉を使用する。

われわれが生活する社会は，これらの法規範の中での生活の安全や平和が保たれるわけであるが，人間の社会では必ずしもそのような安全な生活がいつも保たれるわけではない。そのため，自己管理・自己責任が求められる現代社会において，不運にも事件に巻き込まれたとき，弁護士に相談するより先に自分でも調べてみようという行動をとりたい人々も多い。このような社会背景から，法情報サービスコーナーを設置する公共図書館が，10年くらい前から増えてきている。

一般の人々が突然トラブルや事件に巻き込まれたりする現代社会において，公共図書館では弁護士や企業診断士などの専門家による相談会も開催している場合が増えている。おもに都道府県立図書館や大規模な市立図書館などで実施されている。相談会に行きたくても行けない人や他人にはあまり話したくない人は，身近な図書館に行き自分で調べてみたいという人もいる。

2004年6月2日に交付された「総合法律支援法」は，法による紛争解決に必要な情報やサービスの提供が受けられる社会を実現することを目的としており，この法律に基づいて2006年10月に設立されたのが日本司法支援センター（法テラス）である。しかし，ここはコールセンターによる専門機関への紹介が中心で相談者が自ら情報を調べるための図書館は設置されていない。また，弁護士会，司法書士会は都道府県単位で設置されており，公共図書館としてはこれらの専門機関との連携体制を築く必要がある。

8－3表に示した事例でも，ビジネス支援サービスのところで述べた情報資源の利用法と共通するところは多い。法情報サービスでは，商用データベースの活用が重要になることがある。何故なら，判例，法律文献，官報に関しては，無料サービスでは一部しか提供されず，有料データベースでなければ得られない情報がある。また，8－3表以外に法学部や法科大学院のある大学の図書館のウェブサイトも参考になる。

8-3表 法情報サービスの事例

事 例：認知症の初期症状がある高齢の親が，訪問販売業者に言われるままに屋根の修理を依頼し，高額な費用を請求されている。弁護士相談費用もないため，まず基本的な知識を得てから今後どうするか決めたい。

①図書情報を得るための無料情報資源 • 国立国会図書館サーチ • 国立国会図書館オンライン • CiNii Books • Google ブックス • Webcat Plus • 新書マップ　など	**①訪問販売トラブルに関する図書の例** • 東京都消費生活総合センター企画，末吉宣子 監修.『悪質商法捕物帳 気にかけて声かけてトラブル撃退！：高齢者とその周りの人々向け』(DVD). 東京都消費生活総合センター活動推進課学習推進係，2009. • 三菱 UFJ リサーチ＆コンサルティング株式会社.『特定商取引にかかる被害実態の分析調査および条例調査：調査報告書』. 三菱 UFJ リサーチ＆コンサルティング，2015, 84p. • 島川勝．坂東俊矢編.『判例から学ぶ消費者法』第２版. 民事法研究会，2013, 297p. • 福岡県弁護士会消費者委員会編.『消費者事件実務マニュアル：被害救済の実務と書式』補訂版. 民事法研究会，2012, 445p. • 齋藤雅弘，池本誠司，石戸谷豊著.『特定商取引法ハンドブック』第４版. 日本評論社，2010, 822p.
②雑誌記事情報を得るための無料情報資源 • 国立国会図書館サーチ • 国立国会図書館オンライン • CiNii Articles • J-STAGE • JAIRO • Google Scholar　など	**②訪問販売トラブルに関する雑誌記事の例** • 村千鶴子．知っておきたい特定商取引法のポイント：訪問販売と電話勧誘販売の規制．消費者情報．2015,（461）, p.16-18. • 唐沢靖．高齢者の訪問販売による相談の現状（特集 高齢期の安心・安全な住まいを考える）（副題省略）．月刊国民生活．2002, 32(9), p. 19-21.
③ウェブ情報資源 • 裁判例情報 • e-Gov 法令検索 • 日本法令索引 • 日本司法支援センター（法テラス） • インターネット版『官報』 • リサーチ・ナビ • レファレンス協同データベース　など	**③ウェブ情報資源の例** • 特定商取引法ガイド　消費者庁　http://www.no-trouble.go.jp/ • 国民生活センター　http://www.kokusen.go.jp/（消費者問題の判例集がある） • 全国消費生活相談員協会　http://www. zenso.or.jp/
④商用データベース • 判例・判例評釈データベース（LEX/DB インターネット，D1-Law.com，Westlaw Japan，Lexis AS ONE，LLI/DB 判例秘書 INTERNET，Vpass 重要判例検索サービス，LLI 統合型法律情報システム） • 法律文献情報データベース（法律文献総合 INDEX） • 官報情報検索サービス[1947年5月3日以降] • 新聞データベース（日経テレコン，聞蔵Ⅱビジュアル，毎索，ヨミダス歴史館）など	**④商用データベースで得られる情報の例** • 木間昭子．認知症高齢者の消費者被害の状態．図説高齢者白書．2006, Vol.2005, p.164-169. • 損害賠償事件　東京地方裁判所．屋根用鋼板の販売・取付契約について（以下省略）．判例タイムズ．2005, 991号, p.214. • リフォーム契約，工事実態なし　認知症女性5892万円被害　工務店を提訴 / 埼玉県．朝日新聞．2013-05-18，朝刊．埼玉・１地方，p.29.

（3）医療・健康情報サービス

わが国が少子高齢化社会といわれて久しく，毎年人口は減少傾向をたどっている。一方で45歳以上の死因の第1位は悪性新生物，第2位が心疾患，第3位が脳血管疾患である。20歳から45歳の死因の第1位は自殺である[5]。統計からもわかるように若い働き手の世代は悩み事を抱えている人が多く，45歳以上になると深刻な病気で悩む人が多いということがわかる。米国には，「自殺しようと思うなら，やめなさい。そのかわり図書館へおいでください」という有名な図書館ポスターがある[6]。6章で紹介したような夏休み明けの不登校問題の例のように，わが国でも公共図書館が心や身体面での悩みを抱える人々に貢献できるようなサービスを行うことは非常に重要なことである。心身ともに健康で豊かな人生を送れるように，市民の病気予防や健康意識が高まる現在，公共図書館が医療・健康情報サービスに貢献できる良いチャンスといえる。

20年ほど前までは病院図書館は医師，看護士をはじめとする医療従事者のための図書館であったが，現在では患者図書館あるいは患者向けのコーナーを設置している病院図書館が増えてきている。不妊治療や出産等に関する悩みから，どうすれば認知症にならず健康で長寿を全うできるかということに対する人々の関心が高まっている。健康食品，自然食品の広告が新聞やウェブ情報には非常に多く，その真偽を確かめたい人も多い。そのような時，公共図書館における医療・健康情報を提供できる場としての役割は大きい。

なお，図書館によっては健康・医療情報サービスと称しているところもあるが，ここでは日本医学図書館協会の使用する医療・健康情報サービスという言い方を使用する[7]。日本医学図書館協会では，医療・健康情報を「医学，看護学，薬学，歯学，リハビリテーション，社会福祉などの医療とその周辺の情報，および食事，運動，体力増進といった健康に関連する情報を“医療・健康情報”」

5：厚生労働省．“第8表死因順位”．http://www.mhlw.go.jp/toukei/saikin/hw/jinkou/suii09/deth8.html，（参照 2017-12-25）．

6：ふっと息抜き図書館で3万人の命に9．朝日新聞．朝日新聞社，2009-12-21，夕刊，p.1．印刷版あるいは縮刷版でないとポスターを見ることができない。

7：日本医学図書館協会医療・健康情報ワーキンググループ編著．やってみよう図書館での医療・健康情報サービス．第3版，日本医学図書館協会，2017，191p．

8-4表 医療・健康情報サービスの事例

事　例：40代後半の夫にがんが見つかった。がんについての情報や家族が彼の仕事や日常生活をどのように支えていけばよいのか，参考になる情報を得たい。	
①図書情報を得るための無料情報資源 • 国立国会図書館サーチ • 国立国会図書館オンライン • CiNii Books • Google ブックス • Webcat Plus • 新書マップ　など	**①がん情報，患者情報に関する図書の例** •『ご家族向け教育ブックレット：ご家族にできる患者さんへのケアの方法』.「がんの在宅ケア標準化」研究班，「がん患者のための家族ケア」研究班，[200-]，35, 11p. •『がん患者さんのための療養ガイド』．奈良県医療政策部保健予防課，奈良，2015, 54p. •『がん医療の向上をめざして：がん対策基本法の解説：附帯決議』．国会がん患者と家族の会，2006，8枚. • 大西秀樹．『家族ががんになりました：がんと診断されたらまず読む本：どうしたらいいですか』．法研，2016, 190p. • Watson, Maggie; Kissane, David W. 編．内富庸介，他監訳.『がん患者心理療法ハンドブック』．医学書院，2013, 433p.
②雑誌記事情報を得るための無料情報資源 • 国立国会図書館サーチ • 国立国会図書館オンライン • CiNii Articles • J-STAGE • JAIRO • Google Scholar　など	**②がん情報，患者情報に関する雑誌記事の例** • 大久保淳一．「仕事とがん治療の両立支援」のためのヒント（特集 治療と仕事の両立）．労働調査．2017，(567)，p.19-26. • 赤羽和久．がん治療と仕事の両立について．リハビリテーション．2017，(595)，p.29-32.
③ウェブ情報資源 • リサーチ・ナビ • レファレンス協同データベース　など	**③ウェブ情報資源の例** • がん情報サービス　国立がん研究センター https://ganjoho.jp/public/index.html • がん info　国際医学情報センター http://www.imic.or.jp/library/cancer/ • 疾患を抱える従業員（がん患者など）の就業継続　厚生労働省　http://www.mhlw.go.jp/stf/seisakunitsuite/bunya/koyou_roudou/koyou/jigyounushi/teichakushien/patient.html • iyakuSearch　日本医薬情報センター　http://www.japic.or.jp/service/iyaku/iyaku.html • 闘病記ライブラリー　連想出版　http://toubyo ki.info/ • 患者図書館　日赤図書室協議会の患者図書室，静岡県立がんセンターの「あすなろ図書館」など
④商用データベース • 文献情報データベース（医中誌 Web, JMEDPlus，PharmaCross） • 新聞データベース（日経テレコン，聞蔵Ⅱビジュアル，毎索，ヨミダス歴史館）など	**④商用データベースで得られる情報の例** • 高橋都．治療と就労の両立支援 がんに関する留意事項～ガイドラインより～．安全と健康．2017, 68(5), p.438-439. • 濱田麻由美，他．がん患者の就労支援．癌と化学療法．2016, 43(13), p.2473-2476. • がん治療，仕事と両立，平日夜間・週末に病院受信，家族・同僚の負担も軽減．日本経済新聞．2018-02-14, 大阪朝刊，p.16.

と定義している[8]。

8-4表に示した事例でも，ビジネス支援サービスのところで述べた情報資源の利用法と共通するところが多い。しかし，医学・医療における研究の進歩は非常に速く，最新文献情報が重視される。そのため，最新3年以内の雑誌記事情報がとくに重要である。国内の主要な商用データベースとしては，“医中誌 Web”と“JMEDPlus”がある。しかし，国内情報に限定したため8-4表には記載していないが，より専門的な医学の学術研究論文を読みたい場合は，米国国立医学図書館内の国立生物化学情報センター（NCBI）が提供する“PubMed”も有用である。“PubMed”は世界中から無料でアクセスでき，医学・薬学・看護学・歯学・獣医学・健康科学・介護分野における世界の重要な医学文献を英語で検索できるデータベースである。この事例では患者自身の病気の問題とそれを支える家族の問題とが共存しているので，心理学的な信頼性の高い情報も提供できることが望ましい。

（4）子育て支援サービス

核家族化が進み，働きながら子育てを行う女性も多い中，子育てに関するさまざまな悩みを抱えている人々が増えている。その悩みの解決となるような情報を公共図書館がサービスすることは，現代社会では有効なことである。少子化が進む中，子育ては地域社会が率先して行うべきであるという自治体の動きもある。従来から行っている乳幼児向けのブックスタートやおはなし会だけでなく，子育て支援コーナーを設置して，積極的に子育て支援サービスに取り組む公共図書館も増えている。

子育て支援コーナーでは，妊娠を希望する女性から子どもをもつ両親のすべての悩み（健康，医療，育児，栄養，料理，心理学など）に対応できる蔵書を，日本十進分類法（NDC）によらないで図書や雑誌をすべて一箇所に集めて排架している。また，蔵書ばかりでなく，おはなし会を通じて母親同士の横のつながりを図ったり，相互にコミュニケーションが図れる環境作りを図書館員が仲介することで支援ができると考えられる。

8：前掲注7，p. viii.

8-5表　子育て支援サービスの事例

事　例：2歳の子どもをもち正社員で共働きをしている。忙しく毎日が過ぎ去って心のゆとりが持てなくイライラしてしまうことが多い。ゆとりをもった子育てとママ友とも仲良くしていくにはどうしたらよいか，参考になるような本や情報があれば知りたい。

①図書情報を得るための無料情報資源 • 国立国会図書館サーチ • 国立国会図書館オンライン • CiNii Books • Google ブックス • Webcat Plus • 新書マップ　など	**①育児や対人関係に関する図書の例** • 「子育て支援と心理臨床」編集委員会編.『子育て支援と心理臨床』Vol.1～Vol.14，2010-2017+. • 山口まみ.『子育てが楽になる心理学』. 三笠書房，2016, 230p. • 尾畠真由美.『子育てをブラックにしないための最新心理メソッド：育児に疲れていませんか？』. 三恵社，2016, 156p. • 「こころを育みこころをつなぐ絵本101選」編集委員会編.『こころを育みこころをつなぐ絵本101選』. 福村出版，2012, 148p. • 箕口雅博編.『コミュニティ・アプローチの実践：連携と協働とアドラー心理学』. 遠見書房，2016, 304p.
②雑誌記事情報を得るための無料情報資源 • 国立国会図書館サーチ • 国立国会図書館オンライン • CiNii Articles • J-STAGE • JAIRO • Google Scholar　など	**②育児や対人関係に関する雑誌記事の例** • 中山満子. ママ友という対人関係（特集 母親の育児不安に対処する）. 月刊地域保健，2011, 42(3), p.52-55. • 前田愛，他. 母親の育児不安要因の検討―対人関係とソーシャルサポートに焦点をあてて. 鹿児島大学医学部保健学科紀要，2009, 19, p.11-18.
③ウェブ情報資源 • 都道府県立図書館，市立図書館の子育て支援サービスのウェブページ（各図書館における子育て支援コーナーや図書リスト等の情報が得られる） • リサーチ・ナビ • レファレンス協同データベース　など	**③ウェブ情報資源の例** • 都市自治体の子ども・子育て政策　日本都市センター 2017. http://www.toshi.or.jp/app-def/wp/wp-content/uploads/2017/04/report169.pdf • 子ども・子育て支援　厚生労働省　http://www.mhlw.go.jp/stf/seisakunitsuite/bunya/kodomo/kodomo_kosodate/kosodate/index.html
④商用データベース • 文献情報データベース（bookplus, magazineplus, JSTPlus, 医中誌 Web, 雑誌記事索引集成データベース「ざっさくプラス」） • 新聞データベース（日経テレコン，聞蔵Ⅱビジュアル，毎索，ヨミダス歴史館）など	**④商用データベースで得られる情報の例** • 藤後悦子，他. 過去の傷つき体験の想起と子育て期の対人関係：対象関係に焦点をあてて. コミュニティ心理学研究. 2017, 20(2), p.184-197. • 中井芙美子，他. 育児中の母親の家庭内及び職場内における役割機能の変化と対処行動. 看護学統合研究. 2008, 10(2), p.40-46 • ［両立ナビ］心強い職場のママ友　育休明けの悩み共有. 読売新聞，2014-06-17, 東京朝刊，p.16

8-5表に示した事例でも，ビジネス支援サービスのところで述べた情報資源の利用法と共通するところが多い。子育て支援に関しては，行政の取り組みが重要であり，また心理面でのサポートも必要である。図書館としては情報資

源に基づいた情報提供が重視されているが，同じような年齢をもつ母親教室などの場を提供し，子育てに関する悩み相談が気軽にできるような環境づくりとしての場所を館内に設置することも重要である。

(5) 行政支援サービス

「図書館は，当該自治体の政策立案・決定や行政事務に必要な情報・資料を収集し，それを自治体の組織やその人々（首長，役場職員，議員等），あるいは住民に提供する役割をもつ」[9]という使命を持っている。桑原は，行政支援サービスとは，「一般に公共図書館がその設置母体である自治体の職員や議員に資料・情報の紹介や提供，講座などの事業を行うことによって，その自治体の業務を支援することを指す」述べている[10]。

行政支援サービスが他の4種類の支援サービスと異なる点は，行政を職業としている職員（公務員）や地方議員が支援サービスの対象者であることである。そのため，すでに基本的な知識を持った上で，より専門的，応用的な情報，他の地域での参考になるような情報を求めているという場合が多い。

行政支援サービスの実践においては，10年ほど前から庁舎内に図書館の分室を置いて対応しているところもある。また，地方自治法により設置が義務付けられている地方議会図書館（室）と都道府県立図書館のネットワークの強化および連携も重要である。県立図書館や市立図書館との連携を図ることにより，より幅の広い資料や情報の活用が促進される。図書館では，単に資料の提供だけでなく，県政や市政の重要課題に関する資料リストの作成や関連図書の展示や，情報検索の指導を行ったりしている。行政支援サービスを今後発展させていくために，有用な情報資源の収集や公文書のデジタル化などの予算獲得も重要になるであろう。

8-6表に示した事例でも，情報資源の利用法は他の事例と共通するところが多い。しかし，行政支援サービスにおいては，直面する課題解決に必要な情

9：日本図書館協会図書館ハンドブック編集委員会編．図書館ハンドブック．第6版補訂2版，日本図書館協会，2016，p.109.

10：桑原芳哉．“第9章行政支援サービス”．課題解決型サービスの創造と展開．大串夏身編．青弓社，2008，p.188.

8-6表 行政支援サービスの事例

事　例：ふるさと納税の返礼品について決まりはあるか。自分の自治体の状況を他の市町村などと比較して改善したい。参考になるような情報を知りたい。

①図書情報を得るための無料情報資源 • 国立国会図書館サーチ • 国立国会図書館オンライン • CiNii Books • Google ブックス • Webcat Plus • 新書マップ　など	**①行政情報に関する図書の例** • 有馬晋作，他．『地域経済活性化とふるさと納税制度』．創成社，2017，182p. • 保田隆明，保井俊之．事業構想大学院大学ふるさと納税・地方創生研究会編，『ふるさと納税の理論と実践』．日本教育研究団事業構想大学院大学出版部，2017，177p. • 田中章雄，黒田成彦著，地域活性化センター編．『住民や消費者の視点で「ブランド戦略」を：「ヒト・モノ・カネ」が持続的に集まる仕組みに．首長の思い「ふるさと納税をめぐる情勢と今後の展開」』．地域活性化センター，2016，p.2-5, 30p. • 黒田成彦．『平戸市はなぜ，ふるさと納税で日本一になれたのか？』．KADOKAWA，2015，203p. • 長崎市議会事務局議事調査課編．『調査資料報平成26年11月』．長崎市議会事務局議事調査課，2014，39p.
②雑誌記事情報を得るための無料情報資源 • 国立国会図書館サーチ • 国立国会図書館オンライン • CiNii Articles • J-STAGE • JAIRO • Google Scholar　など	**②行政情報に関する雑誌記事の例** • ふるさと納税人気ランキング：駆け巡る寄付金1653億円．週刊朝日．2016-08-05, 121(41), p.147-151. • 橋本恭之，他．ふるさと納税制度の現状と課題．会計検査研究．2016, (54), p.13-38.
③ウェブ情報資源 • 東京都立図書館，行政支援（鳥取県立図書館，横浜市立図書館，立川市立図書館など） • リサーチ・ナビ • レファレンス協同データベース　など	**③ウェブ情報資源の例** • ふるさと納税ポータルサイト　総務省　http://www.soumu.go.jp/main_sosiki/jichi_zeisei/czaisei/czaisei_seido/080430_2_kojin.html • 自治体行政支援機構　http://www.jichitai-shien.jp/
④商用データベース • 文献情報データベース（bookplus, magazineplus, Web OYA-bunko） • 新聞データベース（日経テレコン，聞蔵IIビジュアル，毎索，ヨミダス歴史館）　など	**④商用データベースで得られる情報の例** • ふるさと納税“損”してる自治体ランキング　1位の横浜市は年間56億円のマイナス，（以下省略）．週刊朝日．2017-09-29, p.26-27. • 特集　総務省vs自治体　ふるさと納税に仁義なき戦い．週刊ダイヤモンド，2017-06-03, p.112-119. • ふるさと納税，100自治体調査，駆け込み，上半期1.5倍，国の通知に混乱・評価の声．日本経済新聞．2017-11-27, 朝刊，p.35. • ふるさと納税，北関東3県昨年度，上位5市町村で4割，草津町，8億6000万円で首位，金券・家電・ブランド自転車．日本経済新聞．2016-06-18, 地方経済面 北関東，p.41.

＊週刊朝日の記事は，無料のCiNii Articlesや国立国会図書館サーチでも検索できるが，商用データベース（magazineplus）で得られた記事は，無料データベースには収録されていなかった。

報資源は他の課題解決型サービスに比べて，非常に幅が広く，将来予測等の情報も必要となる。政府統計資料や白書などの政府刊行物は“電子政府の総合窓口（e-Gov)”の活用によるところが大きい。また，地方議会等の発行する資料（印刷物しか発行されないものもある）なども重要である。求めている情報が地域特性に関連することも多く，図書館が収集する郷土資料も重要な情報資源になる。

4．図書館の種類と情報資源

公共図書館では先に述べたように，乳幼児から高齢者までの幅広い年齢層を対象にサービスを行っているため，求められる情報資源の種類も多種多様である。幼児や児童，ヤングアダルト（ティーンズ）に対しては，それぞれ児童室や YA コーナーを別に設置している図書館も多いため，レファレンスブックなども年齢に応じた情報資源がそれぞれの部屋やコーナーに置かれていることが望ましい。

大学図書館では，ラーニングコモンズのスペース設置や，学生に対しては学習支援サービスに力を注ぐ一方で，教育・研究に携わる教員に対しては研究支援サービスを提供するための工夫が行われている。機関リポジトリによる研究論文の公開もその一つである。科学研究費やさまざまな助成金応募のための研究費獲得による間接的な研究支援も充実させなければならない。情報資源は，設置母体の大学の学部の種類に依存し，総合大学では幅広い主題分野の専門図書と雑誌（電子ジャーナルも含む)，商用データベースの導入が行われている。

学校図書館では，調べ方学習や総合的な学習を円滑に行えるように，児童・生徒および教師への学習支援サービスが重要である。アクティブラーニングによる授業に備えて，児童・生徒が自ら問題解決を行えるように支援する一方，教師に対しては学習指導要領に沿った授業内容を共に組立て，必要な情報資源の提供がいつでもできる体制を整備する必要がある。

専門図書館ではもともと主題に特化した情報収集が行われているため，課題解決型サービスにおいては公共図書館への情報提供支援やコラボレーション（協働）が今後は一層求められていくであろう。

5．情報資源の多様化とこれからの課題

1章で述べたように，本の貸出を中心とした図書館から，調査・研究ができる知の情報拠点としての図書館に移行している現在，情報サービスに欠かせない情報資源の観点から図書館員に求められる今後の課題について考えてみたい。

本章1節と2節で述べたように，今日の図書館員は，多種多様なレファレフファレンスコレクションをはじめとする情報資源に囲まれて一つひとつのレファレンス質問の解決を図っていかなければならない状況にある。印刷物を手作業で時間をかけなければ調べられなかった時代や，商用データベースしか利用できなかった時代と比べると，1990年代半ば以降のICTの急速な進展によって，レファレンス調査1件にかける時間はかなり短縮されるようになった。ウェブ情報資源や各種データベースを使用することにより，大量の情報でも適切に活用できれば，利用者自身でも簡単に情報を入手することも可能になってきた。また，パソコンやスマートフォンの普及により，簡単な調べ物は誰でも気軽に検索エンジンで調べてみる時代を迎えている。また，以前は有料で提供されていた政府機関や国立研究機関が作成するデータベースが無料で検索できるようになり，誰でもがいつでも信頼性の高い情報にアクセスできる環境が整備されてきている。したがって，インターネットが登場する前と後では，レファレンス質問の内容や難易度に違いがあるのではないかと思われる。初めから図書館員に調べてもらおうとする利用者より，自分でまず調べてみようとする人々が多いことは，3章で述べたとおりである。したがって，利用者が一度は自分で調べたがわからなかったりした複雑で難易度の高い質問が増加する傾向にあることが推察される。利用者が必要とする信頼できる情報資源がどこにあるのか，全体を俯瞰（ふかん）して正しい方向に導く水先案内人の役目を果たす役割が図書館員に求められている。今後は，公共図書館でも簡単なレファレンス質問は減り，複雑で難易度の高い専門的な調査質問が残ると考えられる。したがって，今まで以上に主題に精通する専門的知識獲得が図書館員に求められるであろう。

電子情報資源が増加する中でも，現在でも印刷物だけを発行している重要なレファレンスブックも少なくない。一方で国の政策として，小学校・中学校・

高等学校の授業において，すでにiPadなどの電子端末を使用した授業の展開も始まっている。そのような環境にある児童・生徒に対して印刷物の情報資源の活用方法をきちんと教えるのも学校司書や公共図書館員の役割の一つであろう。大学生も同様に図書館に行くより検索エンジンで情報を探す傾向が強いため，印刷物しかない重要な情報資源があることを教育する必要がある。例えば，同一の書名の百科事典や国語辞典でも，メディアが変わると内容も変わる場合もある。また著作権上の問題から，印刷物には掲載されている多くの図や写真が電子メディアには収録されないことが多々ある。また，印刷物でも版が変われば内容も変更されている。このようなことを学校教育の現場できちんと教える機会を設けていく必要があろう。すぐに検索エンジンで調べるのではなく，印刷物と電子情報資源の両方を使いこなせる教育が今後ますます必要になってくると思われる。したがって，7章で述べた利用教育について図書館員は今まで以上に真剣に取り組む必要がある。

一方，高齢者の中には全くデジタル環境にない人々が少なからず存在し，情報格差（デジタルデバイド）が生まれている。そのような人々に対しては，図書館でパソコンの操作を含めた情報検索講習会なども実施する必要がある。それにより，自分ではウェブ情報資源にアクセスできなかった人々が，自ら必要な情報を入手することができるようになる。

本章3節では公共図書館における課題解決型支援サービスについて事例紹介を行った。このような課題解決に対応できる情報サービスを実践するには，例えば歴史に関すること，経済に関すること，植物に関することというような一つの主題にとどまらない，学際的で複合的なテーマに取り組む必要が出てくる。そのため，多種多様な情報資源を多角的な観点から，テーマに応じて活用できる知識と技術（スキル）が必要になる。また，課題解決型サービスには，はっきりした正解があるとは限らない。より良い情報提供を行うにはどうしたらよいか，多方面からの情報資源選択と調査能力が求められる。ビジネス支援サービス，医療・情報サービス，法情報サービス，子育て支援サービスのどれもが，その分野のしかるべき専門家との協同体制が必要である。図書館員としてできるサービスとは何かを心得ておく必要がある。弁護士，税理士，企業診断士，医師，カウンセラーなどの専門家の協力を得て，利用者の立場に立ったサービス体制を構築するためには，そこで活用されるべき重要な情報資源についても各専門家からの助言を仰ぐことも必要であろう。

今後，課題解決型支援サービスの需要が広がれば，公共図書館に勤務する図書館員においても専門分野の深い知識が必要になる。適切な情報資源であるかどうかの評価能力とそれを活用できる検索スキル，そして収集した情報を評価できる能力が，今まで以上に求められることになるであろう。

さらに，6章で述べたように，図書館員自身もICT社会における発信型情報サービスにしっかりと向き合っていく必要がある。6章では，多数の発信型情報サービスについて述べたが，レファレンスサービスを実践するには，本章2節4項で述べた発信型レファレンスツールの構築も非常に重要になる。インフォメーションファイル，FAQ，パスファインダー，リンク集，レファレンス事例集，レファレンス事例データベースを作成し提供することにより，利用者自身がこれらを活用することで，自らの問題解決が図れるようになる。利用者にとって活用されるこれらのレファレンスツールをいかに構築できるかということも，図書館員にとっては重要な任務といえるであろう。これらの作成にあたっては，日々の実践に加えて，情報資源に関する深い知識とツール評価能力も必要となる。これらの内容についての詳細は，現代図書館情報学シリーズ7の『改訂 情報サービス演習』（樹村房）を参照されたい。

参考文献

（より進んだ勉強のために）

青柳英治，長谷川昭子編著．専門図書館の役割としごと．勁草書房，2017，312p.

アーカート，D.；高山正也訳．図書館業務の基本原則．勁草書房，1985，144p.

逸村裕，田窪直規，原田隆史編．図書館情報学を学ぶ人のために．世界思想社，2017，244p.

井上真琴．図書館に訊け！．筑摩書房，2004，253p.（ちくま新書）.

植村八潮，柳与志夫編．ポストデジタル時代の公共図書館．勉誠出版，2017，223p.（ライブラリーブックス）.

梅棹忠夫．情報と文明．中央公論社，1991，723p.（梅棹忠夫著作集；14）.

大串夏身編著．課題解決型サービスの創造と展開．青弓社，2008，261p.（図書館の最前線；３）.

岸田和明．情報検索の理論と技術．勁草書房，1998，314p.（図書館・情報学シリーズ；３）.

辻由美．図書館であそぼう：知的発見のすすめ．講談社，1999，219p.（講談社現代新書）.

図書館情報学ハンドブック編集委員会編．図書館情報学ハンドブック．第２版，丸善，1999，1145p.

長澤雅男．レファレンスサービス：図書館における情報サービス．丸善，1995，245p.

長澤雅男，石黒祐子．問題解決のためのレファレンスサービス．新版，日本図書館協会，2007，294p.

中島玲子，安形輝，宮田洋輔．スキルアップ！　情報検索：基本と実践．日外アソシエーツ，2017，192p.

中村幸雄．情報検索理論の基礎：批判と再検討．共立出版，1998，307p.（情報科学講座；Ｃ・11・１）.

日本図書館情報学会研究委員会編．情報アクセスの新たな展開：情報検索・利用の最新動向．勉誠出版，2009，204p.（シリーズ図書館情報学のフロンティア；No.９）.

埜納タオ．夜明けの図書館．双葉社，2011-，５冊．(JOUR COMICS).

バックランド，M.K.；高山正也訳．図書館・情報サービスの理論．勁草書房，1990，324p.

バックランド，M.K.；高山正也，桂啓壯訳．図書館サービスの再構築：電子メディア時代に向けての提言．勁草書房，1994，129p.

原田智子編著．情報サービス演習．改訂．樹村房，2016，221p.（現代図書館情報学シリーズ；７）.

原田智子編著．検索スキルをみがく：検索技術者検定3級公式テキスト．樹村房，2018，144p.

原田智子編著. プロの検索テクニック：検索技術者検定2級公式推奨参考書. 樹村房, 2018, 180p.

マッハルプ, F.；高橋達男, 木田宏監訳. 知識産業. 産業能率短期大学出版部, 1969, 477p.

三輪眞木子. 情報検索のスキル：未知の問題をどう解くか. 中央公論新社, 2003, 214p. (中公新書).

山﨑久道. 専門図書館経営論：情報と企業の視点から. 日外アソシエーツ, 1999. 169p.

ランカスター, F.W.；中村倫子, 三輪眞木子訳. 図書館サービスの評価. 丸善, 1991, 228p.

ワインバーガー, D.；柏野零訳. インターネットはいかに知の秩序を変えるか？：デジタルの無秩序がもつ力. エナジクス, 2008, 344p.

Urquhart, C. Solving Management Problems in Information Services. 1st Edition, Chandos Publishing, 2006, 144p.

[資料]

参考事務規程

（日本図書館協会公共図書館部会参考事務分科会　昭和36年）

（目　的）

1．この規程は公共図書館における参考事務の処理について，正確と迅速を期することを目的とする。

（定　義）

2．この規程において参考事務とは次のことをいう。

a　回答事務：図書館に寄せられた質問・相談に接し，図書館の資料と機能を活用して質問者に援助を与えること

b　参考資料の整備：質問の予想される主題に関し，必要な資料を整備・作成すること

（回答事務の原則）

3．回答事務は資料を提供することを原則とする。

4．前条の規程にかかわらず，軽微な質問であって資料の裏付のあるものに限って解答をあたえてもよい。

5．自館で資料を発見出来ない場合には適当な他の図書館または，専門機関・専門家への紹介または照会をはかる。

6．３条から５条までの範囲を越える便宜または利益の供与はしない。

（回答の制限）

7．他人の生命・名誉・財産等に損害を与え，または社会に直接悪影響をおよぼすと見られる問題は受け付けない。

8．次の各号に該当する質問には解答を与えてはならないと共に資料の提供も慎重でなければならない。ただし問題によっては専門機関・専門家を紹介する。

a　医療・健康相談

b　法律相談

c　身上相談

d　仮定または将来の予想に属する問題

9．次の各号に該当する質問には解答を与えない。

a　学校の宿題

b　懸賞問題

（担任者と分掌事務）

10．参考事務を行うためその担任者を定める。

11．参考事務担任者の分掌事務は次の通りである。

a　回答事務

b　参考資料の整備

c　回答事務の記録・統計

d　参考事務の調査・企画・渉外

e　参考室の整備・管理

f　その他参考事務の運営改善に必要な事項

（回答事務）

12. 回答は口頭・電話・文書によって行う。

13. 質問の受付・回答は原則として参考事務担任者がこれに当たる。ただし，他の職員であっても，その質問事項に特に詳しいものがあれば，その意見を求め，場合によっては回答を依頼する。

14. 次の各号については，その旨を質問者に報告し，その取り扱いについて質問者と協議する。

a　多大の労力・時間を要する調査，文献目録の作成，資料の抜すいなど

b　電話・文書によっては誤りを生じやすい，回答し難い質問

15. 5条に規程する質問については，その原因を検討し，改善に努める。

（参考資料の整備）

16. 次にかかげるものは，参考事務の資料として常に収集・整備を計らねばならない。

a　参考図書

b　パンフレット類・リーフレット類

c　自館で作成する書誌・索引・名簿類

d　専門機関および専門家リスト

e　その他参考事務に有用な資料

（記　録）

17. 受け付けた質問は解決の成否にかかわらず，質問事項・提供資料などを記録する。

18. 次の場合は資料捜索の経緯・処理過程その他参考となる事項を詳細に記録する。

a　調査が複雑困難であった問題

b　資料捜索の参考となる問題

c　未解決問題

（統計・調査）

19. 事務報告のための統計は17条の記録にもとづいて作成する。

20. 参考事務改善のため随時次のような項目について利用調査を行う。

a　質問者（職業・年令・性別・地域など）

b　質問の傾向

c　質問の動機

d　利用された資料

e　参考事務に関する利用者の知識および理解

f　その他

（読書相談）

21. 読書相談は参考事務の一部として取り扱う。

（研　修）

22. 参考事務の改善・実務・知識の向上をはかるため，次のような項目について館内研究会を行う。

a　回答事務

b　参考資料の収集・整備

c　新刊資料の内容

d　記録・統計および利用調査

e　参考事務文献の研究

f　参考事務の運営全般に関する事項

g　その他

23. 館内研究会のほか，他館参考事務の見学・研究集会・講演会などへの出席，その他適当な研修を行う。

さくいん

な・は行

ま・ら・わ行

欧文

［シリーズ監修者］

高山正也（たかやままさや） 元国立公文書館館長 慶應義塾大学名誉教授

植松貞夫（うえまつさだお） 筑波大学名誉教授

［編集責任者・執筆者］

山﨑久道（やまざき・ひさみち）

1946 東京都世田谷区に生まれる
1969 東京大学経済学部経済学科卒業
株式会社三菱総合研究所，宮城大学，中央大学文学部教授を経て
元中央大学文学部教授
博士(情報科学)東北大学
主著 『文献情報の蓄積・検索に利用されるファセット分析に基づくシソーラスの開発に関する研究』(博士論文)，『情報貧国ニッポン』日外アソシエーツ，ほか

原田智子（はらだ・ともこ）

学習院大学理学部化学科卒業
慶應義塾大学大学院文学研究科図書館・情報学専攻修士課程修了
(財)国際医学情報センター業務部文献調査課長，産能短期大学教授，鶴見大学文学部教授，鶴見大学寄附講座教授を経て
現在 鶴見大学名誉教授
主著 『三訂 情報検索演習』(編著)樹村房，『改訂 レファレンスサービス演習』(共著)樹村房，『情報アクセスの新たな展開』(分担執筆)勉誠出版，『三訂 情報サービス演習』(編著)樹村房，『図書館情報学基礎資料 第4版』(共著)樹村房，『プロの検索テクニック 第2版』(編著)樹村房，『検索スキルをみがく 第2版』(編著)樹村房，ほか

［執筆者］

小山憲司（こやま・けんじ）

中央大学文学部社会学科卒業
中央大学大学院文学研究科社会情報学専攻修士課程修了
中央大学大学院文学研究科社会情報学専攻博士後期課程単位取得退学
東京大学附属図書館，同情報基盤センター，国立情報学研究所，三重大学人文学部准教授，日本大学文理学部教授を経て
現在 中央大学文学部教授
主著 『改訂 情報サービス演習』(共著)樹村房，『図書館情報学基礎資料 第4版』(編著)樹村房，『ラーニング・コモンズ』(共編訳)勁草書房，『ビッグデータ・リトルデータ・ノーデータ』(共訳)勁草書房，ほか

村上篤太郎（むらかみ・とくたろう）

1959 愛知県名古屋市に生まれる
1981 南山大学文学部教育学科卒業
南山大学図書館，慶應義塾大学医学情報センター勤務を経て，湘南藤沢メディアセンター在職時に
1994 慶應義塾大学大学院文学研究科図書館・情報学専攻修士課程委託研究生修了
慶應義塾大学三田メディアセンター課長，メディアセンター本部課長，湘南藤沢メディアセンター事務長，デジタルメディア・コンテンツ統合研究センター事務長を経て
現在 東京農業大学学術情報課程教授
主著 『改訂 図書館サービス概論』(共編著)樹村房，『改訂 図書館情報資源概論』(共著)樹村房，ほか

杉江典子（すぎえ・のりこ）

1971 大阪府に生まれる
1994 同志社女子大学学芸学部英文科卒業
2000 愛知淑徳大学文学研究科図書館情報学専攻修士課程修了
2003 慶應義塾大学大学院文学研究科図書館・情報学専攻後期博士課程単位取得満期退学
駿河台大学を経て
現在 東洋大学文学部准教授
主著 「米国図書館協会による“reference transactions”の定義改訂とその背景」『情報アクセスの新たな展開』(共著)勉誠出版，(シリーズ図書館情報学のフロンティア，9)，ほか

現代図書館情報学シリーズ…5
改訂 情報サービス論

2012年4月6日　初版第1刷発行
2018年2月20日　初版第7刷
2019年3月28日　改訂第1刷発行
2024年2月9日　改訂第6刷

著者代表 ©　山 﨑 久 道
原 田 智 子
小 山 憲 司
杉 江 典 子
村 上 篤太郎

発 行 者　大 塚 栄 一

発 行 所　株式会社 樹村房
JUSONBO
〒112-0002
東京都文京区小石川5-11-7
電 話　03-3868-7321
ＦＡＸ　03-6801-5202
振 替　00190-3-93169
https://www.jusonbo.co.jp/

印刷　亜細亜印刷株式会社
製本　有限会社愛千製本所

ISBN978-4-88367-295-0　乱丁・落丁本は小社にてお取り替えいたします。